Research on the Regulation of stock Recommendation Behavior
of Securities Analysts and the Protection of Investors in China

中国证券分析师荐股行为
监管与投资者保护研究

张宗新　著

中国金融出版社

责任编辑：肖　炜　方　蔚
责任校对：张志文
责任印制：丁淮宾

图书在版编目（CIP）数据

中国证券分析师荐股行为监管与投资者保护研究／张宗新著．—北京：中国
金融出版社，2018.12
　ISBN 978 - 7 - 5049 - 9862 - 0

　Ⅰ.①中…　Ⅱ.①张…　Ⅲ.①证券市场—市场监管—研究—中国
Ⅳ.①F832.51

中国版本图书馆 CIP 数据核字（2018）第 257459 号

中国证券分析师荐股行为监管与投资者保护研究
Zhongguo Zhengquan Fenxishi Jiangu Xingwei Jianguan yu Touzizhe Baohu Yanjiu

出版
发行　**中国金融出版社**

社址　北京市丰台区益泽路 2 号
市场开发部　（010）63266347，63805472，63439533（传真）
网 上 书 店　http：//www. chinafph. com
　　　　　　（010）63286832，62658686（传真）
读者服务部　（010）66070833，62568380
邮编　100071
经销　新华书店
印刷　北京市松源印刷有限公司
尺寸　169 毫米×239 毫米
印张　17.75
字数　321 千
版次　2018 年 12 月第 1 版
印次　2018 年 12 月第 1 次印刷
定价　40.00 元
ISBN 978 - 7 - 5049 - 9862 - 0
如出现印装错误本社负责调换　联系电话(010)63263947

　　感谢国家自然科学基金项目（批准号：71473043）、上海市"浦江人才计划"项目（批准号：18PJC021）研究资助和支持。

前　言

作为上市公司和投资者的信息中介，证券分析师通过发布证券研究报告对投资者行为产生影响，证券分析师荐股行为的有效性和规范性，不但直接关系到市场效率和资产定价水平，而且最终关系到中小投资者保护状况与水平。尤其在中国资本市场这样的新兴市场上，证券分析师如何通过合理的证券研究行为模式承担起增加有效信息供给、引导理性投资行为、树立理性投资理念、提升证券市场效率、提高中小投资者保护水平的重大使命，是中国资本市场发展亟待解决的重要课题。

自申万证券研究所组建专业化卖方研究团队以来，我国证券分析师行业经历了跨越式发展，卖方分析师队伍快速膨胀，覆盖的股票数量快速增加。根据朝阳永续数据库统计，截至 2014 年底，我国卖方证券分析师数量达 2026 人，覆盖 28 个申万一级行业的 1982 只股票，占所有上市公司的 77.30%。在这一快速发展的证券研究行业背景下，我国证券研究行业监管政策与制度建设也明显加快，中国证监会于 2010 年 9 月颁布并于 2011 年 1 月 1 日起正式施行的《发布研究报告暂行规定》（证监会〔2010〕28 号），以及 2012 年 9 月 1 日中国证券业协会出台的《发布研究报告暂行规定》的细则文件《发布证券研究报告执业规范》（中证协〔2012〕138 号）与《证券分析师执业行为准则》（中证协〔2012〕139 号），标志着我国证券分析师行业监管进入制度化、规范化的新时代，这对提升中国证券研究行业监管和强化中小投资者保护具有里程碑意义。然而，与成熟资本市场相比，中国 A 股市场的投机性较强，市场参与者以中小投资者为主，投资者往往关注短期收益却忽视公司基本面信息，分析师基本面信息挖掘量并不一定能够影响投资者的决策；相反，投资者可能更加关注能够带来短期收益的题材炒作。同时，证券分析师价值主要建立在机构投资者投票的基础之上，而众多机构投资者尚未建立价值投资理念，也较多参与了短期炒作，同时卖方分析师为获取佣金向机构投资者传递非公开信息，因而机构投资者的短期行为扭曲了分析师在能力和激励约束方面建立声誉的行为。证券分析师为获得短期利益并不一定能向市场传递更多有效的基本面信息，甚至为迎合投资者需求而制造"噪声"。可见，在中国这样的新兴市场上，受市场环境因素制约、监管缺位以及自身利益的驱动等因素影响，证券研究报告事件不断、

"同质化现象"严重、研究报告质量不高甚至出现"娱乐化"倾向，部分分析师甚至热衷"网红"，盈余预测偏差较为严重，在研究佣金导向下证券分析师荐股行为存在"潜规则"和利益冲突倾向，证券研究发展出现证券部门与监管部门定位导向偏离的现象。这主要表现在中国证券市场在近年来出现了一系列"研究报告门"，如2011年的"宝安石墨烯"事件、中信证券"天价榨菜"事件、银河证券"攀钢钒钛"事件，2012年的宏源证券"网吧荐股"事件，2014年的中信证券"丽珠集团微信泄密"事件，2015年的长江证券"研报娱乐门"事件和东方证券1.1万封邮件助推"安硕信息"成为"股王"事件，2017年光大证券"年盈利70亿元"的预测又将"方大炭素"一举推为"新妖王"等一系列研究报告事件。

针对我国证券分析师发布研究报告行为所暴露的一系列问题，证券分析师荐股行为面临是否"靠谱"的拷问，甚至引发关于证券分析师"研究创造价值"功能的质疑。安信证券首席经济学家高善文早在2011年就曾公开痛斥证券研究的行业乱象，我国卖方分析师行业在快速扩张的同时，正在发生着两个重大而持续的系统性变化：一是研究报告的质量一降再降，以至于捕风捉影、观点雷同、论证草率、市场批评诟病日多；二是研究服务的方式争奇斗艳，以至于花样百出、竞骚弄巧、耍嗲卖呆，甚至出卖"色相"，手段无所不用其极。我国证券行业近年出现的种种券商研报非审慎、"标题党"等研报乱象问题，已引起证券监管部门的高度重视，并将券商研报纳入了重点监管范围。中国证监会主席刘士余在2017年全国证券期货监管会议上也曾公开点名批评股市"黑嘴"，怒斥有些券商分析师"语不惊人死不休"。

面对监管部门、学术界、实务界以及投资者对分析师荐股行为和研报功能的广泛质疑，以及当前中国证券分析师在资本市场发展中所承载的重要历史使命，我国有必要重建一个健全、透明的中国资本市场研究秩序。正是基于这一出发点，本书研究的目的在于引导证券分析师回归价值挖掘和市场理性，避免"忽悠"投资者，切实承载"价值投资引导者"的重要使命，并在此基础上构建证券研究新秩序。正是基于上述政策背景与证券研究行业发展的现实要求，本书围绕加强中国证券分析师荐股行为监管和中小投资者权益保护这一研究主题，构建了从证券分析师荐股行为研究视角开展研究，通过数理模型对证券分析师发布研究报告和推荐股票的策略空间和行为选择进行剖析，构建证券研究报告质量评价量化体系，检验中国证券分析师荐股行为的信息含量、有效性及市场效应，解析证券分析师发布研究报告行为动机和利益冲突问题诱因，揭示中国证券分析师荐股行为异化的背后驱动机制，以此探求证券分析师利益冲突监管的世界性难题，进而构建中国证券分析师行为治理与证券研究行业监管的新框架。

　　本书之所以能够出版，首先要感谢国家自然科学基金项目"中国证券分析师荐股行为监管与中小投资者保护"（项目批准号：71473043）、上海市浦江人才计划"中国证券分析师荐股行为利益冲突及其监管研究"（项目批准号：18PJC021）、复旦大学经济学院高峰研究计划的研究资助和支持。在课题的研究过程中，复旦大学经济学院的多名博士生、硕士生也先后参加项目研究，积极参加国内外多个高层次学术会议进行课题研究成果交流与宣读，取得可观的研究成果，并在《经济研究》《金融研究》《经济理论与经济管理》《证券市场导报》等权威或核心期刊发表多篇学术论文。本课题在研究过程中，课题组成员姚佩怡、张万成、王爽、张蕊、赖雪文、刘雨卉、曹璐、朱炜、周嘉嘉、任选蓉、吴璐、张秀秀、徐璐、吴钊颖等研究生同学为课题成果的取得付出了大量劳动，在此一并表示感谢。最后，在课题研究成果的出版过程中，对中国金融出版社肖炜编辑为本书出版付出的大量辛勤劳动表示感谢。

　　当然，由于作者水平有限，本书肯定存在许多不足之处，希望今后能够得到有关专家和广大读者的批评和指正。

张宗新

2018 年 7 月

目　录

第1章 引 言

1.1 问题提出

证券分析师研究报告发布及其荐股行为的有效性和规范性，不但直接关系到市场效率和资产定价水平，而且对中小投资者保护水平产生直接影响。国际证监会组织 2003 年 9 月发布的 *Report on Analyst Conflicts of Interest*，明确提出证券分析师推荐股票行为引发的利益冲突值得关注，如何防范利益冲突和投资者保护已成为国际证券监管的新难题（IOSCO，2003）。2010 年以来，中国证券市场出现系列"研究报告门"：2011 年的"宝安石墨烯"事件、中信证券"天价榨菜"事件、银河证券"攀钢钒钛"事件，2012 年的宏源证券"网吧荐股"等研报事件，这一系列研究报告事件背后，是券商证券分析师研究水平低劣还是另有隐情（即证券分析师行为的利益冲突问题）？当中小投资者的利益受损时，谁来为其损失买单？证券分析师研究报告是否有利于减少证券信息非对称？是否承担了中国资本市场价值投资引导者的重要使命？如何破解证券分析师的利益冲突这一证券业监管的世界性难题？这些问题都是关系到我国证券市场健康、持续发展的关键性命题。

针对证券分析师发布证券研究报告、投资评级行为所暴露的系列问题，证券分析师行为面临"拷问"，甚至引发关于证券分析师行为功能的质疑。例如，马尔基尔（B. Malkiel，2000）在《漫步华尔街》中曾明确指出"许多证券分析师基本不称职"；曾任 UBS 大中华区研究主管的张化桥将证券分析师行为异化归纳为四部曲："抵赖—修正—狡辩—再修正"（张化桥，2011）。海通证券首席分析师姜超（2013）实证研究发现，中国证券分析师增加市场信息含量，很大程度上来源于上市公司内幕消息，严重损害了中国资本市场公平。在中国这样的新兴市场上，受市场环境因素制约、监管缺位以及自身利益的驱动等因素影响，证券分析师行为局限性尤为突出。

近年来，我国证券分析师人数、研究报告数量、被预测的公司数量均呈现逐年递增之势，但证券研究报告"同质化现象"严重，研究报告质量不高甚至出现"娱乐化"倾向，盈余预测偏差较为严重，发布研究报告行为尚待进一步规范，在研究佣金导向下证券分析师荐股行为存在"潜规则"和利益冲突倾向，证券分析师发布研究报告的有效性、独立性和公正性受到质疑，在不同类型投资者之间的信息传递不均衡，证券分析师利益荐股行为的利益冲突监管缺失，中小投资者权益缺乏保护，对证券分析师监管有待于制度完善。

针对如何加强中国证券分析师荐股行为监管和中小投资者权益保护这一研究主题，本书从证券分析师荐股行为研究视角开展研究，通过数理模型对证券分析师发布研究报告和推荐股票的策略空间和行为选择进行剖析，构建证券研究报告质量评价量化体系，检验中国证券分析师荐股行为的信息含量、有效性及市场效应，解析证券分析师发布研究报告行为动机和利益冲突问题诱因，揭示中国证券分析师荐股行为异化的背后驱动机制，以此探求证券分析师利益冲突监管的世界性难题，进而构建中国证券分析师行为治理与监管新框架，这对中国提升证券市场效率、规范证券分析师行为和消除证券研究行业"潜规则"、提升中小投资者保护水平与推动我国证券研究行业新秩序建立提供金融学证据。

1.2 文献综述

海外学者对证券分析师行为的关注侧重于分析师盈余预测和从利益冲突视角进行研究。由于国内证券分析师行业发展时间尚短，从申万研究所组建规范的证券分析师团队开始仅为 10 余年，国内学者对证券分析师行为研究相对较少。但从实务层面看，相对于发达市场，我国证券分析师起步较晚但发展迅速，证券研究报告质量参差不齐并充斥市场，美国等西方国家所面临的证券分析师独立性等问题已经在中国资本市场逐步开始显现并引起国内学者的关注。

综合研究文献，国内外学者对证券分析师行为与监管问题的研究现状及发展动态主要概括为以下四个方面。

第一，关于证券分析师盈余预测质量与预测偏差的研究。

Francis 和 Phlibrick（1993）、Das 和 Levine（1998）、Lim（2001）、Alfredo 等（2013）提供的研究证据表明，证券分析师为维护与上市公司管理层的关系而倾向于发布偏乐观的盈余预测，投资评级乐观性倾向直接导致盈余预测偏差。据统计，卖方分析师（sell - side analyst）出具的"买入"评级的研究评级主导了市场，而"卖出"评级比率却非常少。例如，美国 SEC 在 2000 年对 26000 条证券分析师评级记录的调查显示，只有约 0.8% 的评级为"卖出"评级（Turner，2001）。O'brien 和 Tian（1996）指出美国证券分析师盲目追捧"网络股"而夸大其业绩直接导致了 1996—2000 年美国"互联网泡沫"。国内学者的研究表明，我国分析师的盈利预测同样具有正偏的特征，而且相对预测偏差在时间序列上存在趋于变大的现象（黄燕铭，2006）。据 Wind 数据统计显示，2011 年国内卖方研究市场公布的 14305 份研究报告中，仅有 6 份报告给予"减持"或"卖出"评级，比率仅为 0.04%。

关于证券分析师盈余偏差的原因，国内外学者从不同视角进行解释。第一种解释是从盈余预测动机和利益冲突视角。Irvine（2004）考察了分析师的预测和荐股意见是否影响券商在该股票的交易中占有的市场份额，发现分析师的"买入"和"强力买入"的投资建议比其他投资建议更能大幅度地提高券商的手续费收入，分析师更有可能通过发布乐观的投资建议而非提高盈利预测的手段为券商创造手续费收入。吴超鹏等（2013）通过构建理论模型和实证检验全面分析了证券分析师所面临的利益关系对其所发布的信息质量的影响，结果表明证券分析师为了维护与基金等机构投资者以及公司内部投资银行部门的关系，倾向于发布偏乐观的盈余预测和股票评级；声誉较高的分析师也同样不能在各种利益关系的旋涡中保持独立。丁方飞、张宇青（2012）通过实证研究发现，卖方分析师的交易佣金动机是导致机构投资者盈余预测偏差的重要原因。许年行等（2012）实证研究表明证券分析师乐观盈余预测偏差与上市公司未来股价崩盘风险之间显著正相关，当跟踪上市公司的分析师中具有乐观偏差的分析师比例越高，其股价未来崩盘的风险越高，并且此关系在"牛市"阶段更为显著，且通过机构持股比率、佣金收入等检验，发现利益冲突关系导致中国证券分析师盈余偏差。第二种解释是证券分析师的非理性行为所导致。Alford 等（1999）采用联立方程模型（simultaneous equation）研究证券分析师行为具有"羊群效应"，预测准确度和分析师跟进是同时决定的，准确度越高则跟进的分析师越多。Hong 等（2003）从"羊群效应"角度解释了证券分析师盈余预测偏差的原因，同时市场情绪会对证券分析师盈余乐观产生直接作用。伍燕然等（2011）从行为金融学的视角解释了证券分析师非理性行为，认为证券分析师并非价值投资的导向者而很大程度上受到市场情绪的干扰，经实证研究发现我国证券分析师的盈利预测偏差受到投资者情绪或噪声交易的影响较大。第三种解释是较差的市场环境尤其是上市公司信息透明度差所引致。Lang 和 Lundholm（1996）研究发现，上市公司高质量的信息披露和证券分析师的关注度和准确性呈正相关，证券分析师荐股行为的信息含量和盈余预测的准确度直接受到上市公司信息披露质量的影响。郭杰、洪洁瑛（2009）利用 2005—2007 年国内 856 名分析师对 1005 家上市公司的盈余状况进行的 5522 次预测数据，对中国证券分析师盈余预测的有效性进行研究，发现分析师对公司盈余的个人预测比市场共识更加乐观或悲观，他们对公司盈余的预测行为都是无效的，表现为基于其私人信息的高权重预测行为，其原因不是分析师过度自信的心理偏差或追求股票交易佣金的主观动机，而是分析师追求更高市场显示能力的主观动机和中国上市公司较差的信息披露质量。Alfredo 等（2013）研究发现，跨国上市公司的扩张性业务与多元化导致分析师的盈余预测乐观和降低了盈余预测准确性，建议上市公司提高信息披露质量和信息透明度有助于证券分析师提高上市公司盈余预测准确度。

第二，关于证券分析师荐股行为对证券市场效率的影响的相关研究。

由于分析师可能获得普通投资者所不知情的内部信息，因此通过对分析师报告的信息含量进行研究也可以检验市场是否达到了有效状态。Davies 等（1978）在对 1970—1971 年《华尔街日报》"市场之声"（heard on the street）专栏发布的荐股信息含量进行研究时发现，获得"买入"和"卖出"评级的股票在信息发布当日平均分别获得了 0.923% 和 -2.374% 的显著超额收益，且股价在随后 20 个交易日内没有发生逆转，这说明分析师荐股发布具有信息含量。Womack（1996）利用 First Call 数据，针对 14 家经纪商对 1989—1991 年数据研究发现分析师发布的"买入"或"卖出"评级对股票价格能产生显著影响，这种影响不仅存在于评级发布的三天窗口期内，同时会影响 3 至 6 个月的收益率。Womack（1996）同时发现，评级发布后股价漂移（post recommendation drift）与盈利发布后股价漂移（post earnings announcement drift）不吻合，这说明证券分析师荐股评级存在长期效应。但陈艳（2012）对中国证券行业的明星分析师群体——"新财富最佳分析师"的荐股效应进行实证研究发现，"新财富最佳分析师"给予最高投资评级的个股相对行业指数的超额收益率具有中短期效应，在 1.5 年后相对行业的超额收益率持续为负值，这说明"新财富最佳分析师"对于个股的研究推荐并没有明显地基于上市公司长期的基本面价值分析，也没有体现出"新财富最佳分析师"优于市场平均的长期价值分析能力。王宇熹等（2012）通过不同市场环境和荐股评级对"新财富最佳分析师"荐股能力进行实证检验，发现无论是牛市环境抑或熊市环境券商明星分析师荐股价值都明显低于非明星分析师。此外，王伟峰、何镇福（2012）对证券分析师的推荐股票效果研究表明，中国卖方分析师的研究报告带来超额收益具有短期性，而不具有持续性。姜超（2013）研究发现，我国证券分析师能够增加 A 股股价中公司特质信息含量，促进资本市场效率；上市公司信息披露质量越差，分析师增加的股价中公司特质信息含量反而越高或无显著变化，说明分析师增加的股价中公司特质信息部分或全部来源于内幕消息，损害资本市场公平。

证券分析师的功能就是通过信息生产向市场传递价值信息，分析师私人信息资源已构成其声誉价值的基础（胡奕明，2006）。分析师的盈余预测形成"市场预期"，市场会在所有分析师盈利预测基础上，形成公司的一致性预期

（consensus expectaion），而当公司市场盈余公布时，其与分析师一致性预期的偏差，代表投资者收到的关于公司基本的新信息，这些信息对投资者行为产生重要影响，尤其是散户投资者投资交易行为更容易受到证券分析师荐股信息发布的影响（Tetlock，2009）。Jim 等（2006）通过对美国证券市场分析师荐股评级行为和公司内部人交易行为实证研究发现，分析师荐股和公司内部人交易具有私人信息含量，但两者信息含量不能相互替代。Barber 等（2010）通过研究美国证券分析师 1986—2006 年 1002618 条荐股评级及其评级调整信息记录，对证券分析师荐股评级调整的信息含量和市场收益进行研究发现，荐股评级与投资评级调整对投资收益具有增强效果且具有较强的私有信息含量。

证券分析师在向市场参与者提供合理证券内在价值信息的同时，也在减弱资本市场的价格偏离，从而促进了市场的有效性（金雪军、蔡健琦，2003）。潘越、戴亦一和林超群（2011）认为，在我国投资者法律保护环境尚不完善的条件下，证券分析师作为一种有效的法律外替代机制，其对股票的关注大大降低了信息不透明对个股暴跌的风险。王玉涛、王彦超（2012）从我国上市公司业绩预告披露形式、频率等特征对证券分析师跟踪数量、预测分析度和预测质量的影响实证研究发现，业绩预告信息对证券分析师价值评估行为和盈余预测质量具有重要的影响，分析师预测质量的提高有助于减少信息不对称和提高证券市场效率。但是卖方分析师因利益冲突而引致的内在乐观动机是否会影响到信息价值？对此，Hong 等（2003）、Shen 和 Chih（2009）等研究都支持了这一结论，认为利益冲突关系损失了证券分析师研究报告效率。

第三，关于证券分析师研究报告的利益冲突问题及其产生根源的相关研究。

关于证券分析师利益冲突问题，一直是近年证券监管的世界性难题（IOSCO，2003）。所谓利益冲突行为，是指在为两种及以上利益主体服务的过程中，牺牲一个主体的利益而使另一主体获益的行为（Edwards，1979）。滥用或隐藏金融市场有效信息而获取多重利益，是证券分析师利益冲突的基本驱动机制（Crokett 等，2004）。利益冲突问题发生在特定专业性金融机构，利用金融服务的协同效应创造利益机会，或利用不适当地转移一些好处创造范围经济。证券监管部门和国内学术界之所以高度关注证券分析师的利益冲突问题，是因为利益冲突问题的存在降低了金融市场的有效信息，增加了信息不对称，降低了市场效率；金融市场融资与配置效率受到严重影响，阻止了资源向高效率部门配置的投资机会。

券商研究部门收入与机构投资者支付的"佣金"直接挂钩，导致分析师无法保持客观性和公立性，已成为全球证券研究行业的"公开的秘密"（Cowen、Groysberg 和 Healy，2003；Ljungqvist，2007）。海内外学者经验表明，证券分析师在正式发布评级报告之前，经常通过路演、MSN、电话等方式提前与机构投资者进行交流，并将重要信息提前透露给机构投资者已成为"行业潜规则"，（Juergens 和 Lindsey，2009）。同时，根据美国证监会（SEC）2002 年的调查显示，证券分析师进行私人证券交易时普遍存在着与其公开研究报告推荐相悖的行为（Sonmmar，2002）。与此同时，国际证监会组织（International Organization of Securities Commissions，IOSCO）认为，证券公司的"抢先交易"（front - runing）行为也十分常见（IOSCO，2003）。

对于证券分析师研究报告的利益冲突的根源问题，国内外学者已展开了大量的理论和实证研究。一是关于投资银行业务引起的利益冲突而产生的分析师行为异化研究。Cowen、Groysberg 和 Healy（2003）研究发现承销商所雇用的证券分析师所提供的研究报告往往比其他分析师更为乐观和偏颇，分析师们通过发布乐观的报告迎合发行证券的公司，以招揽投行业务。Hong 等（2003）的研究支持了这一结论。原红旗、黄倩茹（2007）考察了承销业务对中国证券分析师独立性的影响，发现承销商的证券分析师出于促进股票承销、维护客户关系、争取下次承销机会等动机倾向发布乐观的盈余预测和股票评级。二是关于经纪业务引起利益冲突而产生分析师行为异化的研究。经纪业务部门也是容易和证券研究产生利益冲突的部门。Hamid 和 Stulz（2007）研究发现，证券分析师在对经纪业务客户的股票进行评级时，往往会因为其拥有的信息优势而表现得过于乐观，所提供的研究报告往往存在独立性有失偏颇的问题。Irvine（2004）研究发现为了增加所在机构的经纪业务量，证券分析师发布偏于乐观的研究报告有助于经纪业务交易量的增加。三是关于客户资源偏好假说，认为上市公司维护客户资源和跟踪分析公司的压力，会引发利益冲突行为。如 Lim（2001）研究发现证券分析师发布较为乐观的研究报告有利于他们接触所研究跟踪的上市公司管理层。此外，证券分析师的个人目的也是引发利益冲突行为的一个重要原因，Hong 和 Kubik（2003）发现倾向于发布乐观报告的分析师更容易跳槽到更好的投资银行，而 Trueman（1994）和 Hong 等（2000）分别从理论与实证角度探讨了分析师为了建立自己在证券业界的声誉而倾向于采取"羊群行为"策略，放弃自己的私人信息而跟从其他分析师的股票评级。胡娜等（2014）对中国股权市场投资背景下的证券分析师的独立性提出质疑。

第四，关于证券分析师荐股行为治理与监管的相关研究。

2000 年之后，针对美国互联网泡沫时期频频曝出的卖方分析师丑闻事件引发的公众对证券分析师群体的普遍指责以及加强分析师监管的强烈呼吁，美国国会、美国证券交易委员会（SEC）、美国证券业自律组织（SROs）等对证券分析师监管体系进行了全面改革，美国国会颁布的 SOX 法案 501 条例、美国证券交易商协会（NASD）颁布 NASD2711 条例、纽约证券交易所（NYSE）颁布的 351/472 条例，构成了美国卖方分析师监管的基本法律法规框架和体系。这些改革措施包括对证券公司内部建立"信息长城"（Chinese Wall）对分析师利益冲突行为进行限制、相关信息强制披露要求、业务防火墙与信息隔离、证券研究报告合规审核等。此外，国际证监会组织（IOSCO）颁布证券分析师利益冲突报告，对证券分析师利益冲突行为进行界定并提出相关规制建议（IOSCO，2003）。针对系列监管制度，国外学者对相关监管法律法规执行效果进行学术研究。Barber 等（2006）从投资银行分析师的不同投资评级的"买入""持有"和"卖出"分布对 NASD Rule 2711 执行效果进行评价。Kadan 等（2009）认为严厉的分析师监管环境导致证券分析师乐观评级情绪降低，投资评级行为更加具有审慎性；Hovakimian 和 Saenyasiri（2010）认为 SEC 颁布的《公平信息披露规则》明显抑制了证券分析师夸大公司盈余预测的动机。

迄今为止，对证券分析师研究报告相关监管的相关研究基本上都是以美国市场为研究对象的。由于各国资本市场发展阶段、法律环境和监管机制的不同，以及证券分析师行业成熟度的差异，以中国资本市场证券分析师监管为研究对象的相关研究相对缺乏。司徒大年（2002）通过借鉴美国网络股泡沫破灭后的监管风暴提出有必要重新审视证券分析师的角色、责任和独立性，以防止证券分析师发布偏颇的、过度乐观的研究报告误导投资者。郭杰、洪洁瑛（2009）针对中国证券分析师盈余预测的无效性，提出强化证券分析师预测行为规范的建议。萧松华、肖志源（2009）构建证券分析师不同情况下的收益矩阵得出声誉机制会引发证券分析师的利益冲突行为，并建议建立证券分析师声誉回报机制来影响其收益，促使证券分析师发布独立且公正的投资建议，以消除证券分析师的利益冲突行为。林义相、王昕（2011）从法律金融的视角提出中国证券投资咨询行业有必要进行立法监管。杨艳林（2013）通过借鉴美国证券分析师监管经验，建议我国证券监管层在出台相关监管法规条例时应当考虑到简单的业务隔离对卖方研究服务行业可能的重大消极影响，建议强化分析师利益冲突相关行为信息披露、推动分析师综合能力评价制度完善，支持独立研究机构创建。

1.3 研究框架

本书以中国证券分析师荐股行为监管及中小投资者保护为研究主线，对证券分析师发布研究报告和荐股行为进行剖析，开发中国证券研究报告质量指数并构建量化评价体系，检验证券分析师荐股行为有效性、信息含量及其市场效应，解析证券分析师发布研究报告行为动机和荐股行为策略，揭示资本市场定价偏差的证券信息供给机制，论证中国证券分析师荐股行为异化的利益冲突诱因及其背后驱动因素，试图破解证券分析师利益冲突这一全球性证券监管难题，进而构建中国证券分析师行为治理与监管新框架，这对提升中国证券市场效率、矫正证券分析师荐股行为异化和消除证券研究行业"潜规则"、提升中小投资者保护水平和推动我国证券研究行业新秩序建立提供金融学证据。

依据上述研究思路，本书的研究体系与框架如图1-1所示。

根据图1-1，项目研究内容主要包括以下八个部分：

第一部分为导论部分，从当前证券分析师行业所面临的问题出发，对于证券分析师研究报告发布行为提出质疑和拷问，继而引出关于证券分析师行为的研究切入点。同时，就拟研究问题的相关文献进行系统性地梳理，在此基础上提出课题的研究框架和研究体系。

第二部分是中国证券分析师研究报告发布行为机制分析。一方面，将影响分析师个体行为的因素内化为影响分析师效用最大化函数的因子，构造分析师个体行为函数；另一方面，由证券分析师、机构投资者、个人投资者形成的市场，受到证券分析师群体策略空间的影响，各主体的行为均与证券分析师行为相关联。因此，在证券分析师个人价值函数的基础上，证券分析师的策略变化，会对证券市场产生重要影响，而其影响方向和影响程度可用 MATLAB 进行模拟。

第三部分是中国证券分析师证券研究报告质量评价体系构建。由于分析师在发布分析报告的过程中，往往以自身利益最大化作为目标，因此，其发布的研究报告的准确性、独立性、客观性和公正性存在质疑，这就使得建立全面的证券分析师质量报告评价体系显得尤为重要。本部分从构建证券分析师研究报告质量体系出发，评价长期预测能力（即分析师盈利预测能力）和短期预测能力（即分析师评级预测能力），以全面地评价证券分析师对于个股未来走势和发展前景的分析判断能力，此外，从分析师调整评级的频率及准确度，也可看出分析师自我纠正的能力以及对于市场短期异动的及时调整能力。

第四部分是证券分析师荐股行为的市场效应。上市公司、机构投资者以及个人投资者在作投资决策的过程中，往往会参考证券分析师的意见，因此，证券分析师发布分析报告对于市场会产生一定影响，通过市场反应，也可以检验证券分析师所提供的信息是否真正有效。本部分从证券分析师荐股行为的有效性出发，重点关注分析师荐股行为对上市公司融资成本、市场信息透明度的影响效应。

证券分析师荐股行为的监管视角 → 证券分析师荐股行为问题的提出

中国证券分析师荐股行为的质疑与拷问

佣金导向下分析师荐股行为机制分析 → 中国证券分析师荐股行为机制与价值函数

证券分析师荐股行为策略空间及其数值模拟

中国证券分析师荐股行为与研究报告质量评价 → 中国证券分析师研究报告质量评价体系

分析师盈利预测质量与荐股价值

证券分析师投资评级信息含量

证券分析师荐股行为的市场效应 → 证券分析师荐股行为的有效性

分析师荐股行为对上市公司融资成本的影响效应

分析师荐股行为对市场信息透明度的影响效应

证券分析师荐股的信息效率检验 → 证券分析师跟进行为与股价同步性

证券分析师跟进行为与信息含量

分析师挖掘公司特质信息能力

中国证券分析师荐股行为异化及其背后机制挖掘 → 分析师的利益冲突与盈余预测偏差

投资者情绪对分析师盈利预测偏差的影响

分析师荐股行为背后机制挖掘

证券分析师荐股行为监管 → 证券分析师荐股行为监管政策的必要性

中西方监管政策实施及其监管有效性

我国分析师监管政策效应与过度乐观预测偏差抑制

中国证券分析师荐股行为治理与监管体系重构 → 利益冲突规制、信息隔离和强化信息披露制度建设

分析师报告发布声誉制度建设

分析师荐股行为监管体系重构

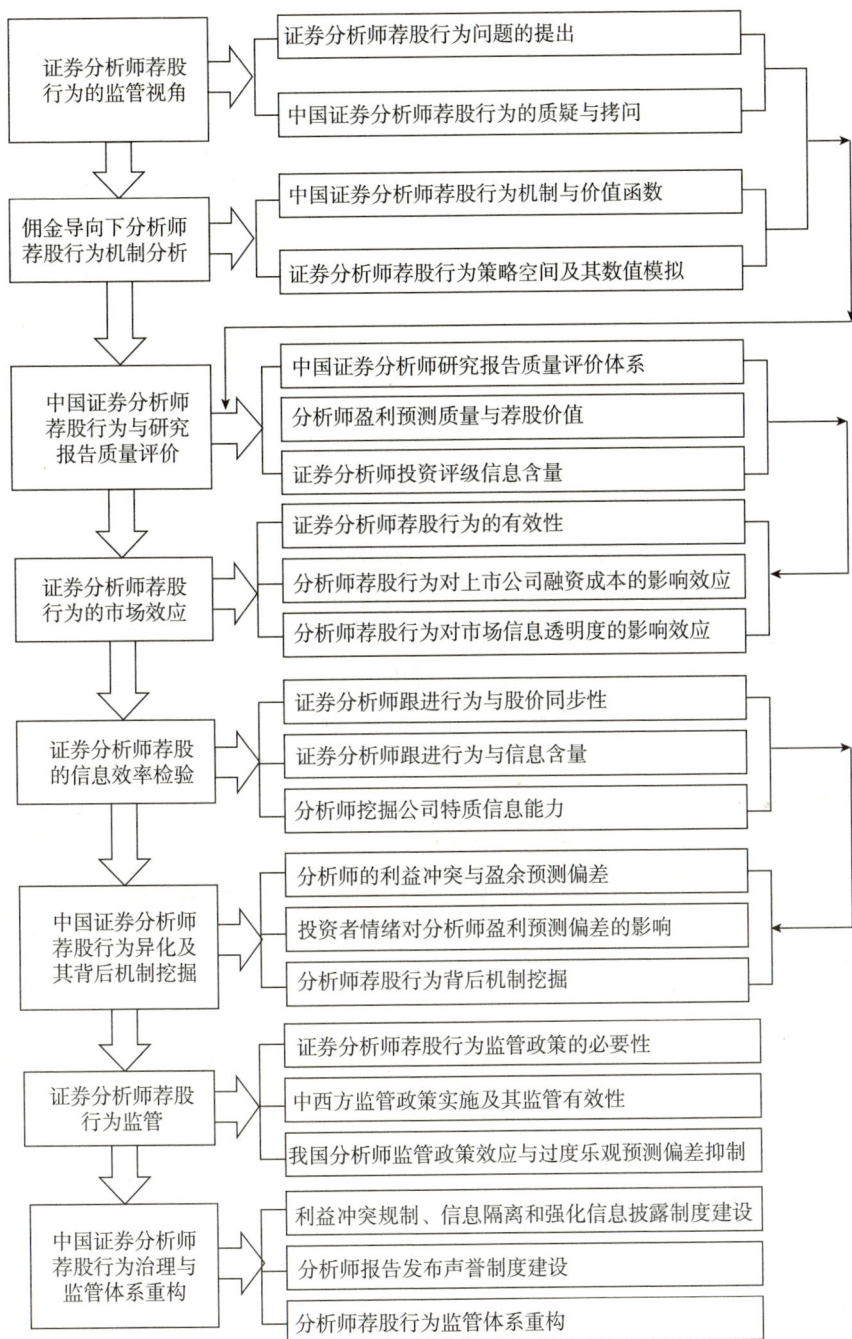

图 1 - 1　研究体系与框架

第五部分是证券分析师荐股行为的信息效率。作为证券市场的信息中介，证券分析师荐股行为的信息效率至关重要。采用股价同步性作为证券分析师信息效率的代理变量，考察分析师跟进行为与股价同步性间的关系，并进一步检验证券分析师跟进的信息含量、分析师挖掘公司特征信息的能力。

第六部分剖析中国证券分析师荐股行为异化产生的原因与机理。在利益冲突、投资者情绪以及个体决策等多种因素的驱动下，证券分析师可能存在荐股行为异化。由于证券分析师分析报告主要受众是投资者，投资者情绪对于证券分析师的影响显得尤为重要，在此基础上"纠正"证券分析师的预测报告对于维护投资者利益，尤其是中小投资者利益，是规制和监管证券分析师行为的最终目的。分析师荐股行为亦非无迹可寻，可利用模型将分析师荐股行为抽象化，以了解证券分析师荐股行为的影响因素，并利用实证数据检验这些因素的具体影响程度。

第七部分关注证券分析师荐股行为监管。通过理论分析证券分析师荐股行为监管的必要性，对比中西方监管政策实施及监管有效性，对于我国现有证券分析师监管进行实证检验，以客观评价我国证券分析荐股行为监管现状，为重构我国证券分析师荐股行为治理与监管体系提供理论基础与经验支持。

第八部分重构中国证券分析师荐股行为治理机制。在中国证券分析师推荐行为分析基础上，本部分重点从回归证券分析师价值发现并合理引导理性投资功能、保护中小投资者权益的视角，针对中国证券分析师行为中所暴露的问题"对症下药"并提出积极措施应对。本部分建议建立完备的信息披露制度、建设分析师报告发布的声誉机制，重构分析师荐股行为监管体系与利益冲突机制，提出重构证券分析师行为治理机制和重塑中国证券分析师行业秩序的政策建议。

1.4　主要创新点

本书的研究特色或创新之处，主要体现在以下四个方面：

第一，针对证券分析师荐股行为利益冲突的全球性监管难题，寻求中国证券分析师行为监管与中小投资者保护的新体系。通过解析中国证券分析师荐股的内在行为机制，揭示中国证券分析师利益冲突的形成机制，构建中国证券分析师荐股行为治理与利益冲突的监管体系，纠正荐股行为"异化"和消除证券研究行业"潜规则"，保护中小投资者权益和重建中国证券研究行业新秩序。

第二，首次构建中国证券分析师荐股行为监管和中小投资者保护的系统性逻辑分析框架，开拓中国证券分析师荐股行为监管研究的新领域。通过跨期动态行为模型剖析中国证券分析师荐股行为策略空间和行为模拟，系统论证中国证券分析师荐股行为有效性、信息含量及其市场效应，对中国证券分析师荐股行为进行价值识别，剖析中国证券分析师荐股行为异化及其背后的利益冲突与情绪化"双重"驱动机制，构建中国证券分析师荐股行为监管和中小投资者保护的系统性分析框架。

第三，开发中国证券市场研究报告质量评价体系，对证券分析师荐股质量和中小投资者保护程度进行度量。针对中国证券分析师研究报告质量的质疑和"拷问"，首次建立证券分析师研究报告质量评价体系，对中国证券分析师研究报告质量进行量化动态跟踪和评价，通过证券分析师荐股行为声誉机制约束和引导证券分析师荐股行为，同时对中国资本市场中小投资者保护程度进行测度。

第四，揭示证券分析师荐股行为异化机制，寻求破解证券分析师荐股行为异化这一全球性监管难题的微观基础。不同于传统学者对证券分析师行为异化机制的研究，本书从分析师利益冲突和分析师个体行为的视角解析中国证券分析师荐股行为异化问题，挖掘中国证券分析师荐股行为异化的背后机制，从微观金融基础角度消除证券研究行业"潜规则"，进而寻求破解证券分析师荐股行为异化这一监管难题的微观基础。

第2章 证券分析师研究报告发布行为机制分析

为解析中国证券分析师荐股行为，本书从剖析研究报告发布行为的决定机制出发，将影响分析师个体行为的因素内化为影响分析师效用最大化函数的因子，构造分析师个体行为函数；在分析师个体行为函数的基础上，证券分析师作为证券市场的重要参与者之一，其行为对于机构投资者、个人投资者等均有重要影响。在证券分析师个人价值函数的基础上，用 MATLAB 模拟证券分析师的策略变化对于证券市场的影响方向和影响程度。

2.1 证券分析师研究报告发布行为机制与价值函数

2.1.1 研究模型假设

首先，假设证券市场参与者包括三类主体：机构投资者、个人投资者（散户）以及证券分析师。其中机构投资者、个人投资者（散户）是证券市场上的投资主体。他们所采用的投资方法主要分为积极投资和消极投资。其中消极投资对证券价格基本无影响，暂且不论。积极投资方法可以分为价值投资和趋势投资。采用价值投资方法的投资者从宏观经济、行业和具体企业的基本面分析企业的内在价值，并以此指导投资，一般会参考证券分析师的报告。而采用趋势投资方法的投资者通过对买卖双方力量的分析、技术分析等方法研究股票趋势，波段操作，不以企业的基本面作决策依据或主要依据进行投资。趋势投资方法的具体实践多种多样，在此仅取反馈策略作为代表。在证券市场中，机构投资者具有信息、资金和技术优势，它们全部都是分析师的客户，但内部也会有理性与非理性交易的划分，采用理性交易的机构投资者占比为 γ，采用反馈策略的占比为 $1-\gamma$。个人投资者基本依靠自己的评估来对资产进行买入和卖出，当资产价格低于自己的评估时买入资产，而当价格高于自身期望时卖出。他们也可以分为两个群体：一部分是作为证券分析师的客户，享有市场上更多的信息资源，占全部散户的 α；其他的个人投资者则依据市场公开信息自主判断，占比为 $1-\alpha$。证券分析师主要考虑卖方分析师，他们对市场上交易资产的真实价值进行挖掘，获取更多公开市场之外的信息，同时也受到各方利益冲突的影响。证券分析师对资产价值进行评估并发布报告，为其客户提供关于资产内在价值的信息。因为机构投资者具有信息、资金、技术和分析能力的优势，所以 $\gamma > \alpha$。

其次，假设机构投资者可持有的资产包括无风险资产和风险资产，这里的无风险资产收益率为 0，且其价格标准化为 1。模型中的交易资产对象为风险资产，总量为 K，在模型中假设没有发行新的证券，证券总量在每一期保持不变。它在第 t 时期的单位市场价格为 P_t，证券的真实价值为 Y_t，对 $t = 0$，1，2，$\cdots$，都有 $Y_t \sim N(1, \sigma^2)$。个人投资者由于资金能力有限，设定其在交易时采取全进全出、只能持有风险资产或非风险资产的策略。

最后，假设各市场参与者对风险资产的估值期望不同，主要研究的是在第 t 时期对第 $t+1$ 时期的资产估值。证券分析师通过对市场信息的挖掘，加以专业分析和权衡后得出的证券价格为 $\hat{Y}_{t+1}$，并将该分析结果公告给其客户。对机构投资者而言，理性的 γ 部分客户根据分析师的信息得出它们的期望 $Y_{t+1}^* = E(Y_{t+1} \mid I_t)$，对 $t = 0$，1，2，$\cdots$，都有 $Y_{t+1}^l \sim N(Y_{t+1}, \sigma_1^2)$。散户中 α 部分作为分析师客户的投资者对证券的价值的期望为 $Y_{t+1}^m = E(Y_{t+1} \mid I_t)$，对 $t = 0$，1，2，$\cdots$，都有 $Y_{t+1}^m \sim N(Y_{t+1}, \sigma_2^2)$。而散户中其他完全采用反馈策略的投资者的估值期望为 $Y_{t+1}^n = E(Y_{t+1} \mid I_t)$，对 $t = 0$，1，2，$\cdots$，都有 $Y_{t+1}^n \sim N(P_t, \sigma_2^2)$。由于机构投资者相比个人投资者而言专业性更强，因此它们对资产价值估计的准确度更高，表现为 $\sigma_1^2 < \sigma_2^2$。

2.1.2 证券分析师研究报告发布行为机制

按照工作流程，证券分析师的工作任务一般包括三大类：收集信息、分析评价和给出投资建议，工作成果通常是以研究报告的形式给出。

证券分析师收集信息的渠道和方式是多样的。根据《发布证券研究报告执业规范》，分析师应该通过阅读公开信息、参加股东大会或公司新闻发布会、使用信息服务机构等第三方合法取得的市场、行业及企业相关信息和到公司进行走访等方法收集信息。根据《证券分析师的最佳实践指南》，证券分析师应该收集的信息主要包括两个方面：一方面是行业信息，包括行业增长、需求、市场机会、主要投入成本、行业威胁和风险、兼并和收购情况、行业信息来源；另一方面是公司信息，包括管理层的指引、目标和战略、主要生产线、服务和客户、新兴增长机会、成本膨胀、资本支出、融资需求、兼并收购情况。分析师信息收集的程度除了取决于自身的能力，也和信息披露制度有关。

一个典型的分析师要做大量的分析工作，其中会计分析、报表分析、财务分析是建立在会计信息基础上的必不可少的步骤。会计分析包括公司的内控能力、会计政策、会计估计、会计变更以及会计的透明度分析，这一阶段的分析是一个去伪求真的过程，分析师需要判断上市公司采用的会计政策与估计方法是否合理，是否存在利用会计政策操纵盈余、财务造假的可能；报表分析包括收入成本费用利润构成、存货投资等资产状况，应收应付等商业信用状况分析，也即是对三大财务报表的分拆、解构；财务分析包括公司目前的资金状况和现金流压力，成长性、周转率和盈利能力、未来的融资需要等分析，需要用到一系列的财务比率。这三项工作一方面是为了分析和验证公司经营成功信息的可靠性，另一方面，是为建立财务模型做准备。证券分析师如果是基于虚假的财务数据展开分析预测，就会扭曲对公司价值和风险的判断。

证券分析师运用自己的专业知识技能，对信息进行综合分析整理，通过分析工具和模型，作出对上市公司财务、经营、管理状况的分析评价，预测其未来的发展方向或对某个行业的整体发展状况及趋势进行判断。在分析评价的基础上，证券分析师会对该证券作出评级。证券分析师在证券市场的规制下，追求自己的效用最大化。在当下，证券分析师发布研究报告的行为主要由提高收入和声誉两方面的因素驱动。

证券分析师发布研究报告的主要目的是为各类投资者提供咨询，如果缺少信息含量，投资者将不会阅读。所以证券分析师基本上会努力收集信息、分析评价和给出投资建议，发布研究报告，进而减少证券市场的信息不对称。

证券分析师收入的主要来源是分析师收集信息、分析数据并形成报告，争取机构投资者的青睐，从而为雇主争取到买方交易证券的分仓量，进而赚取佣金收入。

另外，证券分析师的声誉主要与各类证券分析师排名有关，在国内最有名的证券分析师排名是"新财富"分析师排名，基本是由机构投资者投票选出。所以，证券分析师很可能在发布报告时，采取有利于机构投资者的策略。

同时，证券分析师所在的券商研究部是券商下属的一个部门，尽管《发布证券研究报告执业规范》规定"建立健全信息隔离墙制度，并遵循静默期安排"，但是在实际操作中，证券分析师还是很有可能受券商其他部门的业绩压力影响，采取有利于证券分析师的雇主的策略。

还有很多年轻的证券分析师认为这是一个过渡性职业，所以职业责任心缺乏。过渡的方向往往选择机构投资者、券商管理层或其他业务等，加重了上述两种行为。

最后，证券分析师对资产定价的信息来源有很大部分来自于上市公司管理层，为了个人业绩，证券分析师会主动维护好与上市公司之间的信息渠道，所以，证券分析师很可能在发布报告时，采取有利于上市公司管理层的策略。

在当前证券分析师所面临的环境下，证券分析师之间流传着一种说法形象地描述了分析师的工作——"分析师三分之一的时间是在做销售，把报告的观点销售给机构投资者；三分之一的时间做调研，与上市公司搞关系；剩下的三分之一才用来做研究"。可见，证券分析师花在做研究上的时间是严重不足的，主要时间（三分之二的时间）花在公关上。因此，证券分析师的研究报告质量堪忧，而且其独立性也堪忧。

2.1.3 研究报告发布行为中证券分析师的价值函数

在我国制度背景下，证券分析师对资产的价值评估以及报告发布要受到各方面的驱使和影响。受自身的职能以及声誉机制的影响，分析师应当具有独立性和客观性，事实上，种种利益的诱惑或胁迫使分析师丧失独立性，发布偏离内在价值的预测。所有这些影响因素可以概括为以下几点：

第一，证券分析师自身所获得的声誉方面的价值。证券分析师的声誉是其未来职业生涯的保障，声誉机制约束证券分析师的行为，促使他们对所分析的证券进行一个偏差尽量小的预测。一个证券分析师的声誉来自两个方面：其一是其预测的证券价值的准确程度；其二，当一个证券分析师预测较为准确，且如果与分析师群体的平均预测（分析师一致预测）相差较大时，说明分析师拥有的私有信息较多，并善于将其转化为公开信息，提高证券分析师个人的声誉，并最终促进市场的信息效率。如果其与分析师群体的平均预测（分析师一致预测）相差较大，且不准确，则会造成更厉害的负面影响。可以通过（2.1）式来衡量声誉方面的价值，这里将证券分析师的声誉看作是一个逐期累计的过程：

$$V_{t+1}(rep) = S - \frac{k_1}{t+1} \sum_{i=0}^{t} \left[(\hat{Y}_{t+1} - Y_{t+1})^2 \mid I_t \right] + f_t \tag{2.1}$$

其中，S 是使该度量为正的参数，可以看作是市场对分析师预测偏差的最大容忍限度指标，（2.1）式满足 $V_{t+1}(rep) > 0$，$k_1 > 0$，k_1 与证券分析师的年龄（通常越年轻的证券分析师未来的证券分析师职业期越长，k_1 越大）有关。f_t 是衡量分析师个人私有信息带来的声誉方面的价值的函数，它的表达式将会在下一节做详细分析。

第二，证券分析师获得的与券商的其他业务（主要是经纪业务）方面的价值。如果分析师所在的证券公司承销或者发行某一上市公司的股票，则该分析师对于此上市公司的价值研究有很大影响力，分析师倾向于发布乐观的价值评估报告，以促进股票发行和维持与现有客户长期稳定的投资业务关系。这一利益关系的价值大小可以用（2.2）式来衡量，其中 $k_2 > 0$。k_2 与券商承销所分析公司的证券数量和券商的制度是否健全有关。

$$V_{t+1}(sa) = \frac{k_2}{t+1}\sum_{i=0}^{t}\left[\hat{Y}_{i+1} - Y_{i+1} \mid I_i\right] \tag{2.2}$$

第三，证券分析师获得的与机构投资者相关的价值。机构投资者是券商承销的主要购买者，也是分析师大量佣金的主要来源，因此分析师会主动与其交好，倾向于避免发布对投资机构资产组合中资产的不利信息，以免机构投资者遭受损失。此外，对中国的分析师而言，明星分析师以及"新财富"排名主要是由机构投资者投票选出，这与分析师的身价密切相关，因此对分析师决策行为的影响比较大。具体影响表现为（2.3）式，其中 $k_3 > 0$。k_3 与机构投资者对所分析公司是否建仓和券商规章制度有关。

$$V_{t+1}(ii) = \frac{k_3}{t+1}\sum_{i=0}^{t}\left[(\hat{Y}_{i+1} - Y_{i+1}) \mid I_i\right] \tag{2.3}$$

第四，证券分析师价值还与上市公司管理层之间的关系有密切联系。证券分析师资产定价的信息来源有很大部分来自于公司管理层，为了个人业绩，证券分析师会主动维护好与上市公司之间的信息渠道，而发布乐观的分析结果有利于未来接触管理层获取更准确的信息。这一点在模型的后面会有体现。

综上，证券分析师总价值函数可以表示为

$$V_{t+1}(total) = V_{t+1}(rep) + V_{t+1}(sa) + V_{t+1}(ii)$$

$$= S - \frac{k_1}{t+1}\sum_{i=0}^{t}\left[(\hat{Y}_{i+1} - Y_{i+1})^2 \mid I_i\right] + \frac{k_2}{t+1}\sum_{i=0}^{t}\left[(\hat{Y}_{i+1} - Y_{i+1}) \mid I_i\right]$$

$$+ \frac{k_3}{t+1}\sum_{i=0}^{t}\left[(\hat{Y}_{i+1} - Y_{i+1}) \mid I_i\right] + f_t \tag{2.4}$$

2.2 证券分析师研究报告发布行为策略空间及其数值模拟

2.2.1 证券分析师个体的研究报告发布行为策略空间

上一节研究了证券市场中证券分析师个体的行为和价值函数，证券分析师由于受到一些利益的影响，采取有利于机构投资者、所在券商、所分析上市公司的策略。在实际的市场中，证券分析师群体相互之间也会有影响，导致证券分析师采取从众的策略或有意"标新立异"来吸引关注。

从上一节中可知，对证券分析师而言，对下一期公司的价值报告 Y_{t+1} 能够使 $V_{t+1}(total)$ 的期望达到最大，即

$$\max E[V_{t+1}(total)] = S - \frac{k_1}{t+1}\sum_{i=0}^{t}E[(\hat{Y}_{i+1}-Y_{i+1})^2 \mid I_i] + \frac{k_2+k_3}{t+1}\sum_{i=0}^{t}E[(\hat{Y}_{i+1}-Y_{i+1}) \mid I_i] + f_t$$

(2.5)

不妨假设 $\hat{Y}_{t+1} - E(Y_{t+1} \mid I_t) = b_t$，$b_t$ 可以看作是证券分析师在 I_t 基础上的无偏估计与利益冲突下所发布预测报告间的偏差，这里证券分析师的无偏估计 $E(Y_{t+1} \mid I_t) = Y_{t+1} = I_t + \varepsilon_t$，$\varepsilon_t$ 与 I_t 是相互独立的，ε_t 满足 $\varepsilon_t \sim N(0, \frac{1}{\tau_t(b_0, b_1, \cdots, b_{t-1})})$，$\tau_t(b_0, b_1, \cdots, b_{t-1})$ 是关于 b_i 的函数，用来度量证券分析师对公司价值估计的准确程度，且满足 $\frac{\partial \tau_t}{\partial b_i} > 0$，$i = 0, 1, \cdots, t-1$。它实际衡量了证券分析师与上市公司管理层之间长期关系的价值。对 0 到 $t-1$ 期，如果分析师发布对公司利好的较为乐观的报告（$b_i > 0$），则管理层将会给证券分析师提供关于资产更加准确的信息，$Var(\varepsilon_t) = 1/\tau_t$ 就越小，τ_t 与 b_i 呈正相关。

由上面的定义，

$$
\begin{aligned}
E[(\hat{Y}_{i+1}+Y_{i+1})^2 \mid I_i] &= Var[(\hat{Y}_{i+1}-Y_{i+1}) \mid I_i] + E^2[(\hat{Y}_{i+1}-Y_{i+1}) \mid I_i]\\
&= Var(Y_{i+1} \mid I_i) + [\hat{Y}_{i+1}-E(Y_{i+1} \mid I_i)]^2\\
&= Var(I_i + \varepsilon_i \mid I_i) + [\hat{Y}_{i+1}-E(Y_{i+1} \mid I_i)]^2\\
&= \frac{1}{\tau_i} + b_i^2
\end{aligned}
$$

(2.6)

所以（2.5）式可以化简成如下形式：

$$
\begin{aligned}
\max E[V_{t+1}(total)] &= S - \frac{k_1}{t+1}\sum_{i=0}^{t}\left(\frac{1}{\tau_i} + b_i^2\right) + \frac{k_2+k_3}{t+1}\sum_{i=0}^{t}b_i\\
&= S - \frac{k_1}{t+1}b_t^2 - \frac{k_1}{t+1}\frac{1}{\tau_t} - \frac{k_1}{t+1}\sum_{i=0}^{t-1}\left(\frac{1}{\tau_t}+b_t^2\right) + \frac{k_2+k_3}{t+1}b_t\\
&\quad + \frac{k_2+k_3}{t+1}\sum_{i=0}^{t-1}b_i + f_t
\end{aligned}
$$

(2.7)

为了探究证券分析师的行为，我们需要考察 $E[V_{t+1}(total)]$ 与 b_t 之间的关系，（2.7）式可以看作是关于 b_t 的二次函数，可以取到最大值。易知，τ_t 与 b_t 无关。在此先假设 $f_t = 0$，

$$\frac{\partial E[V_{t+1}(total)]}{\partial b_t} = -\frac{2k_1}{t+1}b_t + \frac{k_2+k_3}{t+1} = 0$$

$$b_t = \frac{k_2+k_3}{2k_1}$$

(2.8)

根据模型可知，证券分析师在第 t 期的最优决策为 $b_t > 0$，即发布有正的预

测偏差为 $b_t = \dfrac{k_2 + k_3}{2k_1}$ 的较为乐观的报告。

这证实了证券市场对证券分析师发布的证券研究报告独立性的质疑，证券分析师的确会发布过于乐观的报告以配合所在券商和机构投资者，从而伤害散户的利益，并损害金融和资本市场的配置效率和投资者的信心。

由此可知，当证券分析师相互不影响时，发布研究报告会采取这样的策略：发布有正的预测偏差为 $b_t = \dfrac{k_2 + k_3}{2k_1}$ 的较为乐观的报告。

2.2.2 证券分析师群体的研究报告发布行为策略空间

然而，在实际的证券市场中，当一个证券分析师预测较为准确时，其与分析师群体的平均预测（分析师一致预测）如果相差较大，说明分析师拥有的私有信息较多，并善于将其转化为公开信息，有助于提高证券分析师个人的声誉。此时，证券分析师会面临更为复杂的情况，比如证券研究报告的发布有先有后，证券分析师会参考之前发布的研究报告，根据之前证券分析师所作的一致预测，选择是否该从众跟风，或者自主分析以提高自己的声誉。如果证券分析师自主分析与之前证券分析师所作的一致预测相差很小时，会选择发布类似的预测，因为此时发布意见不一致的预测并不顺应分析师的主观意志，另外也不会带来分析师声誉的提升。所以，只有当其自主分析所得到的结果与证券分析师所作的一致预测有显著不同时，才会选择是否该从众跟风，或者自主分析。

证券分析师基于声誉和报酬的考虑，在风险面前会采取比较谨慎的态度，因此可以假设在证券市场上有风险厌恶的证券分析师 A 和 B，A 为之前发布报告的证券分析师的代表，发布了一致预测，而 B 是之后准备发布研究报告的分析师。如果投资者根据 B 的报告意见遭遇投资失败，B 因自主分析而导致不好的投资结果，其无法将这一失败归咎于大家都犯了同样的错误，而是因为其所收集到的市场信息出现了系统性偏差，对证券分析师声誉造成比跟风更大的影响。因此，声誉机制往往使证券分析师，特别是那些信心不足的证券分析师更多地关注其他证券分析师的行为，而忽略自己的私人信息，发布有失偏颇的投资建议，引发证券分析师的"羊群效应"。

证券分析师的收益受他们的"相对"业绩影响，因为投资者通常根据证券分析师的相对业绩去评估其能力，而证券分析师的业绩体现在发布正确或错误的投资建议。因此，我们可以给出如下的收益矩阵：当证券分析师 A 和 B 的投资建议存在分歧的时候，投资者会认为错误一方的能力较低，因此收益 U_1 相应地也会较低；当两人都发布错误的投资建议时，因"法不责众"效应的存在，投资者会将错误归咎于系统性错误而与证券分析师的能力无关，因此，此时两人的收益 U_2 较 U_1 高；当证券分析师的投资建议存在分歧时，投资者会认为投资建议正确的一方能力较高，在有比较的情况下，正确一方的收益 U_4 将高于两人都正确情况下的 U_3，因此不同情况下的收益存在 $U_1 < U_2 < U_3 < U_4$ 的关系。

B

		正确	错误
A	正确	U_3, U_3	U_4, U_1
	错误	U_1, U_4	U_2, U_2

图 2 - 1　跟进证券分析师的收益矩阵

证券分析师作为一个理性的经济人，追求的是自身期望收益的最大化，而最大化的期望收益不仅取决于发布正确或错误投资建议时的收益，也取决于发布正确或错误投资建议的概率。因此，我们可以通过求解证券分析师的最大化期望收益来进行分析。同时，由于证券分析师可以通过自主分析或效仿其他证券分析师得到投资建议，下面将分三个阶段来进行分析。第一阶段，A 先行动，提供正确或错误的建议；第二阶段，B 行动，B 有两种选择，即自主分析或选择跟风；第三阶段，投资建议得到验证，投资者根据证券分析师所作出的投资建议和实际发生的结果对证券分析师的能力重新作出评估，修正的依据有两个：一是证券分析师的分析结果是否正确；二是证券分析师的分析结论与其他证券分析师的决策是否相似。由于金融投资具有较强的不确定性，能力再高的证券分析师也可能出现偏误，特别是在市场存在系统风险时更是如此。因此，第一条依据往往无法单独决定证券分析师的能力高低，而这时第二条依据就很重要。这一评估正是证券分析师最为关心的后验声誉，决定了他们的职业地位和收入。

S_A、S_B 分别表示 A、B 提供了正确的建议；F_B 表示 B 选择跟风，概率为 θ，$\overline{F_B}$ 表示 B 自主分析，概率为 $1-\theta$；$\overline{X}_i$（$i = A$ 或 B）表示分析师 i 自主分析正确，概率分别为 P_A、P_B；X_i（$i = A$ 或 B）表示分析师 i 自主分析错误，概率分别为 $1 - P_A$、$1 - P_B$。

在第二阶段，B 选择自主分析还是选择跟风，取决于 B 的期望收益的最大化，即

$$\max\{U_3 P(S_A S_B) + U_1 P(S_A \overline{S_B}) + U_4 P(\overline{S_A} S_B) + U_2 P(\overline{S_A}\,\overline{S_B})\}$$

$$P(S_A S_B) = P(S_B / S_A) P(S_A)$$

$$= [P(X_B) + P(F_B) - P(X_B) P(F_B)] P(S_A)$$

$$= (P_B + \theta - \theta P_B) P_A$$

· 19 ·

$$
\begin{aligned}
P(S_A \bar{S}_B) &= P(\bar{S}_B / S_A) P(S_A) \\
&= [P(\bar{X}_B) + P(F_B) - P(\bar{X}_B) P(F_B)] P(S_A) \\
&= (1 - P_B - \theta + \theta P_B) P_A
\end{aligned}
$$

$$
\begin{aligned}
P(\bar{S}_A S_B) &= P(S_B / \bar{S}_A) P(\bar{S}_A) = P(X_B \bar{F}_B) P(S_A) \\
&= P_B (1 - \theta)(1 - P_A)
\end{aligned}
$$

$$
\begin{aligned}
P(\bar{S}_A \bar{S}_B) &= P(\bar{S}_B / \bar{S}_A) P(\bar{S}_A) = [1 - P(X_B \bar{F}_B)] P(\bar{S}_A) \\
&= [1 - P_B(1 - \theta)](1 - P_A)
\end{aligned}
$$

期望收益 $E_U = U_3 P(S_A S_B) + U_1 P(S_A \bar{S}_B) + U_4 P(\bar{S}_A S_B) + U_2 P(\bar{S}_A \bar{S}_B)$

从上式可以看出，证券分析师 B 的期望收益是关于跟风概率 θ 的函数，对 θ 求导，令 $\dfrac{dE_U}{d\theta} = 0$

即 $U_3 P_A (1 - P_B) - U_1 P_A (1 - P_B) - U_4 P_B (1 - P_A) + U_2 P_B (1 - P_A) = 0$

因此，证券分析师 B 在最大化期望收益的情况下是否选择跟风的临界概率为

$$
P_{B*} = \frac{P_A(U_3 - U_1)}{P_A(U_3 - U_1) + (1 - P_A)(U_4 - U_2)} \tag{2.9}
$$

当 $P_B > P_{B*}$ 时，B 的最优策略是提供自主分析的建议；当 $P_B < P_{B*}$ 时，B 的最优策略是跟风；当 $P_B = P_{B*}$ 时，跟风与否对 B 而言是无差异的。

从对 P_{B*} 的分析我们又可得出如下结论：后行动的证券分析师是否选择跟风，取决于不同情况下的收益，即在投资建议相同的情况下，与收益 U_2、U_3 呈正向关系，与收益 U_1、U_4 呈反向关系。

由此可见，证券分析师群体的确存在"羊群效应"，能力较差（P_B 较小）的证券分析师更多地关注其他证券分析师的行为，而忽略自己的私人信息，发布与前人一致的投资建议，造成证券市场的无效率。

2.2.3　机构投资者交易策略

机构投资者资金充足，信息占优势。理性的投资者会选择每一期自己所需要的资产数量以达到机构效用最大化，这一部分投资者占 γ。假设效用函数为第 t 期净资产收益率 $W_t = (Y_t - P_t) R_t$ 的指数函数 $U(W_t) = -e^{-\rho_I W_t}$，其中 R_t 是投资机构在第 t 期末所持有的交易资产总量，ρ_I 则为投资者风险厌恶系数。

机构投资者第 $t+1$ 期末所持资产的效用为 $U(W_{t+1}) = -\exp[\rho_I (Y_{t+1} - P_{t+1}) R_{t+1}]$，投资者的决策即选择合适的 R_{t+1} 使其对效用函数的期望达到最大。即

$$\max E[\,U(W_{t+1})\mid I_t\,] = -\exp[\,-\rho_I E(Y_{t+1}-P_{t+1})R_{t+1}\,]$$

$$= -\exp\left\{-\rho_I[\,E(Y_{t+1}\mid I_t)-P_{t+1}]R_{t+1}+\frac{\rho_I^{\;2}}{2}Var(W_{t+1}\mid I_t)\right\}$$

$$= -\exp\left\{-\rho_I[\,E(Y_{t+1}\mid I_t)-P_{t+1}]R_{t+1}+\frac{\rho_I^{\;2}}{2}R_{t+1}^2 Var(Y_{t+1}\mid I_t)\right\}$$

$$= -\exp\left[\,-\rho_I(\hat{Y}_{t+1}-P_{t+1})R_{t+1}+\frac{\rho_I^{\;2}}{2}R_{t+1}^{\;2}\sigma_1^{\;2}\right] \qquad (2.10)$$

（2.10）式取到最大值当且仅当 $R_{t+1}=\dfrac{\hat{Y}_{t+1}-P_{t+1}}{\rho_I\sigma_1^{\;2}}$，这是理性机构投资者在 $t+1$ 期末所持有的资产数额。根据假设，还有 $1-\gamma$ 部分的机构投资者采用反馈策略，他们通过过去的资产收益来预测未来。假设他们对下期资产收益期望为过去 m 期资产收益的平均值，即

$$E[\,Y_{t+1}\mid I_t\,]-P_t=\frac{P_t-p_{t-m}}{m}$$

可以得到

$$R_{t+1}{}' = \frac{\dfrac{P_t-P_{t-m}}{m}-P_{t+1}}{\rho_I\sigma_1^{\;2}} = \frac{P_t-P_{t-m}-mP_{t+1}}{m\rho_I\sigma_1^{\;2}} \qquad (2.11)$$

所以，机构投资者在第 $t+1$ 期总的资产持有量可以记作 $RR_{t+1}=\gamma R_{t+1}+(1-\gamma)R_{t+1}{}'$，假设为了避免市场波动过大，机构投资者不会在一期内一次性调整到最优资产持有量，而是按一定比例提交，这个比例为 s，那么机构投资者在第 $t+1$ 期提交的订单总量为

$$Q_{t+1} = s[\,\gamma R_{t+1}+(1-\gamma)R_{t+1}{}'-RR_t\,]$$

$$= s\left[\,\gamma\frac{\hat{Y}_{t+1}-P_{t+1}}{\rho_I\sigma_1^{\;2}}+(1-\gamma)\frac{P_t-P_{t-m}-mP_{t+1}}{m\rho_I\sigma_1^{\;2}}-RR_t\right] \qquad (2.12)$$

当 $Q_{t+1}>0$ 时，说明在 $t+1$ 期机构买入资产，而当 $Q_{t+1}<0$ 时，说明在 $t+1$ 期机构卖出资产。

2.2.4　作为分析师客户的个人投资者策略

假设散户对自身所持有资产的交易策略只有买与卖之分，而不会像机构投资者一样有买卖数量的大小。由于风险资产总数为 K，假设资产分为 n 股，这样 $K=np_t$。在第 t 期末机构投资者资产的总持有量为 RR_t，所以个人投资者在第 t 期末持有资产为 $K-RR_t$，这也是其在 $t+1$ 期所能进行交易操作的资产数量。

个人投资者的交易策略依据比较简单，根据市场的当前资产价格与个人对下

一期的资产价值的判断作比较，如果 $Y_{t+1}^m > P_t$，则买入，否则卖出。这一判断方式对非分析师客户的个人投资者也是有效的。由于 $Y_{t+1}^m \sim N(\hat{Y}_{t+1}, \sigma_2^2)$，可得

$$Pr(Y_{t+1}^m > P_t) = Pr\left(\frac{Y_{t+1}^m - \hat{Y}_{t+1}}{\sigma_2} > \frac{P_t - \hat{Y}_{t+1}}{\sigma_2}\right) = F\left(\frac{\hat{Y}_{t+1} - P_t}{\sigma_2}\right) \quad (2.13)$$

其中，$F(X)$ 为累计正态分布函数。

因此，在第 $t+1$ 期作为客户的个人投资者买入资产数额为

$$\alpha(K - RR_t) \ F\left(\frac{\hat{Y}_{t+1} - P_t}{\sigma_2}\right)$$

同理，在 $t+1$ 期作为客户的个人投资者卖出资产数额为

$$\alpha(K - RR_t) \ F\left(\frac{P_t - \hat{Y}_{t+1}}{\sigma^2}\right)$$

2.2.5 非分析师客户的个人投资者策略

该群体与上一部分分析大致相同，区别在于 $Y_{t+1}^n \sim N(P_t, \sigma_2^2)$，当 $Y_{t+1}^n > P_t$ 时，买入，否则卖出。而 $Pr(Y_{t+1}^n > P_t) = \dfrac{1}{2}$，所以在 $t+1$ 期，该群体买入资产数额为 $\dfrac{1}{2}(1-\alpha)(K - RR_t)$，与卖出资产数额相等。

2.2.6 市场均衡

综合上面的分析可以看到，在第 $t+1$ 期，市场上投资者买入资产的数额为

$$Q_B = \begin{cases} s\left[\gamma\dfrac{\hat{Y}_{t+1} - P_{t+1}}{\rho_t\sigma_1^2} + (1-\gamma)\dfrac{P_t - P_{t-m} - mP_{t+1}}{m\rho_t\sigma_1^2} - RR_t\right] \\ \quad + \alpha(K - RR_t)F\left(\dfrac{\hat{Y}_{t+1} - P_t}{\sigma_2}\right) + \dfrac{1}{2}(1-\alpha)(K - RR_t), Q_{t+1} > 0 \\ \alpha(K - RR_t)F\left(\dfrac{\hat{Y}_{t+1}P_t}{\sigma_2}\right) + \dfrac{1}{2}(1-\alpha)(K - RR_t), Q_{t+1} < 0 \end{cases}$$

$$(2.14)$$

投资者卖出的资产数额为

$$Q_s = \begin{cases} \alpha(K - RR_t)F\left(\dfrac{P_t - \hat{Y}_{t+1}}{\sigma_2}\right) + \dfrac{1}{2}(1 - \alpha)(K - RR_t), \\[2mm] Q_{t+1} > 0 - s\left[\gamma\dfrac{\hat{Y}_{t+1} - P_{t+1}}{\rho_I\sigma_1^2} + (1 - \gamma)\dfrac{P_t - P_{t-m} - mP_{t+1}}{m\rho_I\sigma_I^2} - RR_t\right] \\[2mm] + \alpha(K - RR_t)F\left(\dfrac{P_t - \hat{Y}_{t+1}}{\sigma_2}\right) + \dfrac{1}{2}(1 - \alpha)(K - RR_t), Q_{t+1} < 0 \end{cases}$$

$$(2.15)$$

为了方便表达式书写，引入符号函数 $\mathrm{sgn}\,(x) = \begin{cases} x/\mid x\mid, & x \neq 0 \\ 0, & x = 0 \end{cases}$，则上面的表达式可以写成：

$$Q_B = \frac{1}{2}[1 + \mathrm{sgn}(Q_{t+1})]s\left[\gamma\frac{\hat{Y}_{t+1} - P_{t+1}}{\rho_I\sigma_I^2} + (1 - \gamma)\frac{P_t - P_{t-m} - mP_{t+1}}{m\rho_I\sigma_I^2} - RR_t\right] +$$

$$\alpha(K - RR_t)F\left(\frac{\hat{Y}_{t+1} - P_t}{\sigma_2}\right) + \frac{1}{2}(1 - \alpha)(K - RR_t)$$

以及

$$Q_s = \frac{1}{2}[-1 + \mathrm{sgn}(Q_{t+1})]s\left[\gamma\frac{\hat{Y}_{t+1} - P_{t+1}}{\rho_I\sigma_I^2} + (1 - \gamma)\frac{P_t + P_{t-m} - mP_{t+1}}{m\rho_I\sigma_I^2} - RR_t\right]$$

$$+ \alpha(K - RR_t)F\left(\frac{P_t - \hat{Y}_{t+1}}{\sigma_2}\right) + \frac{1}{2}(1 - \alpha)(K - RR_t)$$

当市场达到短期均衡时，风险资产供给与需求相等。即

$$s\left[\gamma\frac{\hat{Y}_{t+1} - P_{t+1}}{\rho_I\sigma_I^2} + (1 - \gamma)\frac{P_t - P_{t-m} - mP_{t+1}}{m\rho_I\sigma_I^2} - RR_t\right]$$

$$+ \alpha(K - RR_t)\left[2F\left(\frac{P_t - \hat{Y}_{t+1}}{\sigma_2}\right) - 1\right] = 0 \qquad (2.16)$$

由 (2.16) 式可以得到第 t 期市场参与者根据其对资产的价值期望进行交易行为所得到的下一期资产的均衡价格：

$$P_{t+1} = \hat{Y}_{t+1} - \frac{\rho_I\sigma_I^2}{\gamma}\left\{RR_t - \frac{\alpha}{s}(K - RR_t)\left[2F\left(\frac{P_t - \hat{Y}_{t+1}}{\sigma_2}\right) - 1\right]\right.$$

$$\left. - (1 - \gamma)\frac{P_t - P_{t-m} - mP_{t+1}}{m\rho_I\sigma_I^2}\right\} \qquad (2.17)$$

又由 $\hat{Y}_{t+1} = Y_{t+1} + b_t$，结合前面 (2.8) 式，可以将资产市场价值偏离内在价值的程度表示出来：

$$P_{t+1} - Y_{t+1} = b_t - \frac{\rho_I \sigma_1^2}{\gamma}\left\{RR_t - \frac{\alpha}{3}(K - RR_t)\left[2F\left(\frac{P_t - \hat{Y}_{t+1}}{\sigma_2}\right) - 1\right]\right.$$

$$\left. - (1 - \gamma)\frac{P_t - P_{t-m} - mP_{t+1}}{m\rho_I \sigma_1^2}\right\}$$

所以，如下公式成立：

$$P_{t+1} - Y_{t+1} = \frac{(k_2 + k_3)}{2k_1} - \frac{\rho_I \sigma_1^2}{\gamma}\left\{RR_t - \frac{\alpha}{s}(K - RR_t)\left[2F\left(\frac{P_t - \hat{Y}_{t+1}}{\sigma^2}\right) - 1\right]\right.$$

$$\left. - (1 - \gamma)\frac{P_t - P_{t-m}mP_{t+1}}{m\rho_I \sigma_1^2}\right\} \tag{2.18}$$

2.2.7 证券分析师研究报告发布行为的市场影响的数值模拟

基于以上的分析，一般证券分析师对证券市场的影响较小。而一些较为有名的证券分析师（比如"新财富"排行榜前三名这样的"明星"分析师）由于声誉较大，理性的机构投资者和散户都会采纳其估值进行投资。根据本节第6部分最后得到的（2.18）式和表2-1中设定的外生参数，可以列出市场中的均衡方程，最终得出各期的 P_t。可以考察，当市场中其他条件不变时，一些"明星"分析师行为的变化对证券市场上的部分主体：机构投资者和个人投资者的行为以及证券价格的影响。

表2-1　　　　　　　　模型外生参数含义及设定

变量	数值设定	变量含义
n	1	风险资本证券的数量（标准化）
α	0.2	散户采用信息交易策略的比例
s	0.5	机构投资者单期实际提交订单量占意愿提交订单量的比例
σ_1^2	0.03	机构投资者估计的价格波动方差
σ_2^2	0.05	理性散户估计的资产真实价值离散程度
ρ_F	10	机构投资者的绝对风险厌恶系数
m	1	机构投资者中使用反馈策略时估计收益率的滞后阶数
γ	0.5	机构投资者中采用信息交易策略的比例

现在假设证券分析师研究的证券为一个价值恒定的证券，不妨将其价值标准化为1。根据之前的分析，理性的证券分析师会公布有正的预测偏差为 $b_t = \frac{k_2 + k_3}{2k_1}$ 的较为乐观的报告。由于 $b_t = \frac{k_2 + k_3}{2k_1}$ 数值的不同，也即 Y_{t+1} 的不同，部分

机构投资者和个人投资者的行为以及证券价格会产生不同的变化，将 $b_t = \frac{k_2 + k_3}{2k_1}$ 分别取 0.02（根据一些实证研究，对于较稳定的行业，证券分析师对股价高估约 2%）、0.05、0.1。

　　根据之前的分析，证券分析师的研究报告会影响一部分机构投资者，受影响的机构投资者的持有资产量会由于分析师给出的 $b_t = \frac{k_2 + k_3}{2k_1}$ 数值的不同产生变化，影响的具体公式为 $R_{t+1} = \frac{\hat{Y}_{t+1} - P_{t+1}}{\rho_I \sigma_1^2}$。机构投资者的持有量随证券分析师的估值而改变，如图 2 - 2 所示。

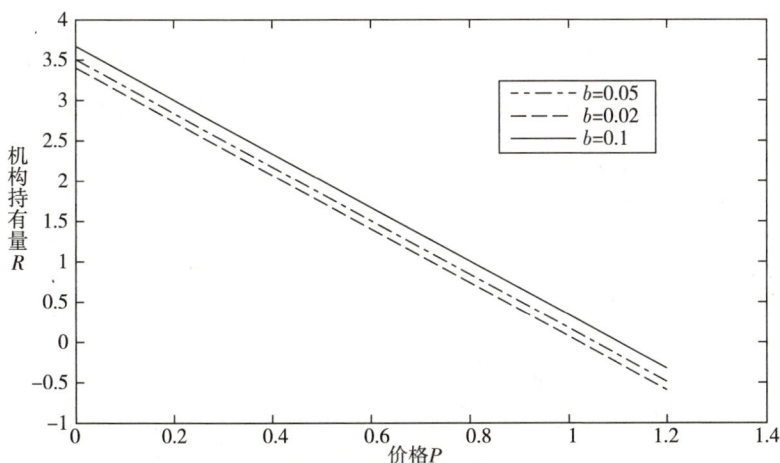

图 2 - 2　机构投资者的持有量随证券分析师的估值改变情况

　　同样的，证券分析师的研究报告会影响一部分个人投资者，受影响的个人投资者的持有资产量会由于分析师给出的 $b_t = \frac{k_2 + k_3}{2k_1}$ 数值的不同产生变化，影响的具体公式为 $\alpha\ (K - RR_t)\ F\left(\frac{\hat{Y}_{t+1} - P_t}{\sigma_2}\right)$，而其中 $RR_{t+1} = \gamma R_{t+1} + (1 - \gamma)\ R_{t+1}$。

　　根据以上公式，投资者的持有量随证券分析师的估值而改变，如图 2 - 3 所示。

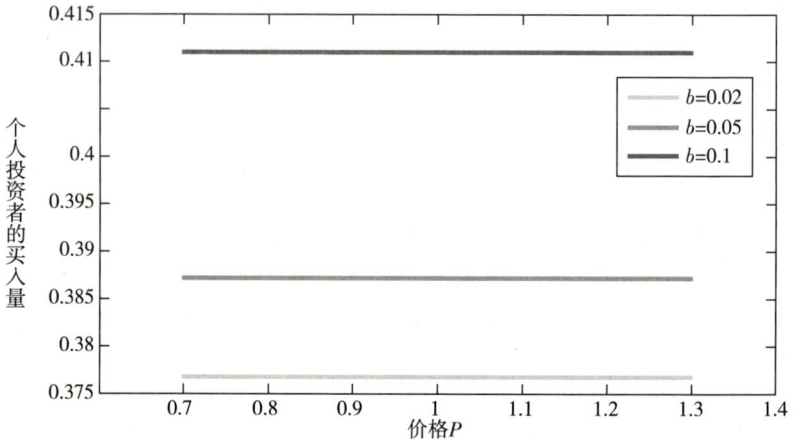

图 2 - 3　个人投资者的持有量随证券分析师的估值改变情况

根据本节前文公式和表 2 - 1 中设定的外生参数，可以列出市场中的均衡方程，数值模拟之后最终得出各期的 P_t。从中可以比较由于 $b_t = \dfrac{k_2 + k_3}{2k_1}$ 数值的不同，也即 $\hat{Y}_{t+1}$ 的不同，证券价格会产生不同的变化，如图 2 - 4 所示。

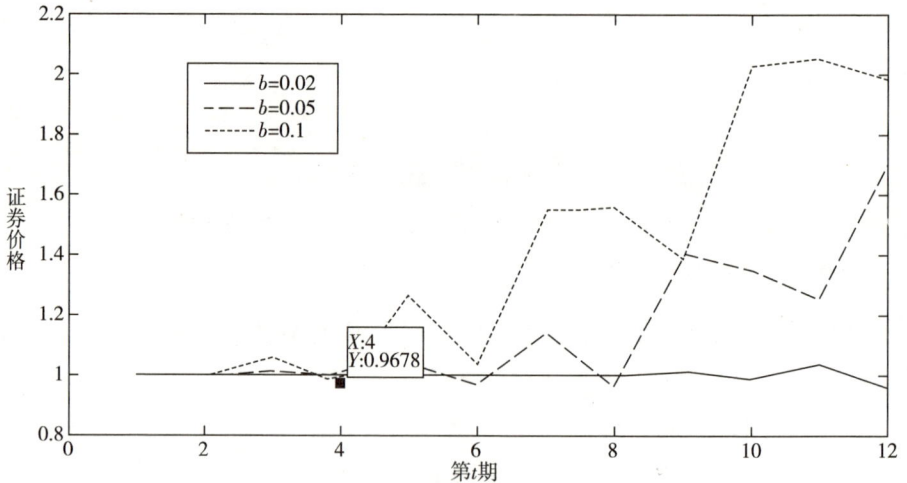

图 2 - 4　证券分析师行为对证券价格的影响

根据图 2 - 4 可知，由于 $b_t = \dfrac{k_2 + k_3}{2k_1}$ 数值的不同，也即 $\hat{Y}_{t+1}$ 的不同，证券价格差异较大。即使证券分析师研究的证券为一个价值恒定的证券，$b_t = \dfrac{k_2 + k_3}{2k_1}$ 的变化也会产生极其显著的差异。当 b_t 为 0.02 时（这时的情形与事实较为相符），证券价格会在其价值周围的较小的范围里波动。而当 b_t 为 0.05 时，证券分析师发布的报告会与反馈策略的投资者的行为相互配合，产生显著的波动，偏离证券的内在价值。当 b_t 为 0.1 时，这样一种偏离会更为显著，证券价格甚至超过证券价值的两倍。

2.2.8　证券分析师研究报告发布行为的市场影响的结论

由上一节的分析可见，当市场中其他条件不变时，一些"明星"分析师行为的变化会对证券市场（主要是指证券价格）产生影响。

当证券分析师的高估 b_t 较小时（比如与事实较为相符的2%的高估），证券价格会比较稳定，在其价值周围的较小的范围里波动，虽然也造成了一些价格的波动，但市场总体还是有效（半强式有效）的。而当证券分析师的高估 b_t 稍大时，证券分析师发布的报告会与反馈策略的投资者的行为相互配合，产生显著的波动，偏离证券的内在价值，使市场变得无效。当证券分析师的高估 b_t 较大（如高估10%）时，这样一种偏离会更为显著，证券价格甚至远超证券价值高估的比例，催生很大的证券"泡沫"，使市场变得无效。

在后面的这两种情况下，证券分析师将起不到信息中介的作用，无法减轻投资者和业界的信息不对称程度、降低整个市场的信息获取成本、使金融和资本市场更有效率，因此证券分析师的存在对市场没有意义。所以，相关部门要加强对证券分析师监管和改变现有的券商研究部门的营利模式，减轻证券分析师对券商其他部门和机构投资者的依赖，促使证券分析师给出较为准确的报告，减轻投资者和业界的信息不对称程度，降低整个市场的信息获取成本，使金融和资本市场更有效率。

第3章 中国证券分析师荐股行为与研究报告质量评价

近年来，中国证券监管层希望通过鼓励证券分析师行业的发展，增加市场对基本面信息的挖掘，引导投资者理性投资。然而由于我国资本市场的成熟度较低，该政策的实施效果大打折扣。同时，上文对中国证券分析师荐股行为的解析和分析师价值函数的揭示表明，证券分析师发布研究报告是以个人利益最大化为基本出发点的，其发布的研究报告的独立性和质量存在一定质疑。因此，有必要对中国证券分析师研究报告的质量进行全面客观、系统性的评价。评估分析师研究报告的信息质量及其影响市场的方式与绩效有利于准确定位分析师的市场功能，进而促进我国证券研究行业的健康发展。不同于以往的研究，本书从分析师研究报告基本面信息含量出发，对证券分析师研究报告质量进行量化，从长期预测能力（即分析师盈利预测能力）和短期预测能力（即分析师评级预测能力）角度构建证券分析师研究报告质量体系，评价证券分析师对于个股未来走势和发展前景的分析判断能力，并在此基础上讨论了分析师尤其是明星分析师引导投资者的模式，进而论证这些影响模式能否验证"研究创造价值"。

3.1 构建中国证券分析师研究报告质量评价体系

3.1.1 分析师研究报告质量：基于财务视角的分析

关于分析师研究报告质量，国内外学术研究主要从财务信息质量及其影响因素角度进行研究。Brown 和 Chen（1991）认为明星分析师的预测比全体分析师的简单平均表现出色。此外，明星分析师比其他分析师更常提出与市场一致预期不一致的意见，且发布的预测更难用统计模型预计。Clement（1999）通过构建分析师盈余预测的相对误差指标研究影响分析师财务预测质量的主要因素，发现明星分析师预测误差比其他分析师的误差更小。Easterwood 和 Nutt（1999）发现分析师财务预测相对于坏消息反应不足，相对于好消息反应过度，说明分析师盈余预测具有乐观性偏误。Hong 和 Kubik（2003）发现在控制了预测准确度的情况下，预测乐观的分析师更可能得到更好的工作，并且对于作为主承销商的分析师来说，盈利预测更易受乐观情绪的影响。Gu、Li 和 Yang（2013）发现分析师对于收取机构投资者交易佣金较多的基金重仓股，乐观性偏误更大，表明业务利益冲突加剧了分析师预测误差。

尽管起步较晚，国内研究者结合国外研究经验与 A 股盈余预测进行了相关研究。岳衡和林小驰（2008）比较了分析师预测和统计预测两种方法预测每股盈余的绩效，认为与以年度历史数据为基础的统计模型得出的盈余预测相比，分析师预测误差较小，而以季度历史数据为基础的统计模型比分析师盈余预测更加准确。同时，该研究发现公司每股盈余的波动性越大、公司上市越晚，跟踪公司的分析师越多，证券分析师的优势就越大。李丽青（2012）发现新财富最佳分析师盈利预测的准确性比其他分析师高，在修正市场一致预期误差方面的幅度也比非新财富分析师更大；就分析师荐股的市场反应而言，该研究发现，当预测修正程度大于 90% 时，最佳分析师预测修正的市场反应高于其他分析师预测修正的市场反应。伍燕然、潘可、胡松明和江婕（2012）引入投资者情绪变量，尝试从非理性行为角度诠释分析师盈利预测的误差影响因素，发现分析师的盈利预测偏差会受到投资者情绪或噪声交易的影响，牛市期间情绪高涨时分析师预测误差较熊市期间预测误差更大。姜超（2013）发现分析师挖掘的信息程度与信息透明度负相关，分析师挖掘的信息很大程度上来源于内幕信息，而刘永泽和高嵩（2014）利用深圳证券交易所股票作为样本得出相反的结论，认为分析师在信息透明度高的股票上财务预测绩效较好。

3.1.2 分析师研究报告质量评价体系构建

分析师撰写研究报告需要拥有信息收集、基本面研判与推荐股票三种能力。由于信息收集阶段并未形成实质性成果，这一方面工作能力难以量化，因此本研究中所关注的研究报告质量主要集中在盈利预测、推荐个股盈利性与推荐股票组合绩效三个维度考察。从上述三个维度出发，构建如图 3-1 的分析师研究报告质量评价体系。

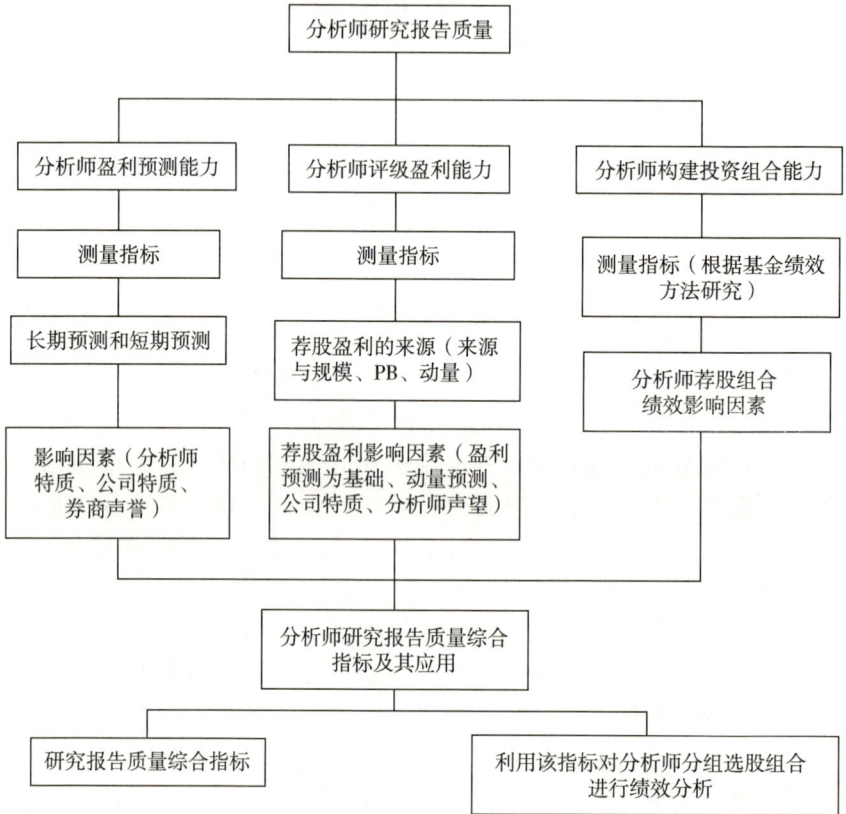

```
                    ┌──────────────────┐
                    │  分析师研究报告质量  │
                    └──────────────────┘
```

图 3-1　分析师研究报告质量评价体系

3.1.3　数据来源及描述性统计

本部分采用朝阳永续数据库 2010 年 1 月至 2014 年 12 月的卖方研究报告作为研究样本，并删除没有投资评级和每股收益预测的报告共 183532 份。从表 3-1 中可以看出，2010—2014 年研究报告样本覆盖了所有 28 个申万一级行业，每年覆盖的分析师数量和券商数量基本稳定，研究报告数量从 2010 年至 2012 年快速增长，体现出卖方分析师行业从 2010 年后进入高速发展阶段，但受到 2012 年后市场持续低迷的冲击，2012 年至 2014 年样本数量有所下降，但仍然维持在每年 34000 份以上，相比于国内既有研究样本量更为充足。

表 3 - 1　　　　　　　　　　　研究样本描述性统计

年份	券商数量	研究员数量	覆盖行业数量	研究报告数量
2010	85	1872	28	29441
2011	91	2123	28	37719
2012	95	2245	28	43107
2013	88	2176	28	38985
2014	91	2026	28	34285

　　尽管不同券商分析师报告评级的制度不同，朝阳永续数据库将不同券商评级标准化为"买入""增持""持有""减持"和"卖出"五档评级。从不同评级的分析师研究报告样本来看，"买入"和"增持"评级占据分析师报告样本的 90%左右，这一方面是由于分析师出于维持与上市公司管理层关系一般不愿意给予公司负面的评级，另一方面在于 A 股市场卖空获利的途径有限，通过看空上市公司难以为投资者创造价值。值得注意的是，自 2010 年到 2014 年"买入"评级的占比从 39.47%上升至 60.08%，与这段时间内 A 股市场长期低迷的情况不符，表明分析师研究报告乐观偏向并没有随着市场发展得到改善。

表 3 - 2　　　　　　　　　　　研究报告评级分布

年份	研究报告数量	评级类型	不同评级报告数量	不同评级报告占比
2010	29441	买入	11621	39.47%
		增持	14222	48.31%
		持有	3519	11.95%
		减持	4	0.01%
		卖出	75	0.26%
2011	37719	买入	17327	45.94%
		增持	17268	45.78%
		持有	3066	8.13%
		减持	13	0.03%
		卖出	45	0.12%
2012	43107	买入	18966	44.00%
		增持	20240	46.95%
		持有	3775	8.76%
		减持	35	0.08%
		卖出	91	0.21%

年份	研究报告数量	评级类型	不同评级报告数量	不同评级报告占比
2013	38985	买入	19704	50.54%
		增持	16590	42.55%
		持有	2590	6.64%
		减持	26	0.08%
		卖出	75	0.19%
2014	34285	买入	20597	60.08%
		增持	11937	34.82%
		持有	1638	4.78%
		减持	36	0.11%
		卖出	77	0.21%

3.2 分析师盈利预测质量与荐股价值

3.2.1 盈利预测报告质量的测量

既有的文献对分析师盈利预测研究集中在准确性方面，然而我们认为分析师盈利预测的绝对准确性并不能很好地测量分析师发掘公司基本面、向市场传达增量信息的特质。因此为兼顾准确性和创新性，结合盈利预测准确度的绝对准确度、误差方向矫正和误差绝对值矫正三个维度设计了新的指标 $ability$ 以更为全面地衡量分析师报告中盈利预测的质量。

首先进行符号定义：$feps_{i,j,t}$ 为分析师 i 在 t 日对 j 公司的每股收益预测值，如果股票在 t 日预测的股票基数与报告日不同（股票红利、增发、回购等因素），那么就按照财务报告日的股本数量进行调整。$eps_{i,j,t}$ 为股票 j 年报发布的真实基本每股收益。定义如下变量：

（1）一致预期 $cfeps_{i,j,t}$：采用 t 日前 60 天所有研究报告的预测 EPS 的平均值作为 t 日股票 j 的市场一致预期，$cfeps_{i,j,t} = mean_{k=t-60}^{t-1} (feps_{i,j,k})$。

（2）分歧度 $sdfeps_{i,j,t}$：采用 t 日前 60 天所有研究报告的预测 EPS 的标准差作为 t 日股票 j 的市场分析度，$sdfeps_{i,j,t} = std_{k=t-60}^{t-1} (feps_{i,j,k})$。

（3）相对真实值的偏差 $av_{i,j,t}$：分析师预测 EPS 值与年报 EPS 的偏离，$av_{i,j,t} = feps_{i,j,t} - eps_{i,j,t}$。

（4）相对一致预期偏差 $cv_{i,j,t}$：分析师预测 EPS 与市场一致预期的偏离，

$cv_{i,j,t} = feps_{i,j,t} - cfeps_{i,j,t}$。

3. 2. 1. 1　绝对预测准确度指标$precision_{i,j,t}$

为测量分析师预测的绝对准确度，设计如下指标：

$$precision_{i,j,t} = \max\left(100 - 100\frac{|av_{i,j,t}|}{|eps_{i,j,t}|}, 0\right) \tag{3.1}$$

该指标衡量分析师预测相对于真实每股收益偏差的比例，为避免误差过大带来极端负值的情况，定义预测误差偏差大于 EPS 真实值绝对值的预测没有信息含量，对于机构投资者而言属于"噪声报告"。

3. 2. 1. 2　矫正市场偏差方向指标$ability1_{i,j,t}$

该指标衡量分析师矫正市场一致预期偏离真实值方向的能力。为方便理解，考虑以下情况，对于同一家公司，市场上券商一致预测相比于真实值偏大 10%，而券商甲给出的盈利预测相比真实值偏小 10%，从绝对准确性上看二者能力相同，但实际上券商甲矫正了市场的乐观偏差，给市场带来增量信息；反之如果券商甲和一致预期相同，绝对误差还是 10%，但是未能向市场传递任何有价值的信息。为了量化这种能力，设计如下指标：

$$ability1_{i,j,t} = \begin{cases} 200norm\left(\dfrac{|cv_{i,j,t}|}{sdfeps_{i,j,t}}\right), cv_{i,j,t} \times (cfeps_{i,j,t} - eps_{i,j,t}) < 0 \\ 0, cv_{i,j,t} \times (cfeps_{i,j,t} - eps_{i,j,t}) > 0 \end{cases} \tag{3.2}$$

假设市场预期服从正态分布，分析师相对一致预期进一步偏离真实值的预测为噪声预测，得分为零；相对于市场预期向真实值移动的预测为有效预测，具体得分取决于偏离的绝对值$|cv_{i,j,t}|$和市场分歧度$sdfeps_{i,j,t}$；有效预测的偏离值越大、修正能力越强，得分越高；市场分歧越小，分析师发出正确声音对投资者意义更大（矫正了大多数人的错误）。采用正态分布使相对偏离值$\dfrac{|cv_{i,j,t}|}{sdfeps_{i,j,t}}$不会无止境地为投资者带来高分而是趋近于 100，而随着偏离增大$ability1_{i,j,t}$增加的幅度将完全被$precision_{i,j,t}$和$ability2_{i,j,t}$的失分所抵消，这符合兼顾创新性和准确性的标准。

3. 2. 1. 3　矫正市场偏差绝对值指标$ability2_{i,j,t}$

该指标衡量了分析师矫正市场预测偏差绝对值的能力。例如，对于同一家公司，市场上券商一致预测相比于真实值偏大 10%，而券商乙给出的盈利预测相比真实值偏大 5%，准确率仅仅比一致预期高 5%，但是其预测较一致预期向真实值靠近的距离为原来误差的一半，在相对准确性上使误差减小了 50%，向市场传递了重要的增量信息；反之，如果券商乙一致预测相比真实值偏大

15%，绝对准确率虽然仅仅比一致预期低5%，但其对投资者减小对公司基本面的认知偏差没有任何贡献。具体指标设计如下：

$$ability2_{i,j,t} = \begin{cases} 100\left(1 - \dfrac{|av_{i,j,t}|}{|cfeps_{i,j,t} - eps_{i,j,t}|}\right), & |av_{i,j,t}| < |cfeps_{i,j,t} - eps_{i,j,t}| \\ 0, & |av_{i,j,t}| > |cfeps_{i,j,t} - eps_{i,j,t}| \end{cases},$$

$$(3.3)$$

当分析师预测绝对偏差大于一致预期相对真实值绝对偏差时，分析师没有改进投资者认识EPS的精度；当分析师预测绝对偏差小于一致预期相对真实值绝对偏差时，分析师缩小了市场对EPS预测的绝对差距。减小差距的具体程度取决于 $\dfrac{|av_{i,j,t}|}{|cfeps_{i,j,t} - eps_{i,j,t}|}$，如果分析师预测值等于真实值，则 $av_{i,j,t} = 0$，$ability2_{i,j,t} = 0$，说明相信该报告能完全修正市场在绝对值上的偏误。

3.2.1.4　总能力$ability_{i,j,t}$

对以上三个指标进行加总得到分析师财务分析质量指标：

$$ability_{i,j,t} = precision_{i,j,t} + ability1_{i,j,t} + ability2_{i,j,t} \qquad (3.4)$$

3.2.1.5　合成变量统计

图3-2结果显示合成变量及分项指标均与距离公告日时间有关。其中绝对准确度 precision 随着距离财务报告公布日缩小而呈现明显的上升趋势，这是随着公告日时间缩短可利用信息逐渐增多所致。ability1、ability2 和财务信息预测能力 ability 指标在财务信息公布前280日呈现出类似的变化趋势，但距离财报

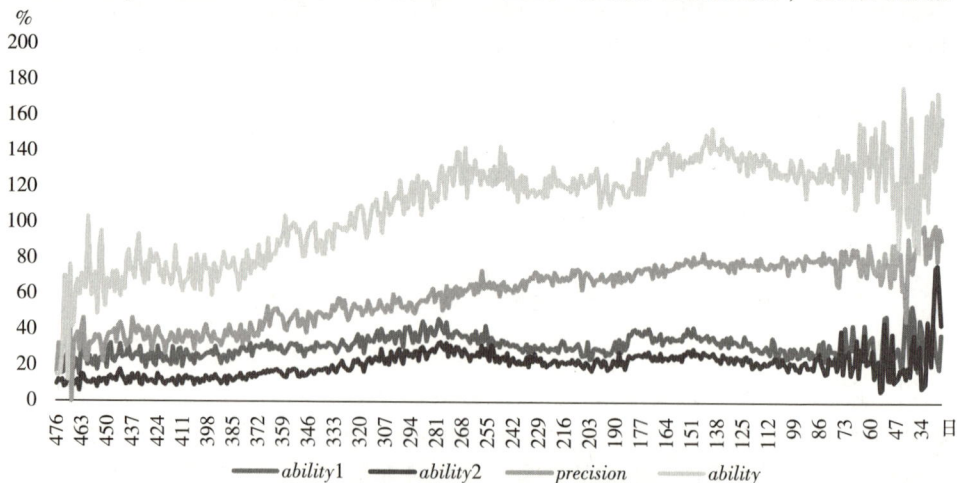

图3-2　分析师财务预测能力与距离财报公布日时间长度

公布 300 日内这一趋势不明显。我们认为出现以上现象的原因是距离财报日较远期间，可供分析师发掘财报的信息非常有限，可供处理的信息量本身而非加工信息的能力对预测影响占据主导作用；距离公告日较近时可供挖掘的信息素材普遍较多，因而分析师处理信息的能力代替信息素材成为主导财务发掘能力的因素。尽管如此，控制其他变量情况下时间对分析师研究报告财务预测质量的影响仍然可能存在，在回归研究中仍然有必要加入时间变量进行考察。

　　对于不同类型的股票，分析师进行基本面预测的能力有所不同。为考察分析师对不同类型股票的 *EPS* 预测能力和财务分析质量，根据每个季度初公司的市值等分成 5 组，在每组市值分组内按照市净率再做 5 等分，对每一市值/市净率风格组合的分析师预测指标进行统计检验。表 3 – 3 至表 3 – 6 报告了不同类型股票分析师预测指标的统计结果，一致预测方向矫正指标 *ability*1 在大盘股的表现优于小盘股，说明分析师对市场估值较高的大公司预测优于估值低的小公司。大盘股通常信息效率比小盘股高，因而分析师对大盘股矫正方向偏误的能力较强符合主要基于披露信息的情况。从成长/价值分组来看，分析师对于属于新兴产业的成长期公司方向矫正能力优于周期性行业中的价值股。对于精度矫正指标 *ability*2 和 *precision*，与按照市值分组的情况和 *ability*1 相似，但对于市净率分组并没有取得较为一致的结果，说明虽然分析师能够指出市场一致预期对成长股出现了偏差，但本身可能存在矫枉过正的可能。对于总的财务预测能力 *ability*，分析师对大盘股得分在 5% 水平上显著高于小盘股，对于不同估值水平股票没有取得较为一致的结果。总体而言，分析师财务预测能力对于大盘股强于小盘股。但是在控制更多变量后具体情况如何需要进行回归检验。

表 3 – 3　　　　　　　　　　不同风格股票 *ability*1 的分组均值统计

	小盘股	2	3	4	大盘股	*t*（小盘 – 大盘）
价值股	27.96	26.60	28.26	30.19	30.06	– 3.23
2	28.65	29.77	28.63	31.88	34.01	– 8.60
3	29.58	32.61	30.69	32.04	33.30	– 6.11
4	30.40	33.13	32.95	33.51	32.80	– 1.73
成长股	29.35	31.63	32.68	32.38	30.84	– 2.38
t（价值 – 成长）	– 1.77	– 6.88	– 6.79	– 4.20	– 1.66	

表 3 – 4 　　　　　　不同风格股票 *ability2* 的分组均值统计

	小盘股	2	3	4	大盘股	*t*（小盘－大盘）
价值股	19.48	18.92	20.02	20.89	20.61	－2.12
2	20.23	20.04	19.21	20.66	21.18	－1.94
3	18.94	19.87	21.08	19.98	23.73	－9.46
4	19.69	20.07	20.97	20.45	21.98	－2.58
成长股	17.99	21.43	21.74	20.85	20.33	－4.82
t（价值－成长）	2.52	－4.21	－3.28	0.11	0.71	

表 3 – 5 　　　　　　不同风格股票 *precision* 的分组均值统计

	小盘股	2	3	4	大盘股	*t*（小盘－大盘）
价值股	55.47	53.53	53.93	61.29	73.04	－30.25
2	53.80	52.29	58.48	61.65	63.57	－15.91
3	49.56	53.28	56.21	58.31	66.96	－28.62
4	49.15	55.12	56.63	58.58	62.33	－19.67
成长股	50.76	51.62	54.73	60.44	58.19	－11.12
t（价值－成长）	5.63	2.46	－1.17	1.59	33.79	

表 3 – 6 　　　　　　不同风格股票 *ability* 的分组均值统计

	小盘股	2	3	4	大盘股	*t*（小盘－大盘）
价值股	102.92	99.05	102.22	112.38	123.70	－15.75
2	102.68	102.11	106.31	114.18	118.76	－12.20
3	98.09	105.77	107.98	110.33	123.99	－19.66
4	99.44	108.33	110.55	112.54	112.71	－9.71
成长股	98.09	104.68	109.16	113.67	109.37	－8.45
t（价值－成长）	2.92	－3.48	－4.90	－1.15	14.67	

3.2.2 盈利准确度的影响因素

为讨论分析师财务分析能力的影响因素，以下建立多元回归模型。具体而言，我们再次选取以下自变量建立回归模型。

$l_{i,j,t}$：预测日期接近年报公告日，分析师能获取的预测信息更多，预测质量会相应地提高。

$st_{i,j,t}$：明星分析师能通过推荐股票得到机构投资者的好评，其荐股的基础部分来源于对基本面信息的发掘。因此"新财富"分析师可能在基本面信息发掘上具有一定优势。

$bsize_{i,j,t}$：大券商通常能招募到能力较强的研究员，同时大券商能为研究员提供更多的研究资源，例如调研机会、数据支持，因此大券商通常研究基本面具有优势。

$conum_{i,j,t}$：在时间资源和能力相同的情况下，覆盖股票较多的分析师通常报告精度不足；但是也有可能是能力高的研究员覆盖股票较多，股票 EPS 预测精度反而相比覆盖少的研究员高，因此回归符号结果不确定。

$mv_{i,j,t}$：相比于小盘股，大盘股通常消息效率比小盘股高。如果分析师主要依靠发掘内幕消息，那么对于大盘股分析师不易发掘出影响特质信息，因此大盘股预测精度可能较高，但难以发掘出增量信息。如果分析师主要依靠公开信息，那么对于信息质量较高的大盘股分析师预测基本面 EPS 的水平会较高。

$pb_{i,j,t}$：成长股多属于新兴产业的成长期公司，其价值评估的逻辑与低估值周期股显著不同，通常在于对未来商业模式的分析；相反，低估值股票的逻辑主要在于对宏观经济的分析。因此二者分析逻辑的差异会对预测精度产生影响，具体影响方向取决于分析师把握商业模式和宏观经济能力的相对强弱。

$mom_{i,j,t}$：Daniel、Hirsheifer 和 Subramanyam（1998）认为投资者过度自信会造成股价的短期动量效应。而伍燕然、潘可、胡松明和江婕（2012）认为财务预测的乐观会增加预测偏离程度，降低其财务基本面信息发掘的质量。本次研究以动量因子作为投资者对个股乐观程度的代理变量考察个股层面的投资者乐观情绪是否影响分析师财务信息挖掘的绩效。

$chan_{i,j,t}$：分析师调整评级的投资评级时上调和下调可能包含的财务信息量有所不同，上调时受到乐观偏差影响可能含量更小。

$rat_{i,j,t}$：分析不同评级的投资评级的报告包含财务信息量可能有所不同。一般而言，为促使客户买入股票，分析师"买入"报告可能会夸大公司盈利，而"卖出"报告对财务信息的分析比较客观。

控制变量的具体计算方法如表 3-7 所示。

表 3-7　　　　　　　　　　　控制变量及其定义

变量符号	变量名称	变量定义
$l_{i,j,t}$	预测期限	Log（年报日期 - 分析师报告发布日期）
$st_{i,j,t}$	分析师声誉	"新财富"分析师取1，非"新财富"分析师取0
$bsize_{i,j,t}$	券商规模	Log（券商年初资产规模）

变量符号	变量名称	变量定义
$conum_{i,j,t}$	分析师覆盖公司数量	分析师在 t 所在的季度覆盖公司的数量
$mv_{i,j,t}$	公司市值	Log（t 日公司流通市值）
$pb_{i,j,t}$	公司市净率	t 日公司流通市值/t 所在的季度期初公司权益价值
$mom_{i,j,t}$	公司股票动量	t 日前 90 个交易日公司股价收益率

根据以上变量建立多元回归模型：

$$y_{i,j,t} = \propto + \beta_1 l_{i,j,t} + \beta_2 st_{i,j,t} + \beta_3 bsize_{i,j,t} + \beta_4 conum_{i,j,t} + \beta_5 mv_{i,j,t-1} + \beta_6 pb_{i,j,t-1}$$
$$+ \beta_7 mom_{i,j,t-1} + \varepsilon_{i,j,t} \tag{3.5}$$

其中，$y_{i,j,t} = \{precision_{i,j,t}, \ ability1_{i,j,t}, \ ability2_{i,j,t}, \ ability_{i,j,t}\}$

3.2.2.1 每股收益短期预测与长期预测质量影响因素回归分析结果

表 3-8 展示了每股收益预测质量对选取自变量回归的结果。对于分析师声誉，从短期预测结果来看，明星分析师三个分项目和总得分上均显著优于非明星分析师，与伊志宏等（2013）的研究结论——明星分析师能够发掘公司特征信息的结果一致。具体来看，"新财富"分析师虽然在预测绝对精度 precision 上的显著水平仅达到10%，但相对市场偏离度更小的预测以及矫正市场偏差的方向为市场带来增量的基本面信息上均在1%水平上高于其他分析师，与李丽清（2012）的检验结果相吻合，说明"新财富"分析师群体具有信息发掘的优势。但对于长期预测，明星分析师只在精度上具有显著优势，在为市场带来增量信息的方面反而劣于其他分析师，总体来看明星分析师远期预测的质量反而不如普通分析师，可能是由于同推荐股票的持有期类似，我国资本市场评价分析师的标准也具有短期性，只注重短期业绩预测精度而不重视长期预测精度，长期业绩预测在短时间内难以证伪，难以影响机构投资者对分析师的评价。

对于距离预测期到财务公告日的时间，无论是短期预测还是长期预测的预测质量均与之呈现出显著的负相关。说明随着可掌握信息的增加，分析师能对自己的盈利预测作出相应的调整以矫正前期误差，为市场提供更为准确的信息。

表 3 - 8　每股收益短期预测与长期预测质量影响因素回归分析结果

变量	当年预测				下年预测			
	precision	ability1	ability2	ability	precision	ability1	ability2	ability
$st_{i,j,t}$	0.366 * (0.216)	0.828 *** (0.238)	0.694 *** (0.190)	2.047 *** (0.493)	0.664 *** (0.192)	-0.668 *** (0.193)	-0.130 (0.130)	-0.157 (0.393)
$l_{i,j,t}$	-0.161 *** (0.000890)	-0.0193 *** (0.000981)	-0.0455 *** (0.000782)	-0.227 *** (0.00203)	-0.0728 *** (0.000466)	-0.0135 *** (0.000473)	-0.0175 *** (0.000317)	-0.105 *** (0.000962)
$bsize_{i,j,t}$	-0.123 (0.0779)	0.304 *** (0.0866)	0.176 ** (0.0684)	0.440 ** (0.180)	-0.159 ** (0.0692)	-0.226 *** (0.0702)	-0.114 ** (0.0471)	-0.459 *** (0.143)
$conum_{i,j,t}$	-0.00682 (0.00529)	0.0335 *** (0.00595)	0.0116 ** (0.00465)	0.0339 *** (0.0123)	-0.0202 *** (0.00514)	0.0631 *** (0.00525)	0.0223 *** (0.00350)	0.0640 *** (0.0107)
$mv_{i,j,t-1}$	3.183 *** (0.0598)	-0.262 *** (0.0658)	0.152 *** (0.0525)	3.261 *** (0.136)	6.362 *** (0.0551)	0.0494 (0.0555)	0.747 *** (0.0375)	7.319 *** (0.113)
$pb_{i,j,t-1}$	0.00676 ** (0.00283)	0.00449 (0.00308)	0.00388 (0.00248)	0.0149 ** (0.00640)	-0.0109 *** (0.00298)	0.00695 ** (0.00295)	0.00244 (0.00203)	-0.000462 (0.00601)
$mom_{i,j,t-1}$	2.147 *** (0.196)	-1.560 *** (0.214)	0.266 (0.172)	0.957 *** (0.445)	0.195 (0.183)	-3.065 *** (0.184)	-0.414 *** (0.125)	-3.162 *** (0.374)
$rat_{i,j,t}$	-1.940 *** (0.137)	4.358 *** (0.151)	2.691 *** (0.120)	4.664 *** (0.314)	1.461 *** (0.119)	5.623 *** (0.121)	3.560 *** (0.0808)	10.15 *** (0.245)
$chan_{i,j,t}$	0.326 *** (0.0973)	0.684 *** (0.108)	0.371 *** (0.0855)	1.650 *** (0.225)	0.123 (0.0878)	0.624 *** (0.0893)	0.0475 (0.0597)	1.114 *** (0.182)

续表

变量	当年预测				下年预测			
	precision	ability1	ability2	ability	precision	ability1	ability2	ability
c	58.41*** (1.064)	33.15*** (1.173)	25.82*** (0.935)	114.1*** (2.433)	−23.42*** (0.995)	26.53*** (1.004)	8.073*** (0.677)	8.516*** (2.042)
Observations	153327	147815	153327	147815	217543	209193	217543	209193
adj R^2	0.191	0.035	0.065	0.113	0.154	0.047	0.063	0.128

注：括号内报告异方差稳健的系数标准误，1%水平显著为***，5%水平显著为**，10%水平显著为*。

此外，券商规模 $bsize_{i,j,t}$，从预测当年的 EPS 来看尽管 $precision$ 并不显著，但 $ability1$ 和 $ability2$ 以及 $ability$ 在 5%的水平上显著为正，说明大券商在纠正市场一致预期偏差上能力较强，与 Clement（1999）以分析师所属投行规模为代理变量考察分析师掌握的工作资源与预测精度正相关的发现一致。

从覆盖股票数量 $conum$ 的回归结果来看，信息发掘指标 $ability1$、$ability2$ 和 $ability$ 均与之在 1% 水平是显著正相关，说明关注公司数量的增多并不会影响其财务预测的质量，也说明覆盖公司数量本身可能蕴含研究员能力较强的信息。

对市值 mv 的回归结果与假设基本一致，对于短期预测，大盘股预测绝对精度较高，但 $ability1$ 与市值显著负相关，说明分析师矫正市场一致预期的得分不高，$ability2$ 回归结果虽然为正，但显著性仅为 10% 。总体而言，分析师在短期内对大盘股财务预测的能力较小盘股而言要强。对于长期预测，大盘股的信息优势更为明显。如果将市值作为信息不对称的代理变量，我们可以认为分析师预测能力和信息透明程度正相关，表明分析师预测信息主要来源为公开信息而非内幕消息，与刘永泽和高嵩（2014）的研究结论相符。

pb 和 mom 的回归结果总体而言并不显著，没有印证设置自变量时的假设。其中 pb 不显著的原因可能是其显著性受到 mv 的影响而减弱。

mom 的回归结果表明，分析师对当年每股收益的预测并没有因为追逐强势股而对其基本面盲目乐观从而损害预测 EPS 的质量，但对下一年每股收益的预测的纠正市场偏差能力却在 1% 水平上与股票前一季度收益显著负相关，表明伍燕然等（2012）的结论在个股层面主要适用于长期预测。

3.2.2.2　对于不同类型股票分析师盈利预测质量的回归结果

表 3 - 9 展示了分析师在不同类型股票上对当年 EPS 预测质量代理变量 $ability$ 的影响因素回归结果。本节按照每个季度期初的市值、账面市值比和财务预测日前 90 个交易日的收益作为划分资产风格的指标，将所有股票在每一交易日等分成高、中、低三组分别考察。

表3-9 不同类型股票分析师盈利预测质量的回归结果

变量	小盘股 ability	中盘股 ability	大盘股 ability	成长股 ability	中等股 ability	价值股 ability	弱势股 ability	中势股 ability	强势股 ability
$st_{i,j,t}$	3.840*** (1.289)	2.112** (0.908)	1.909*** (0.660)	1.710** (0.822)	2.754*** (1.015)	1.911** (0.773)	3.583** (1.490)	3.233*** (0.899)	1.856** (0.784)
$l_{i,j,t}$	-0.303*** (0.00510)	-0.237*** (0.00370)	-0.198*** (0.00277)	-0.186*** (0.00343)	-0.246*** (0.00415)	-0.246*** (0.00319)	-0.179*** (0.00653)	-0.248*** (0.00367)	-0.246*** (0.00324)
$bsize_{i,j,t}$	2.632*** (0.431)	1.154*** (0.321)	-0.772*** (0.251)	0.161 (0.287)	1.442*** (0.367)	0.0704 (0.295)	0.992*** (0.505)	1.137*** (0.323)	0.102 (0.299)
$conum_{i,j,t}$	0.0663*** (0.0233)	-0.000507 (0.0216)	0.0517*** (0.0199)	0.0138 (0.0199)	-0.00360 (0.0235)	0.0783*** (0.0211)	-0.0358 (0.0349)	0.0190 (0.0208)	0.0781*** (0.0214)
$mv_{i,j,t-1}$	1.745 (1.200)	0.117 (0.876)	2.818*** (0.247)	2.770*** (0.203)	3.731*** (0.334)	5.818*** (0.268)	3.056*** (0.380)	3.067*** (0.291)	5.872*** (0.272)
$pb_{i,j,t-1}$	-0.444*** (0.113)	0.0142** (0.00652)	0.565*** (0.0997)	0.0136** (0.00631)	-3.989*** (0.506)	-0.968*** (0.0981)	0.155 (0.208)	-3.327*** (0.436)	-1.003*** (0.0990)
$mom_{i,j,t-1}$	-4.072*** (1.164)	3.284*** (0.564)	-2.940*** (1.021)	-1.014 (1.301)	-4.129*** (1.330)	2.047*** (0.528)	3.770 (5.247)	-4.528*** (1.089)	2.156*** (0.531)
$rat_{i,j,t}$	6.743*** (0.806)	3.882*** (0.582)	4.889*** (0.424)	3.031*** (0.484)	7.386*** (0.659)	6.236*** (0.540)	2.849*** (0.824)	6.642*** (0.575)	6.351*** (0.549)
$chan_{i,j,t}$	2.434*** (0.512)	2.735*** (0.396)	0.456 (0.323)	2.578*** (0.375)	1.994*** (0.446)	0.100 (0.361)	2.747*** (0.668)	1.991*** (0.393)	0.124 (0.367)

续表

变量	小盘股 ability	中盘股 ability	大盘股 ability	成长股 ability	中等股 ability	价值股 ability	弱势股 ability	中势股 ability	强势股 ability
c	144.0***	161.1***	118.0***	111.1***	117.1***	88.15***	101.3***	126.8***	87.19***
	(16.70)	(13.24)	(4.508)	(3.793)	(5.650)	(4.543)	(7.256)	(4.954)	(4.615)
Observations	23104	46129	78582	52497	35517	59801	16991	45377	58183
adj R^2	0.140	0.095	0.085	0.059	0.102	0.099	0.089	0.101	0.099

注:括号内报告异方差稳健的系数标准误,1%水平显著为 ***,5%水平显著为 **,10%水平显著为 *。

对于不同市值的股票，明星分析师变量 st 的回归系数在所有市值类型的股票上均在 1% 水平上优于非明星分析师，但从回归系数的绝对值上看，明星分析师哑变量 st 在小盘股样本中的回归系数为 3.840，明显高于大盘股样本该变量的回归系数 1.909，表明对于信息效率较差的小盘股，明星分析师往往能够获得较高的信息优势。由于小盘股一般信息披露质量较差，明星分析师的差额信息挖掘有可能来源于超常的信息解读能力或非公开信息，如果来源是后者则表明姜超（2013）发现分析师利用内幕消息的现象可能是造成明星分析师预测能力优势的原因之一。对于不同 pb 的股票，明星分析师变量 st 在中等市净率股票上表现好于成长股和价值股，但并没有发现明星分析师对于周期行业和成长行业分析能力有明显差异。mv 回归变量在 1% 的水平上显著大于零，表明对于所有估值水平的股票，大公司信息预测质量都优于小公司。对于不同动量的股票，明星分析师 $dummy$ 变量 st 在弱势股上显著性远远优于强势股和中势股，明星分析师对于走势较弱股票的信息发掘优势更为显著，表明伍燕然等（2012）发现情绪影响预测精度的结论适用于明星分析师，导致明星分析师对于强势股的盈利预测容易受到乐观情绪影响而抵消其与一般分析师的优势。

3.3　证券分析师投资评级信息含量

3.3.1　投资评级盈利指标构建

采用事件研究法研究分析师投资评级，由于个股投资评级发布较为密集，大型券商对个股更改投资评级的间隔一般不超过 3 个月，因此难以获得长度较长的"干净期"拟合市场模型，因此直接采用市场组合收益调整的超额收益：

$$CAR_{i,t}^N = \prod_{j=t-2}^{t+N} (1 + R_{i,j}) - \prod_{j=t-2}^{t+N} (1 + R_{m,j}) \tag{3.6}$$

$R_{i,j}$ 为证券的考虑红利在投资的复权日度收益率，$R_{m,j}$ 为市场组合日度收益率，为使比较基准更能代表大盘整体收益，采用市场上所有上市超过 6 个月、停牌不超过 30 个交易日的股票收益率进行市值加权编制市场组合收益率。盈利性分为短期和长期，窗口期分为 $[t-2, t+5]$，$[t-2, t+10]$，$[t-2, t+15]$，$[t-2, t+20]$，$[t-2, t+30]$，$[t-2, t+60]$，$[t-2, t+90]$ 七个窗口期。短期主要是考察市场反应，长期考察股价变动基于信息发掘还是过度反应。

同时，为检验分析师投资评级的收益稳健性及其来源，分别编制了以市值、市净率和动量指标分组的市场风格指数和行业股票指数。其中市值风格指数采用前一个交易日的市值，市净率风格指数按采用交易日所在季度期初的市值，动量风格指数采用前一个交易日的股票前三个月的收益，将股票从小到大等分为五组，以组内市值加权收益作为风格指数的收益率。本次研究以风格指数为比较基准计算分析师投资评级考察窗口期内的收益变动情况。该指标有利于考察分析师是否只是由于踏准市场行情的风格轮动而获取了超额收益。例如在小盘成长股走势较好时推荐行业内的小盘股也能使分析师的推荐跑赢大盘，但这并不能体现分析师发掘公司的异质信息能力。

$$CAR_{i,t}^{N} = \prod_{j=t-2}^{t+N} \left(1 + R_{i,j}\right) - \prod_{j=t-2}^{t+N} \left(1 + R_{size,j}\right) \tag{3.7}$$

$$CAR_{i,t}^{N} = \prod_{j=t-2}^{t+N} \left(1 + R_{i,j}\right) - \prod_{j=t-2}^{t+N} \left(1 + R_{pb,j}\right) \tag{3.8}$$

$$CAR_{i,t}^{N} = \prod_{j=t-2}^{t+N} \left(1 + R_{i,j}\right) - \prod_{j=t-2}^{t+N} \left(1 + R_{mom,j}\right) \tag{3.9}$$

行业指数以申万一级行业为分组基准计算组内市值加权收益作为风格指数的收益率。以风格指数为比较基准计算分析师投资评级考察窗口期内的收益变动情况，有力地考察了分析师荐股的业绩是否来源于行业本身的景气程度。例如在2010年流动性行情中有色煤炭的分析师更容易推荐到跑赢大盘的股票，而在2013年的创业板行情中TMT分析师荐股连续上涨乃至翻倍的情况屡见不鲜。然而，在扣除了行业本身景气程度后分析师能否跑赢大盘仍是一个需要考察的问题，也能回答分析师是否"靠天吃饭"的业内质疑。

$$CAR_{i,t}^{N} = \prod_{j=t-2}^{t+N} \left(1 + R_{i,j}\right) - \prod_{j=t-2}^{t+N} \left(1 + R_{ind,j}\right) \tag{3.10}$$

3.3.2　分析师投资评级市场反应检验结果

分析师"买入"评级无论从报告发布后短期还是长期内均显著跑赢了市场指数。从考察窗口上看，分析师"买入"推荐的股票的累计超额收益并没有随着时间推移而先增大后减小，而是呈现持续的上升趋势，并且该上升趋势体现为长期的"收益漂移现象"，而不仅仅是短期的股价上涨，说明 Loeffler（1998）与 Brown、Wei 和 Wermers（2013）的"价格压力论"在 A 股市场并不成立，表明分析师的研究报告发掘了公司基本面信息，也表明该信息被股价吸收是一个长期持续的过程。对于"增持"评级而言，相关事件超额收益的表现与"买入"评级类似，但超额收益的绝对值远远小于"买入"评级。对于"中性""减持"和"卖出"评级，市场对分析师报告的反应并没有比"买入"和"增持"评级更为强烈，与 Womack（1996）发现"卖出"评级反应更为强烈的结果不同，但与 Jiang、Lu 和 Zhu（2014）在 A 股市场的实证结果是一致的。出现该结果的原因可能是卖空个股的市场不发达，且主导市场的散户投资者存在处置效应，对负面评级的反应不足。

表 3 - 10   分析师投资评级市场反应检验结果

rat		CAR5	CAR10	CAR15	CAR20	CAR30	CAR60	CAR90
买入	mean	1.567	1.659	1.772	1.957	1.993	2.740	3.516
	t	59.973	53.060	49.172	49.036	42.006	40.044	41.203
增持	mean	0.791	0.880	1.042	1.248	1.089	1.625	2.550
	t	30.258	28.676	29.435	31.715	23.488	24.275	31.077
持有	mean	-0.372	-0.281	-0.214	-0.151	-0.471	-1.077	-0.360
	t	-8.242	-4.929	-3.177	-1.978	-5.057	-8.215	-2.177
减持	mean	-1.764	-1.777	-1.788	-1.890	-1.218	-1.207	-0.061
	t	-3.608	-2.640	-2.544	-2.251	-1.131	-0.830	-0.030
卖出	mean	-0.865	-0.825	-1.352	-1.168	-1.897	-2.055	-0.655
	t	-3.690	-2.608	-3.785	-2.826	-3.761	-2.878	-0.706

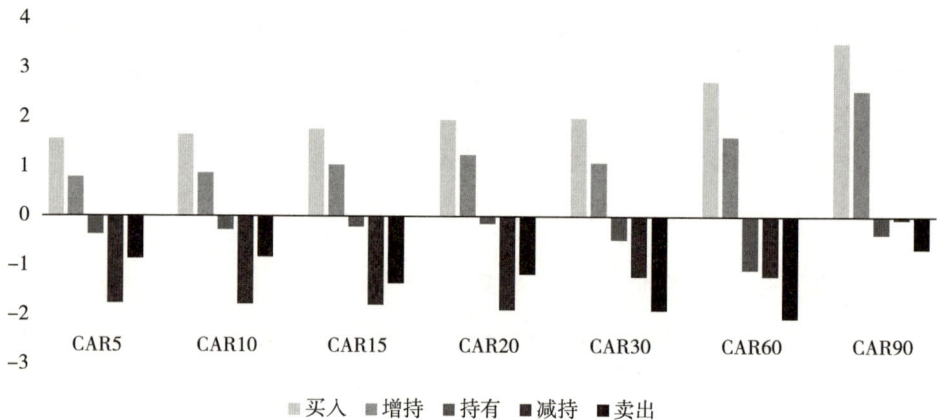

图 3 - 3   分析师投资评级市场反应检验结果

3.3.3 投资评级盈利性稳健性检验

尽管以市场组合为基准的检验发现分析师投资评级后股价的反应的确能表明投资评级具有相应的投资价值，但并不能说明分析师报告造成市场反应的原因一定是分析师发掘了公司基本面信息并为市场所接受。其他可能的解释是分析师追逐相应的市场风格指数，或由于所在行业指数整体走势脱离大盘而带来相对市场指数的超额收益。

对于第一种备选解释，表 3 - 11 至表 3 - 13 说明分析师进行投资评级的股票在考察窗口期内跑赢风格指数的能力。无论从市值风格、市净率风格还是动量风格来看，检验结果均与上一节以市场指数为基准的检验结果并没有很大差别，说明分析师评级后股票的超额收益并非都是来源于追逐市场风格。

表3-11　　　　　　　　市值调整的分析师评级市场反应

rat		CAR5	CAR10	CAR15	CAR20	CAR30	CAR60	CAR90
买入	mean	1.674	1.770	1.887	2.064	2.320	3.470	4.479
	t	61.704	55.424	51.789	51.677	49.678	51.136	52.938
增持	mean	0.836	0.890	1.018	1.192	1.376	2.414	3.484
	t	31.144	28.675	28.665	30.581	30.484	36.785	43.516
持有	mean	-0.414	-0.420	-0.442	-0.449	-0.421	-0.431	0.115
	t	-9.301	-7.481	-6.670	-5.976	-4.618	-3.381	0.716
减持	mean	-1.849	-1.949	-2.220	-2.331	-1.749	-1.795	-0.317
	t	-3.847	-2.949	-3.202	-2.740	-1.613	-1.226	-0.161
卖出	mean	-0.985	-0.906	-1.435	-1.279	-2.047	-2.305	-0.904
	t	-4.171	-2.859	-3.953	-3.033	-4.095	-3.225	-0.973

表3-12　　　　　　　　PB调整的分析师评级市场反应

rat		CAR5	CAR10	CAR15	CAR20	CAR30	CAR60	CAR90
买入	mean	1.693	1.817	1.962	2.138	2.363	3.445	4.379
	t	63.023	57.578	54.568	54.317	51.397	51.656	52.519
增持	mean	0.835	0.928	1.091	1.278	1.266	2.088	3.090
	t	31.134	29.988	30.792	32.841	28.001	31.789	38.545
持有	mean	-0.400	-0.347	-0.296	-0.272	-0.526	-0.962	-0.376
	t	-8.912	-6.130	-4.429	-3.579	-5.662	-7.375	-2.273
减持	mean	-1.788	-1.845	-1.803	-1.942	-1.236	-1.174	-0.151
	t	-3.667	-2.769	-2.575	-2.301	-1.134	-0.795	-0.073
卖出	mean	-0.875	-0.849	-1.371	-1.262	-2.256	-2.599	-1.606
	t	-3.668	-2.714	-3.791	-3.108	-4.476	-3.577	-1.677

表 3 – 13　　　　　　　动量调整的分析师评级市场反应

rat		CAR5	CAR10	CAR15	CAR20	CAR30	CAR60	CAR90
买入	mean	1. 615	1. 697	1. 802	1. 947	1. 979	2. 621	3. 175
	t	59. 419	52. 717	48. 861	48. 189	41. 545	37. 686	36. 406
增持	mean	0. 788	0. 853	1. 008	1. 168	0. 988	1. 401	2. 000
	t	29. 114	27. 066	27. 833	29. 416	21. 261	20. 653	23. 877
持有	mean	− 0. 414	− 0. 379	− 0. 335	− 0. 305	− 0. 609	− 1. 140	− 0. 843
	t	− 9. 204	− 6. 604	− 4. 945	− 3. 996	− 6. 517	− 8. 653	− 4. 968
减持	mean	− 1. 724	− 1. 888	− 2. 070	− 2. 117	− 1. 361	− 1. 273	− 0. 547
	t	− 3. 565	− 2. 791	− 2. 876	− 2. 428	− 1. 210	− 0. 851	− 0. 260
卖出	mean	− 0. 892	− 0. 909	− 1. 466	− 1. 396	− 2. 196	− 2. 419	− 1. 056
	t	− 3. 900	− 2. 835	− 4. 004	− 3. 365	− 4. 356	− 3. 395	− 1. 097

　　对于第二种备选解释，本研究以行业指数作为比较基准检验分析师投资评级的有效性，发现分析师投资评级相对于行业指数反应的超额收益的均值较 t 检验显著水平相比于市场组合基准的检验结果虽然有所下降但是仍然是显著的。这说明分析师投资评级的市场反应主要来源其所在行业走势的说法不能成立，以上分析师报告市场反应的稳健性检验表明，分析师的研究报告之所以能带来评级所对应的市场走势的确是源于发掘了公司基本面信息，而非"靠天吃饭"。

表 3 – 14　　　　　　以行业指数为基准的分析师投资评级有效性

rat		CAR5	CAR10	CAR15	CAR20	CAR30	CAR60	CAR90
买入	mean	1. 515	1. 567	1. 609	1. 710	1. 845	2. 505	2. 962
	t	59. 091	52. 577	47. 523	46. 558	43. 531	40. 924	39. 414
增持	mean	0. 706	0. 721	0. 803	0. 925	0. 873	1. 469	2. 019
	t	27. 420	24. 576	23. 976	25. 511	20. 933	24. 524	28. 003
持有	mean	− 0. 370	− 0. 349	− 0. 329	− 0. 334	− 0. 505	− 0. 714	− 0. 473
	t	− 8. 780	− 6. 595	− 5. 292	− 4. 785	− 5. 996	− 6. 191	− 3. 240
减持	mean	− 1. 242	− 1. 224	− 1. 177	− 1. 328	− 0. 723	0. 224	0. 697
	t	− 2. 664	− 1. 987	− 1. 872	− 1. 692	− 0. 755	0. 174	0. 387
卖出	mean	− 0. 930	− 0. 904	− 1. 381	− 1. 379	− 1. 744	− 2. 432	− 1. 634
	t	− 4. 499	− 3. 413	− 4. 392	− 3. 875	− 4. 227	− 4. 200	− 2. 213

3.3.4 分析师投资评级调整影响因素回归分析

分析师投资评级的信息含量受到许多因素影响，而其在发布报告的过程中，往往会根据信息更新等因素调整评级。为研究影响分析师评级调整的因素，本节在此建立多元回归模型并选取以下控制变量：

$bsize_{i,j,t}$：考虑到机构声誉的影响，大券商的研究报告通常在证券市场影响力较大。

$conum_{i,j,t}$：在时间资源和能力相同的情况下，覆盖股票较多的分析师通常报告深度不足，信息向机构投资者传递的效率较低，市场影响较低。

$mv_{i,j,t}$：相比于小盘股，大盘股通常需要较大的资金量才能引起较大的股价变动。因此研究报告影响大盘股股价程度较低。此外，大盘股通常信息效率和流动性都比小盘股高，分析师不易发掘出影响股价大幅波动的特质信息。

$pb_{i,j,t}$：成长股估值较高，股价对未来盈余预测的敏感度也较高；同时，高价股多属于新兴产业的成长期公司，由于技术上的壁垒信息发掘难度大，信息效率不及周期股，预计分析师研究报告对高 PB 公司影响较大。

$mom_{i,j,t}$：由于股价短期有动量效应，分析师荐股后股价走势会受到前期股价走势的影响，一般而言前期强势的股票受到推荐后上涨概率和幅度较大，弱势股上涨的概率和幅度较小。加入此变量可以检验分析师能力和声誉对股价影响是否在排除了追逐趋势的情况下仍然显著。

$chan_{i,j,t}$：分析师调整评级的投资评级信息含量通常高于维持评级的报告，一般而言，上调评级能带来更多正的超额收益，下调投资评级会带来股价的相对走弱。

$l_{i,j,t}$：$ability$ 与预测期限显著负相关，而 car 也有可能受到报告距离信息揭示日的影响，为更好控制内生性，有必要将其作为控制变量加入回归方程。

控制变量的具体计算方法见表 3 – 15。

表 3 – 15　　　　　　　　　　控制变量及其定义

变量符号	变量名称	变量定义
$ability_{i,j,t}$	财富分析能力	该报告财务预测能力得分
$st_{i,j,t}$	分析师声誉	"新财富" 分析师取 1，非 "新财富" 分析师取 0
$bsize_{i,j,t}$	券商规模	Log（券商年初资产规模）
$conum_{i,j,t}$	分析师覆盖公司数量	分析师在 t 所在的季度覆盖公司的数量
$mv_{i,j,t}$	公司市值	Log（t 日公司流通市值）
$pb_{i,j,t}$	公司市净率	t 日公司流通市值/t 所在的季度期初公司权益价值

变量符号	变量名称	变量定义
$mom_{i,j,t}$	公司股票动量	t 日前 90 个交易日公司股价收益率
$chan_{i,j,t}$	评级调整	上调 =1，维持 =2，下调 =3
$l_{i,j,t}$	预测期限	Log（年报日期—分析师报告发布日期）

根据以上变量建立多元回归方程：

$$car_{i,j,t}^T = \propto + \beta_1\, ability_{i,j,t} + \beta_2\, st_{i,j,t} + \beta_3\, bsize_{i,j,t} + \beta_4\, conum_{i,j,t} + \beta_5\, mv_{i,j,t-1} +$$
$$\beta_6\, pb_{i,j,t-1} + \beta_7\, mom_{i,j,t-1} + \beta_8\, chan_{i,j,t} + \beta_9\, l_{i,j,t} + \varepsilon_{i,j,t} \tag{3.11}$$

3.3.4.1 分析师"买入"评级股价变动影响因素回归结果

从 $ability$ 的回归结果来看，除了在极短期（−2，5）窗口上分析师研究财务基本面的能力与"买入"评级后累计超额收益不显著以外，其他更长的窗口期内股票跑赢大盘的幅度均与财务分析能力 $ability$ 在 1% 的水平上显著。这表明市场在"买入"报告发布大约一周内的表现更多由非基本面因素驱动，与我国证券市场短期题材炒作盛行的现象相符，但从一周以上的表现看市场能够区分实质性的业绩改善和单纯的捕风捉影，即发掘了财务信息的"买入"推荐支撑股价走势更强，与 Simon（2014）和黄永安（2014）实证结果相同。对于分析师声誉，从 st 的回归系数看，除了（−2，60）、（−2，90）两个窗口期，其他更短的窗口期显著性水平均为 1%，表明明星分析师推荐"买入"的股票的确具有跑赢其他分析师"买入"推荐的能力，但这种能力在一个月以上的考察期影响力出现衰减，与伊志宏等（2013）的发现不同，这是由于本节采用了更长的超额收益考察周期。总而言之，$ability$ 和 st 的回归系数基本符合分组检验的结果，中短期"买入"推荐市场反应主要受到分析师声誉影响，长期来看，财务分析能力是支撑股价持续跑赢大盘的主要力量。

对于控制变量的回归结果而言，相同的结论在券商声誉代理变量上也有体现，$bsize$ 在 30 交易日内显著地影响了股票累计超额收益，但对于 60 交易日和 90 交易日的累计超额收益影响并不显著。流通盘 mv 的规模与市场反应在 1% 的意义上显著负相关，验证了对大盘股"买入"推荐引起市场反应较小的推测。对 pb 的回归系数整体而言不显著，说明对于不同估值的股票分析师"买入"推荐的市场反应并没有显著不同。对于分析师评级调整，$chan$ 的回归系数在 1% 的水平上显著，表明调高评级通常能比维持评级带来更多的超额收益，符合首次推荐包含公司基本面重大利好的基本假设。mom 也在 1% 水平上显著为正，表明推荐强势股的确相比于推荐弱势股能造成更大的累计超额收益，这也说明就提高分析师个人推荐的成功率而言，追逐强势股有一定合理性。

表 3-16　分析师"买入"评级股价变动影响因素回归结果

变量	(1) CAR5	(2) CAR10	(3) CAR15	(4) CAR20	(5) CAR30	(6) CAR60	(7) CAR90
$st_{i,j,t}$	0.309 *** (0.0647)	0.400 *** (0.0770)	0.385 *** (0.0886)	0.334 *** (0.0981)	0.292 ** (0.117)	0.299 * (0.169)	0.281 (0.210)
$ability_{i,j,t}$	0.000800 * (0.000463)	0.00224 *** (0.000432)	0.00380 *** (0.000497)	0.00558 *** (0.000550)	0.00946 *** (0.000655)	0.0165 *** (0.000947)	0.0259 *** (0.00118)
$bsize_{i,j,t}$	0.0496 * (0.0289)	0.0759 ** (0.0345)	0.0805 ** (0.0397)	0.113 ** (0.0439)	0.128 ** (0.0523)	0.0618 (0.0756)	0.0496 (0.0938)
$conum_{i,j,t}$	-0.00774 *** (0.00249)	-0.0102 *** (0.00297)	-0.0146 *** (0.00342)	-0.0165 *** (0.00378)	-0.0251 *** (0.00451)	-0.0535 *** (0.00651)	-0.0784 *** (0.00807)
$mv_{i,j,t-1}$	-0.380 *** (0.0195)	-0.530 *** (0.0233)	-0.699 *** (0.0268)	-0.792 *** (0.0296)	-0.812 *** (0.0353)	-1.332 *** (0.0510)	-2.165 *** (0.0631)
$pb_{i,j,t-1}$	-0.00362 (0.00411)	-0.00714 (0.00489)	-0.00889 (0.00563)	-0.00635 (0.00623)	-0.0107 (0.00742)	-0.0176 (0.0107)	-0.0376 *** (0.0132)
$mom_{i,j,t-1}$	1.052 *** (0.0787)	0.993 *** (0.0938)	1.022 *** (0.108)	1.366 *** (0.119)	1.532 *** (0.142)	2.858 *** (0.206)	3.254 *** (0.256)
$chan_{i,j,t}$	-0.618 *** (0.0367)	-0.730 *** (0.0437)	-0.729 *** (0.0503)	-0.751 *** (0.0556)	-0.852 *** (0.0662)	-0.800 *** (0.0958)	-0.573 *** (0.119)
$l_{i,j,t}$	0.00149 *** (0.000286)	0.00319 *** (0.000341)	0.00522 *** (0.000393)	0.00656 *** (0.000435)	0.0106 *** (0.000518)	0.0176 *** (0.000749)	0.0239 *** (0.000939)

续表

变量	(1) CAR5	(2) CAR10	(3) CAR15	(4) CAR20	(5) CAR30	(6) CAR60	(7) CAR90
c	7.835*** (0.345)	9.800*** (0.410)	11.92*** (0.472)	12.93*** (0.523)	12.01*** (0.622)	18.74*** (0.900)	29.99*** (1.116)
Observations	88542	88541	88538	88538	88533	88376	87428
Adj R²	0.024	0.026	0.03	0.032	0.032	0.046	0.054

注:括号内报告异方差稳健的系数标准误,1%水平显著为***,5%水平显著为**,10%水平显著为*。

3.3.4.2　分析师"增持"评级股价变动影响因素回归结果

对于分析师"增持"评级的短期市场反应，主要回归变量的结果与"买入"评级类似。分析师财务分析能力 *ability* 在（－2，5）、（－2，10）和（－2,15）三个考察窗口的回归系数并不显著大于零，说明"增持"评级短期市场影响并没有受到财务预测质量的影响；相比较而言，（－2，5）、（－2，10）、（－2，15）以及（－2，20），四个窗口内的分析师声誉 *st* 都在1%的水平上为正，正说明短期市场并不能甄别增持类报告是否发掘了基本面信息，更多是依靠明星分析师的声誉。具体而言，明星分析师通常在机构投资者中影响力较大，其报告发布后受到重视程度较高；同时明星分析师在我国由机构投资者评选，该机制下产生的明星分析师本身就具有很强的市场营销能力，精通于怎样以合适的方式向买方传递自己的投资建议。但就长期而言，分析师发掘财务信息的能力与股价反应在1%的水平上显著正相关，印证了 Ertimur、Sunder 和 Sunder（2007）与洪剑峭、王瑞和陈长松（2012）发现分析师"增持"评级与长期财务信息预测准确度正相关的实证结果。然而，分析师声誉的回归系数显著性则出现下降，仅仅在10%的显著水平上与股价超额收益正相关，表明从中长期来看，市场能甄别分析师的"增持"推荐是否具有基本面特质信息的支持，那些真正发掘了财务信息的研究员推荐的股票将优于缺乏财务信息发掘研究员推荐的股票。与"买入"评级相比，"增持"评级股价累计超额收益受到基本面分析师能力和分析师声誉的影响的窗口长度较短，对应的回归系数绝对值也小于买入样本对应窗口的系数绝对值。出现这一现象的原因可能是：(1) 根据王伟峰和何镇福（2012）的研究统计，A 股市场分析师存在乐观偏差，对于基本面一般甚至偏差的公司很少给出"中性"和以下的评级，因此市场对其信息含量认可度较低，认知时间更长；(2) 机构投资者评价分析师通常较为关注"买入"推荐，对于"增持"的重视程度较小，导致明星分析师效应在"增持"评级报告的影响较弱。其他控制变量的回归结果和"买入"评级基本类似。

表3-17　　分析师"增持"评级股价变动影响因素回归结果

变量	(9) CAR5	(10) CAR10	(11) CAR15	(12) CAR20	(13) CAR30	(14) CAR60	(15) CAR90
$st_{i,j,t}$	0.310*** (0.0704)	0.323*** (0.0832)	0.350*** (0.0969)	0.288*** (0.108)	0.181 (0.127)	0.262 (0.183)	0.321 (0.222)
$ability_{i,j,t}$	-0.000828** (0.000363)	-0.000359 (0.000429)	0.000750 (0.000500)	0.00202 (0.000556)	0.00472*** (0.000654)	0.00836*** (0.000946)	0.0132*** (0.00114)
$bsize_{i,j,t}$	-0.00440 (0.0240)	0.0111 (0.0284)	-0.0151 (0.0330)	-0.0332 (0.0367)	-0.0191 (0.0432)	0.0582 (0.0625)	-0.0300 (0.0755)
$conum_{i,j,t}$	-0.00539*** (0.00169)	-0.00560*** (0.00199)	-0.00523** (0.00232)	-0.00942*** (0.00258)	-0.0193*** (0.00303)	-0.0421*** (0.00439)	-0.0502*** (0.00529)
$mv_{i,j,t-1}$	-0.208*** (0.0200)	-0.361*** (0.0236)	-0.530*** (0.0275)	-0.624*** (0.0306)	-0.512*** (0.0360)	-0.869*** (0.0521)	-1.546*** (0.0628)
$pb_{i,j,t-1}$	-0.00153 (0.00484)	-0.00479 (0.00572)	-0.000208 (0.00666)	0.00137 (0.00741)	0.00941 (0.00871)	0.0339*** (0.0126)	0.0209 (0.0152)
$mom_{i,j,t-1}$	0.633*** (0.0693)	0.596*** (0.0819)	0.584*** (0.0953)	0.801*** (0.106)	0.707*** (0.125)	1.236*** (0.180)	1.698*** (0.218)
$chan_{i,j,t}$	-0.256*** (0.0292)	-0.256*** (0.0346)	-0.267*** (0.0403)	-0.230*** (0.0448)	-0.300*** (0.0527)	-0.454*** (0.0762)	-0.289*** (0.0920)
$l_{i,j,t}$	-0.00145*** (0.000299)	0.000328 (0.000354)	0.00111*** (0.000412)	0.00168*** (0.000458)	0.00591*** (0.000539)	0.0117*** (0.000780)	0.0153*** (0.000947)

续表

变量	(9) CAR5	(10) CAR10	(11) CAR15	(12) CAR20	(13) CAR30	(14) CAR60	(15) CAR90
c	4.816***	6.694***	9.195***	10.59***	7.378***	11.58***	21.54***
	(0.336)	(0.398)	(0.463)	(0.515)	(0.606)	(0.876)	(1.057)
Observations	78339	78338	78335	78334	78327	78250	77875
Adj R^2	0.015	0.015	0.021	0.024	0.018	0.03	0.042

注:括号内报告异方差稳健的系数标准误,1%水平显著为***,5%水平显著为**,10%水平显著为*。

3.3.4.3 分析师"持有"及以下评级股价变动影响因素回归结果

对于"中性"及以下的评级，高财务信息分析能力的分析师给予负面评级的股票比低财务分析能力的分析师发布报告的股票经历了更大的股价下跌，但统计意义上显著性不足，尤其是90交易日超额收益仅仅在10%的水平上显著为负，表明尽管财务信息挖掘质量高的股票走势更弱，但统计意义上并不十分显著。而在加入了控制变量后分析师对负面评级中声誉因素的影响也不显著，与黄宇虹（2013）发现富有"坏消息"的收益预测修正却没有对股价产生应有的显著的负面影响的结果一致。这可能是由于负面评级的发布是在公司基本面恶化到相对程度才出现的，因此评级本身就向市场释放了巨大的负面信息进而掩盖了财务预测和分析师声誉的重要性。对于此类股票，一般机构投资者会果断卖出而较少考虑分析师是否为明星分析师以及财务预测是否准确，因而都会出现急剧下跌。mv的回归系数为负，说明大盘股遭到负面评级反应更为强烈，A股市场大盘股被分析师恶评后反而会遭到更加严重的下跌，可能的解释是分析师出于维护与上市公司的关系往往对大盘股公司下调评级的意愿较低，一旦下调负面信号更大。$chan$的回归系数为负，表明下调评级的负面评价比维持评级的负面评价对股价打击更严重。mom的回归系数在1%水平上显著，表示前期股价下跌的股票遭到恶评后下跌会更惨重，说明分析师评级具有杀跌效应。

表 3－18　分析师持有及以下评级股价变动影响因素回归结果

变量	(16) CAR5	(17) CAR10	(18) CAR15	(19) CAR20	(20) CAR30	(21) CAR60	(22) CAR90
$st_{i,j,t}$	0.257 (0.441)	0.454 (0.426)	0.607 (0.476)	0.766* (0.449)	0.625 (0.419)	0.615 (0.724)	0.470 (0.739)
$ability_{i,j,t}$	-0.00398** (0.00190)	-0.00328* (0.00184)	-0.00377* (0.00205)	-0.00230 (0.00194)	-0.00314* (0.00181)	-0.00658** (0.00312)	-0.00575* (0.00319)
$bsize_{i,j,t}$	0.147 (0.113)	0.0575 (0.109)	0.0212 (0.122)	-0.0540 (0.115)	-0.00606 (0.107)	0.133 (0.186)	-0.178 (0.189)
$conum_{i,j,t}$	-0.00657 (0.00799)	-0.00397 (0.00772)	-0.00372 (0.00862)	-0.00794 (0.00815)	-0.0210*** (0.00760)	-0.0646*** (0.0131)	-0.0629*** (0.0134)
$mv_{i,j,t-1}$	-0.483*** (0.107)	-0.587*** (0.104)	-0.779*** (0.116)	-0.835*** (0.109)	-0.621*** (0.102)	-1.149*** (0.176)	-1.671*** (0.180)
$pb_{i,j,t-1}$	-0.000633 (0.00176)	-0.00115 (0.00170)	-0.00136 (0.00190)	-0.00147 (0.00179)	-0.000676 (0.00167)	-0.000125 (0.00289)	-0.00114 (0.00294)
$mom_{i,j,t-1}$	3.629*** (0.233)	3.160*** (0.225)	3.625*** (0.251)	3.176*** (0.237)	2.570*** (0.221)	5.243*** (0.382)	5.320*** (0.390)
$chan_{i,j,t}$	-0.517*** (0.141)	-0.576*** (0.137)	-0.610*** (0.152)	-0.587*** (0.144)	-0.543*** (0.134)	-0.682*** (0.232)	-0.706*** (0.237)
$l_{i,j,t}$	-0.00723*** (0.00164)	-0.00718*** (0.00159)	-0.00753*** (0.00177)	-0.00615*** (0.00168)	-0.00128 (0.00156)	-0.00531** (0.00270)	-0.00575** (0.00277)

续表

变量	(16) CAR5	(17) CAR10	(18) CAR15	(19) CAR20	(20) CAR30	(21) CAR60	(22) CAR90
c	10.30*** (1.760)	12.18*** (1.701)	15.49*** (1.899)	16.09*** (1.794)	11.24*** (1.673)	20.99*** (2.890)	30.51*** (2.947)
Observations	18019	18018	18015	18014	18014	18006	17915
Adj R²	0.036	0.034	0.036	0.034	0.026	0.034	0.038

注:括号内报告异方差稳健的系数标准误,1%水平显著为 ***,5%水平显著为 **,10%水平显著为 *。

第4章 证券分析师荐股行为的市场效应

第2章中2.2节讨论了证券分析师荐股行为对于市场的影响，本章将从实证检验的角度对于证券分析师荐股行为的市场效应进行检验。4.1节对于证券分析师荐股行为的有效性进行了探讨，4.2节实证检验了分析师荐股行为对于市场中的重要主体——上市公司的融资成本的影响，4.3节从上市公司盈余管理的视角讨论了分析师荐股行为对于市场信息透明度的影响。本章对于反思证券分析师荐股行为对于市场的整体影响，以及进一步剖析分析师荐股行为对于具体市场参与主体（上市公司）的局部影响具有重要参考价值，有助于形成对于证券分析师荐股行为市场效应的宏观与微观认知，为进一步剖析分析师的证券市场信息中介作用奠定基础。

4.1 证券分析师荐股行为的有效性

4.1.1 研究设计

本章采取的研究方法是事件研究法。事件研究法是一种在金融经济学领域相对规范、成熟的统计方法。这种人们经常使用的实证方法由 Ball 和 Brown（1968）和 Fama 等（1969）开创。事件研究法的本质就是研究市场上某个或者某些事件的发生，是否会影响股价的波动以及是否能产生"异常报酬率"，以此来判断股价的波动与这个特定事件是否有关联性。

定义事件：研究的事件是证券分析师给出的荐股评级，事件日的选择是采用证券分析报告发布的当天，以中小投资者的角度来对证券分析师的荐股行为进行研究，而中小投资者都是在分析报告发布后才能得到评级的结果。

事件窗口和估计窗口的确定：鉴于不少学者之前的研究选取的事件窗口为前后三个月，但本研究主要是研究证券分析师给出的评级对股票价格的中短期影响，而且从事件研究法本身特点考虑，事件期越短，预测的结果越正确，所以本节折中考虑也借鉴了参考文献的窗口选择。由于本研究拟通过研究分析师评级的股票市场反应建立基于评级的投资策略，故事件窗口均考虑事件日后的窗口。本节从短期、中期两个时间维度来对荐股评级报告进行研究，短期窗口包括报告发布日后一个星期（1，7），中期窗口为报告发布日后两个月。分别计算股票评级发布后短中期的超额收益率，以此来衡量荐股评级报告的准确性。

鉴于估计窗口选择越长，预测的结果越准确，而估计期选择要在没有事件的影响下才能比较准确。本节的选择中也考虑到信息泄露这方面的影响，所以选择了前31天的数据作为估计，因为评级的预测日期与发布期之间一般只相差几天，即使存在发布信息的泄露也不会影响到前一个月的股票价格，所以本节选择的估计窗口为（−130，−31）共计100天的估计期。

超额收益率模型：事件研究法的核心部分就是计算超额收益率。超额收益率指标用来检验某个特定事件对上市公司股价影响的程度。超额收益率为事件期内超过正常收益率的收益率，即考虑该事件发生情况的事后收益率减去投资者假定的当日正常收益率。而正常收益率也称预期收益率，是指不考虑该事件发生的情况下可以预计到的收益率。计量正常收益的模型，一般可分为经济模型和统计模型两类，统计模型主要就是常均值收益模型，经济模型以有关投资者的假设作为基础，其不依赖于统计假设。比较典型的几个经济模型包括资产定价模型与套利定价模型，基于套利定价模型衍生出来的又有三因子模型和四因子模型等。根据我国目前证券市场的市场环境，本节采用经济模型，以CAPM为基础，将股票收益率与市场收益率用市场模型进行回归，然后得出截距项 α 和风险系数 β，然后用得出的 α 和 β 计算得出的收益率作为正常的收益率，公式如下：

$$R_{it} = \alpha_i + \beta_i R_{mt} + \varepsilon_{it}$$

在评价一个特定事件对股票价格的影响时，一般采用计算异常收益率进行测量。通常使用的指标包括：市场调整收益率（AR）、日均超额收益率（AAR）、累计超额收益率（CAR），相关公式如下：

$$AR_{it} = R_{it} - \alpha_i - \beta_i R_{mt}$$

$$R_{it} = \frac{P_{it} - P_{it-1}}{P_{it-1}}$$

$$CAR_i = \sum AR_{it}, ACAR = CAR/N$$

最后对于结果进行显著性检验，采用的是 t 检验，累计异常收益率的 t 检验的假设为

$$H_0 : ACAR = 0 ; H_1 : ACAR \neq 0$$

若 ACAR 值是显著有效的，说明证券分析师的荐股评级对股价有系统性的影响，否则则无法证明分析师荐股的有效性。

4.1.2 样本选择与数据处理

研究中关于证券分析师荐股评级报告、个股及市场交易数据来自 CSMAR 数据库，数据汇总后并手工加以计算整理获得。采用样本区间为 2010 年 1 月 1 日至 2017 年 12 月 31 日。

对于同月包括以及超过两家分析师对同一公司股票发布不同的荐股评级报告时，我们的处理方式是，如果同月不同分析师对同一公司股票给出相同评级，则按时间顺序，保留最早发布的样本，剔除其余的荐股评级样本。

根据我国的证券市场环境特点，我们对初始样本进行以下几点的剔除处理：

（1）刚上市的股票由于有新股效应，其研究报告具有特殊性，故剔除首次公开发行上市股票的评级报告，剔除股票推荐评级缺失的个股报告，以及变量缺失数据的样本。

（2）没有完整交易信息的股票，包括股票推荐评级缺失的个股报告，以及变量缺失数据的样本，其对应的样本也要剔除。

（3）荐股评级报告发布后 60 天发生停牌及报告日前 130 天内停牌时间超过 60 天的股票。

数据来源：本章选取国泰安数据库中 2010 年 1 月 1 日至 2017 年 12 月 31 日我国所有分析师对股票市场发布的荐股评级报告作为样本来研究分析师荐股评级的准确性，接着把荐股评级样本分为买入、增持、中性、减持和卖出五类。为了更好地研究不同时间窗口的荐股评级准确性，我们选取荐股评级报告发布后 7 天（1, 7）作为短期的时间窗口，对荐股评级报告发布后 8 周（0, 8）作为中期的时间窗口。

基准利率采用的是考虑现金红利再投资的综合市场日度回报率，该利率采用的是等权重平均法。个股当天的收益率采用的是考虑现金红利再投资的日度个股回报率，所有利率的原始数据来自国泰安数据库。

荐股评级样本分类：研究样本共计 21774 个，样本分布见表 4 - 1。

表 4 - 1　　　　2010—2017 年分析师评级报告样本描述性统计

年份	买入	增持	中性	减持	卖出	合计
2010	773 31.16%	1253 50.50%	446 17.98%	1 0.04%	8 0.32%	2481 100.00%
2011	945 31.67%	1573 52.71%	456 15.28%	4 0.13%	6 0.21%	2984 100.00%

续表

股份	买入	增持	中性	减持	卖出	合计
2012	994 30.82%	1757 54.48%	461 14.29%	5 0.16%	8 0.25%	3225 100.00%
2013	984 32.80%	1720 57.33%	282 9.40%	4 0.13%	10 0.34%	3000 100.00%
2014	912 36.36%	1399 55.78%	185 7.38%	0 0.00%	12 0.48%	2508 100.00%
2015	662 40.02%	851 51.45%	132 7.98%	0 0.00%	9 0.55%	1654 100.00%
2016	1346 46.16%	1446 49.59%	116 3.98%	0 0.00%	8 0.27%	2916 100.00%
2017	1505 50.07%	1399 46.54%	99 3.29%	0 0.00%	3 0.10%	3006 100.00%

样本期间研究的分析师出具的荐股评级报告中,"买入"样本数为8121,占样本总数的37%;"增持"样本数为11398,占样本总数的52%;"中性"样本数为2177,占样本总数的10%。这三种分类的样本占比之和就达到了99%,而"减持""卖出"样本数为78,仅占样本总数不到1%。可见证券分析师更倾向出具正向评级,出现这种结果的原因有很多,国外的研究将这种现象归结为负面的股票评级往往会产生额外的成本和风险。比如,会损害证券分析师和被评级公司管理层的关系,证券分析师容易失去从被评级公司管理层获得第一手信息的渠道,还可能会影响到证券分析师所属券商的投行部门承揽业务。由于受到公司管理层的压力及券商投行部门的压力,这就导致了证券分析师倾向给出"买入"和"增持"这类乐观的评级。

进一步来分析,将分析师对评级的调整考虑进来,表4-2显示了同一评级所对应的不同调整。

表4-2　　　　　　2010—2017年分析师评级调整描述性统计

评级	首次		上调		维持		下调	
买入	1340	17.76%	503	6.67%	5700	75.54%	3	0.04%
增持	2800	26.57%	314	2.98%	7158	67.91%	268	2.54%
中性	361	19.01%	12	0.63%	1284	67.61%	242	12.74%
减持	0	0.00%	0	0.00%	10	71.43%	4	28.57%
卖出	1	1.82%	0	0.00%	41	74.55%	13	23.64%

由表 4 - 2 可以看到，不同评级下维持评级的均占最多，而且除首次评级外，正向评级（买入和增持）发生上调的概率较大，而中性和负向评级（减持和卖出）发生下调的概率较大。由此得到：证券分析师在首次覆盖一只股票的时候倾向于作出正面推荐评级如"买入"和"增持"；给出评级后证券分析师更倾向维持评级；当股票处于正面评级时，证券分析师一般不太愿意向负面变动该股票的评级；而当股票处于负面评级时，分析师也不愿意向正面评级调整。

4.1.3　荐股评级准确性结果分析

下面首先按照四种样本分类，对不同时间窗口的荐股评级报告的超额收益率进行计算与描述统计，并进行相应的假设检验（以下 t 检验中，* 表示 $p < 0.10$，** 表示 $p < 0.05$，*** 表示 $p < 0.01$）。

1. "买入"评级的中短期准确性分析："买入"评级短期和中期事件窗口 ACAR 的统计结果如表 4 - 3、表 4 - 4 所列。

表 4 - 3　　　　　　　　　　　　买入评级短期

	(1)	(2)	(3)	(4)	(5)	(6)	(7)
_cons	0.0100 ***	0.0111 ***	0.0123 ***	0.0122 ***	0.0128 ***	0.0130 ***	0.0129 ***
	(6.51)	(6.00)	(6.08)	(5.43)	(5.44)	(5.22)	(4.86)
N	813	813	813	813	813	813	813

表 4 - 4　　　　　　　　　　　　买入评级中期

	(1)	(2)	(3)	(4)	(5)	(6)	(7)	(8)
_cons	0.0128 ***	0.0108 ***	0.0098 ***	0.0095 **	0.0064	0.0055	0.0020	0.0009
	(5.44)	(3.68)	(2.82)	(2.44)	(1.52)	(1.18)	(0.39)	(0.17)
N	813	813	813	813	813	813	813	813

通过短中期窗口的累计超额收益率结果，可以得到以下结论：

荐股评级报告发布之后，股票的累计超额收益率有一个小幅上扬继而下调的过程，从第二天的 1.11% 升至第五天的 1.30% 而后开始下滑，这可能是由于优先得到信息的大客户群体以及部门利益相关的机构投资者，在报告发布日之前的资金介入已经获得了丰厚的资金回报，当评级报告发布后短期内，他们开始撤出资金，进行获利了结，进而寻找下一个投资目标。在这样的大幅抛售情况下，股价才有了连续几日的调整和回落，使超额收益率有了这样的走势。短期窗口内超额收益率在统计上均通过了显著性水平为 0.01 的显著性检验，这个数据说明荐股报告出具的"买入"评级在短期时间窗口内是准确的，能够拥有一定的市场反应，这一结果和国内外的相关学者的观点也是基本上一致的。

评级报告发布后的前四周，CAR 均为正值，并在统计上通过了显著性水平为 0.01 的显著性检验，但累计超额收益率呈每周下滑态势，第五周至第八周 ACAR 仍为正值且逐渐下滑，且未通过显著性检验，这个数据说明荐股报告出具的"增持"评级在报告发布后一个月内是准确的，能够拥有一定的中期市场反应，但之后报告评级不再具有有效性。

2. "增持"评级的中短期准确性分析："增持"评级短期和中期事件窗口 ACAR 的统计结果如表 4-5、表 4-6 所列。

表 4-5　　　　　　　　　　　　　增持评级短期

	（1）	（2）	（3）	（4）	（5）	（6）	（7）
_cons	0.0042 ***	0.0040 ***	0.0052 ***	0.0046 ***	0.0043 **	0.0037 *	0.0039 *
	（3.59）	（2.94）	（3.28）	（2.70）	（2.34）	（1.89）	（1.90）
N	1060	1060	1060	1060	1060	1060	1060

表 4-6　　　　　　　　　　　　　增持评级中期

	（1）	（2）	（3）	（4）	（5）	（6）	（7）	（8）
_cons	0.0043 **	0.0051 **	0.0059 **	0.0071 **	0.0064 *	0.0030	0.0023	- 0.0007
	（2.34）	（2.09）	（2.11）	（2.18）	（1.72）	（0.73）	（0.51）	（- 0.14）
N	1060	1060	1060	1060	1060	1060	1060	1060

比较"买入"评级和"增持"评级的短中期窗口超额收益率数值可以看出，二者的大体趋势基本相同，二者均在推荐当天至第七日都有正的累计超额收益率，而且从报告发布当天至报告发布后第三天累计差额收益率上升之后开始下滑，也即日均超额收益率下降成负值。这可能存在两方面原因：一方面，股票价格对分析师荐股评级作出了一定的市场反应，并和评级意见同步，说明证券分析师作为资本市场和投资者之间传递信息的桥梁；另一方面，证券分析师和其所在的证券公司对投资者具有一定的营销能力和对市场的影响力。在评级报告发布后，对股票形成一定的价格推动力，推动股票价格在短期内按照分析师的预测进行调整和靠拢。同样短期窗口内超额收益率在统计上均通过了显著性水平为 0.10 的显著性检验，这个数据说明荐股报告出具的"增持"评级在短期时间窗口内是相对准确的。

从中期来看，"增持"评级发布后四周，累计超额收益率在 5% 水平下显著为正，而且 CAR 在第四周达到最高值，之后开始下降，到第八周为负。无论是"买入"评级还是"增持"评级，证券分析师股票评级公布后四周内，股票价格都相应作出调整，且调整的方向与评级含义一致，即发生通常所说的"推荐后漂移"现象，说明分析师能够发现该股票的市场价格，促进股票价格向价值回归，他们的股票评级建议具有一定投资价值和指导意义，但其有效性在长期来看不成立。

3. "中性"评级的中短期准确性分析："中性"评级短期和中期事件窗口ACAR 的统计结果如表 4 – 7、表 4 – 8 所列。

表 4 – 7　　　　　　　　　　　　　中性评级短期

	（1）	（2）	（3）	（4）	（5）	（6）	（7）
_cons	– 0.0041 ***	– 0.0039 ***	– 0.0044 ***	– 0.0047 ***	– 0.0039 **	– 0.0034 **	– 0.0028
	（– 3.96）	（– 3.17）	（– 3.29）	（– 3.17）	（– 2.47）	（– 2.04）	（– 1.49）
N	1253	1253	1253	1253	1253	1253	1253

表 4 – 8　　　　　　　　　　　　　中性评级中期

	（1）	（2）	（3）	（4）	（5）	（6）	（7）	（8）
_cons	– 0.0039 **	– 0.0014	0.0040	0.0053 *	0.0056 *	0.0069 *	0.0049	0.0042
	（– 2.47）	（– 0.68）	（1.56）	（1.87）	（1.75）	（1.95）	（1.27）	（0.98）
N	1253	1253	1253	1253	1253	1253	1253	1253

评级报告公布后，连续七天，该股票的超额收益率均为负值。这说明股票的走势与评级含义是一致的，"中性"评级发布后，更多的投资者知道了公司的一些负面信息，进而影响了接下来几天的股票价格，并在 $t + 4$ 日达到了最低的累计超额收益率 – 0.47%，最后在 $t + 7$ 日，累计超额收益率又有了一定程度的回升。

而从中长期来看，该股票在评级发布后两周内超额收益率为负，之后转为正值。说明中性评级给出的股票都是走势比较平稳、涨跌幅度变化不是很大，符合"中性"评级的假设，走势不确定，但是比较平稳。

4. "减持"和"卖出"评级的中短期准确性分析："减持"和"卖出"评级短期和中期事件窗口 CAR 的统计结果如表 4 – 9、表 4 – 10 所列（由于"减持"评级样本过少不具回归价值，故仅考虑"卖出"评级下表现）。

表 4 – 9 卖出评级短期

	（1）	（2）	（3）	（4）	（5）	（6）	（7）
_cons	− 0.0124 **	− 0.0187 ***	− 0.0188 ***	− 0.0157 **	− 0.0175 **	− 0.0164 **	− 0.0151 *
	（− 2.45）	（− 3.01）	（− 2.77）	（− 2.23）	（− 2.29）	（− 2.09）	（− 1.90）
N	49	49	49	49	49	49	49

表 4 – 10 卖出评级中期

	（1）	（2）	（3）	（4）	（5）	（6）	（7）	（8）
_cons	− 0.0175 **	− 0.0115	− 0.0038	− 0.0058	− 0.0007	− 0.0001	0.0134	0.0160
	（− 2.29）	（− 1.14）	（− 0.28）	（− 0.46）	（− 0.04）	（− 0.01）	（0.71）	（0.78）
N	49	49	49	49	49	49	49	49

可以发现"卖出"评级发布后短期内平均累计差额收益率均显著为负值，而且评级发布后 5 天股票跌幅逐渐扩大，之后收益率回正，负的超额收益率逐步缩窄。从中期来看也是如此，评级发布后第一周超额收益率最低到 − 1.75%，而后逐渐回升至第七周转为正收益。所以分析师出具的"卖出"评级短期内与市场反应相符，但中长期来看，"卖出"评级对股价没有什么影响。

综上所述，对于分析师发布的评级，短期来看市场反应与分析师评级较为吻合，"买入"评级能带来最高的超额收益率，"增持"评级次之，而"中性"评级和"卖出"评级的股票超额收益率均为负值；中期来看，评级有效性减弱，正面评级可获得的超额收益率下降甚而转为负，负面评级的超额收益率跌幅逐渐缩窄之后转为正值，而且长期来看检验结果不显著，无法得到有用的投资信息。不同评级短中期对应的超额收益率如图 4 − 1、图 4 − 2 所示。

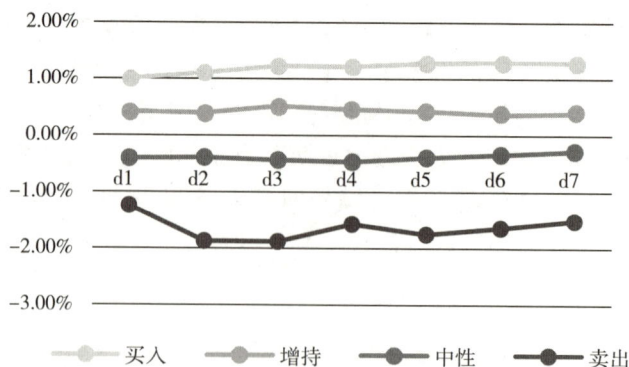

图 4 − 1 不同评级短期超额收益率

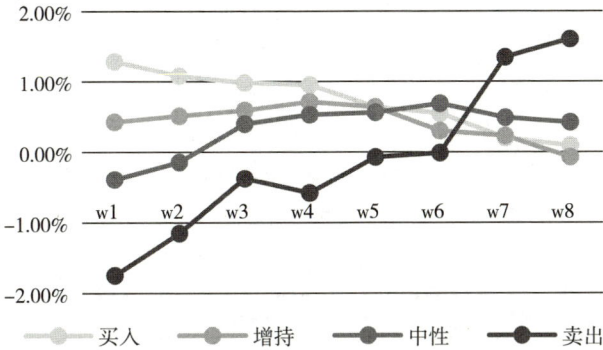

图 4 - 2　不同评级中期超额收益率

4.1.4　荐股评级调整的准确性结果分析

下面按照四种样本分类并对应不同的评级调整，对不同时间窗口的荐股评级报告的超额收益率进行计算与描述统计，并如上进行了相应的假设检验。

4.1.4.1　"买入"评级对应不同评级调整的中短期有效性分析

1. "买入"评级上调的中短期准确性分析：上调至"买入"评级后短期和中期事件窗口 ACAR 的统计结果如表 4 – 11、表 4 – 12 所列。

表 4 –11　　　　　　　　　　买入评级上调短期

	（1）	（2）	（3）	（4）	（5）	（6）	（7）
_cons	0.0170***	0.0219***	0.0225***	0.0233***	0.0232***	0.0241***	0.0241***
	（7.42）	（7.57）	（6.85）	（6.40）	（5.94）	（5.89）	（5.53）
N	421	421	421	421	421	421	421

表 4 –12　　　　　　　　　　买入评级上调中期

	（1）	（2）	（3）	（4）	（5）	（6）	（7）	（8）
_cons	0.0232***	0.0265***	0.0261***	0.0235***	0.0251***	0.0299***	0.0302***	0.0312***
	（5.94）	（5.38）	（4.56）	（3.83）	（3.61）	（4.05）	（3.86）	（3.63）
N	421	421	421	421	421	421	421	421

通过短中期窗口的累计超额收益率结果，可以得到以下结论：

上调至"买入"评级的荐股报告发布之后，股票的累计超额收益率中短期内均显著为正，而且随着时间区间的增加而增加，从第二天的 1.70% 升至第七天的 2.41%，从第一周的 2.32% 增加至第八周的 3.12%。分析师上调评级至

"买入"的股票其市场反应与评级一致，而且相较于"买入"评级的平均水平，上调评级对应的市场表现更好更持续。短中期窗口内超额收益率在统计上均通过了显著性水平为 0.01 的显著性检验，这个数据说明荐股报告出具的"买入"评级在短中期时间窗口内是准确的，能够产生较强的市场反应。

2. 首次发布"买入"评级的中短期准确性分析：首次发布"买入"评级后短期和中期事件窗口 ACAR 的统计结果如表 4－13、表 4－14 所列。

表 4－13　　　　买入评级首次短期

	（1）	（2）	（3）	（4）	（5）	（6）	（7）
_cons	0.0142***	0.0165***	0.0185***	0.0191***	0.0186***	0.0176***	0.0181***
	（9.89）	（9.66）	（9.44）	（8.98）	（8.17）	（7.46）	（7.33）
N	1136	1136	1136	1136	1136	1136	1136

表 4－14　　　　买入评级首次中长期

	（1）	（2）	（3）	（4）	（5）	（6）	（7）	（8）
_cons	0.0186***	0.0163***	0.0144***	0.0133***	0.0101**	0.0081*	0.0048	0.0042
	（8.17）	（5.94）	（4.55）	（3.57）	（2.47）	（1.78）	（0.99）	（0.81）
N	1136	1136	1136	1136	1136	1136	1136	1136

分析师首次发布"买入"评级后，短期内股票可以获得显著为正的超额收益率，而且这一值在发布日后第 4 天达到最高之后略有下滑；中期来看，发布日后四周内均可获得显著为正的超额收益率，同样超额收益率逐渐下滑，四周之后仍为正值，但不再显著。同"买入"评级平均水平相比，首次发布"买入"评级的股票可以获得更高的超额收益率。

3. 维持"买入"评级的中短期准确性分析：维持"买入"评级短期和中期事件窗口 ACAR 的统计结果如表 4－15、表 4－16 所列。

表 4－15　　　　买入维持评级短期

	（1）	（2）	（3）	（4）	（5）	（6）	（7）
_cons	0.0061***	0.0064***	0.0066***	0.0059***	0.0051***	0.0046***	0.0046**
	（5.89）	（5.15）	（4.72）	（3.84）	（3.07）	（2.61）	（2.44）
N	1442	1442	1442	1442	1442	1442	1442

表 4 - 16　　　　　　　　　　　买入维持中长期

	(1)	(2)	(3)	(4)	(5)	(6)	(7)	(8)
_cons	0.0051***	0.0029	0.0009	-0.0016	-0.0009	-0.0028	-0.0089**	-0.0129***
	(3.07)	(1.34)	(0.34)	(-0.53)	(-0.29)	(-0.78)	(-2.29)	(-3.00)
N	1442	1442	1442	1442	1442	1442	1442	1442

　　分析师发布维持的"买入"评级报告后,短期内股票可以获得显著为正的超额收益率,而且在发布日后第 3 天达到最高之后开始下滑;中期来看,发布日后第一周可以获得显著为正的超额收益率,之后的超额收益率便不再显著,且第四周后转为负值,到第八周显著为 - 1.29%。所以维持"买入"评级的股票评级短期内有效,但表现差于上调和首次发布评级的表现;中期来看,维持评级不再有效。

　　综合来看,评级为"买入"的股票对应不同的调整可获得显著不同的回报率,短期来看,"买入"评级的股票均可获得显著为正的超额收益率,而且上调评级 > 首次评级 > 维持评级;长期来看,维持评级不再有效,首次评级有效性减弱,而上调评级依然有效,可以获得高的超额收益率,如图 4 - 3、图 4 - 4所示。

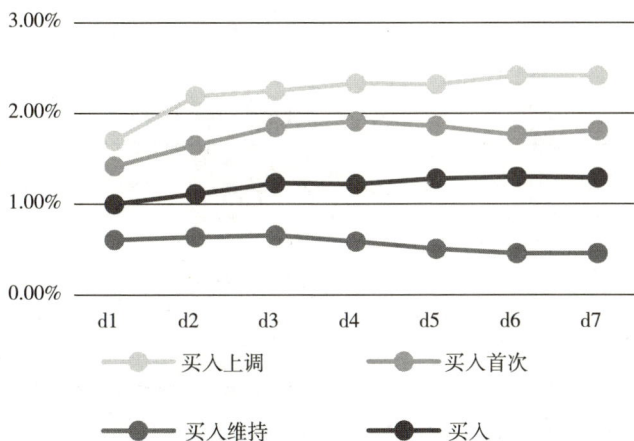

图 4 - 3　不同评级调整的买入评级短期超额收益率

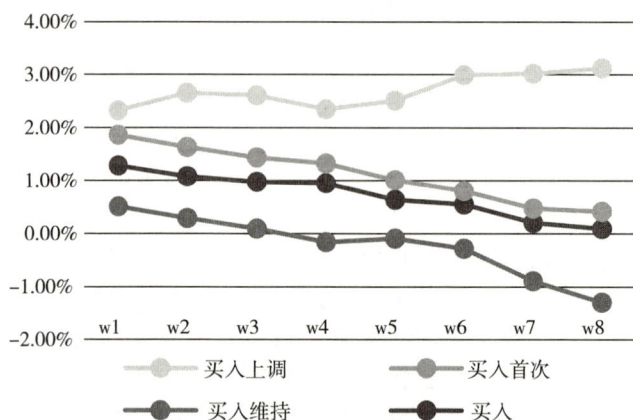

图 4-4　不同评级调整的买入评级中期超额收益率

4.1.4.2　"增持"评级对应不同评级调整的中短期有效性分析

1. "增持"评级上调的中短期准确性分析：上调至"增持"评级后短期和中期事件窗口 ACAR 的统计结果如表 4-17、表 4-18 所列。

表 4-17　　　　　　　　　　　　增持上调评级短期

	(1)	(2)	(3)	(4)	(5)	(6)	(7)
_cons	0.0094***	0.0118***	0.0150***	0.0149***	0.0153***	0.0159***	0.0186***
	(3.63)	(3.97)	(4.49)	(4.23)	(3.96)	(3.75)	(3.97)
N	260	260	260	260	260	260	260

表 4-18　　　　　　　　　　　　增持上调评级中长期

	(1)	(2)	(3)	(4)	(5)	(6)	(7)	(8)
_cons	0.0247	-0.0111	-0.0168	0.0055	0.0038	0.0080	0.0119	0.0037
	(1.68)	(-0.87)	(-1.20)	(0.24)	(0.13)	(0.27)	(0.34)	(0.11)
N	16	16	16	16	16	16	16	16

上调至"增持"评级的荐股报告发布之后，股票的累计超额收益率短期内均显著为正，而且随着时间区间的增加而增加，从第二天的 0.94% 上升至第七天的 1.86%；中期来看，超额收益率则不显著。与上调至"买入"评级相比，上调至"增持"评级的股票市场反应更弱，说明投资者对于原本即是正面评级的股票再接受正面信息后的反应要弱于由中性或负面评级调整为正面评级的股票。

2. 首次发布"增持"评级的中短期准确性分析：首次发布"增持"评级后

短期和中期事件窗口 ACAR 的统计结果如表 4－19、表 4－20 所列。

表 4－19　　　　　　　　　增持首次评级短期

	（1）	（2）	（3）	（4）	（5）	（6）	（7）
_cons	0.0055 ***	0.0060 ***	0.0058 ***	0.0058 ***	0.0062 ***	0.0050 ***	0.0046 ***
	（6.40）	（5.87）	（4.99）	（4.59）	（4.51）	（3.43）	（2.99）
N	2392	2392	2392	2392	2392	2392	2392

表 4－20　　　　　　　　　增持首次评级中期

	（1）	（2）	（3）	（4）	（5）	（6）	（7）	（8）
_cons	0.0062 ***	0.0048 ***	0.0040 *	0.0016	0.0009	－ 0.0014	－ 0.0016	－ 0.0030
	（4.51）	（2.74）	（1.89）	（0.66）	（0.33）	（－ 0.48）	（－ 0.50）	（－ 0.85）
N	2392	2392	2392	2392	2392	2392	2392	2392

　　首次发布增持评级报告之后，股票的累计超额收益率短期内均显著为正，从第二天的 0.55% 上升至第五天的 0.62% 之后开始下滑；中期来看，前两周超额收益率显著为正，随后便不再显著，且从第六周开始变为负值。总体来看，首次发布"增持"评级后股票反应并不强烈，即便短期内获得了正的超额收益，超额收益也很低，基本与"增持"评级的平均水平相近。

　　3. 维持"增持"评级的中短期准确性分析：发布维持"增持"评级后短期和中期事件窗口 ACAR 的统计结果如表 4－21、表 4－22 所列。

表 4－21　　　　　　　　　增持维持评级短期

	（1）	（2）	（3）	（4）	（5）	（6）	（7）
_cons	0.0029 ***	0.0033 ***	0.0036 ***	0.0027 *	0.0011	－ 0.0001	－ 0.0000
	（2.90）	（2.80）	（2.61）	（1.78）	（0.70）	（－ 0.04）	（－ 0.02）
N	1678	1678	1678	1678	1678	1678	1678

表 4－22　　　　　　　　　增持维持评级中期

	（1）	（2）	（3）	（4）	（5）	（6）	（7）	（8）
_cons	0.0011	－ 0.0016	－ 0.0029	－ 0.0021	－ 0.0034	－ 0.0054	－ 0.0065 *	－ 0.0083 **
	（0.70）	（－ 0.78）	（－ 1.19）	（－ 0.73）	（－ 1.09）	（－ 1.54）	（－ 1.73）	（－ 2.07）
N	1678	1678	1678	1678	1678	1678	1678	1678

　　发布维持"增持"评级的报告之后三天，股票的累计超额收益率短期内显著为正，随后便不再显著，且从第六天开始变为负值。总体来看，发布维持增

持评级短中期均不有效，股票不仅难以获得高的超额收益而且有持续下跌的趋势，即维持"增持"评级于投资者来说并不是积极的信号，如前所述，基于很多客观原因，分析师不愿意下调评级，因此维持评级可能已经是负面信息的释放。

4. 下调至"增持"评级的中短期准确性分析：下调至"增持"评级后短期和中期事件窗口 ACAR 的统计结果如表 4 – 23、表 4 – 24 所列。

表 4 – 23　　　　　　　　　　　增持下调评级短期

	(1)	(2)	(3)	(4)	(5)	(6)	(7)
_cons	– 0.0082 ***	– 0.0103 ***	– 0.0105 ***	– 0.0113 ***	– 0.0149 ***	– 0.0156 ***	– 0.0160 ***
	(– 3.31)	(– 3.52)	(– 3.02)	(– 3.08)	(– 3.74)	(– 3.61)	(– 3.74)
N	227	227	227	227	227	227	227

表 4 – 24　　　　　　　　　　　增持下调评级中期

	(1)	(2)	(3)	(4)	(5)	(6)	(7)	(8)
_cons	– 0.0149 ***	– 0.0125 **	– 0.0133 **	– 0.0123 *	– 0.0145 *	– 0.0165 *	– 0.0169 *	– 0.0200 **
	(– 3.74)	(– 2.40)	(– 2.11)	(– 1.74)	(– 1.86)	(– 1.96)	(– 1.88)	(– 2.05)
N	227	227	227	227	227	227	227	227

发布下调"增持"评级的报告之后，股票的累计超额收益率短期内显著为负，而且随着时间推移，下跌幅度逐渐扩大；中期来看，负的差额收益率显著性减弱，但下跌幅度依然继续扩大。说明下调评级后虽然仍是"增持"评级，但下调评级意味着利空因素的出现，投资者对于利空因素的出现和评级的负向变动反应比较敏感。

综合来看，评级为"增持"的股票对应不同的调整可获得显著不同的回报率。短期来看，首次发布和上调至"增持"评级的股票可获得显著为正的超额收益率，维持评级的显著性不强，下调评级则会产生负的超额收益率。长期来看，"增持"评级对应的不同评级调整均不显著，首次、维持和下调的评级均会产生负的超额收益率，如图 4 – 5、图 4 – 6 所示。

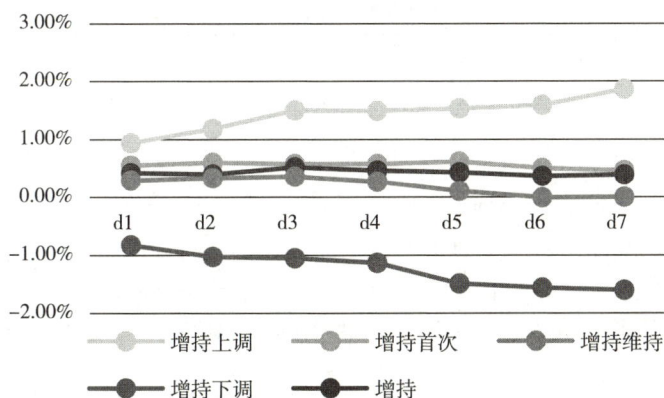

图 4 - 5　不同评级调整的增持评级短期超额收益率

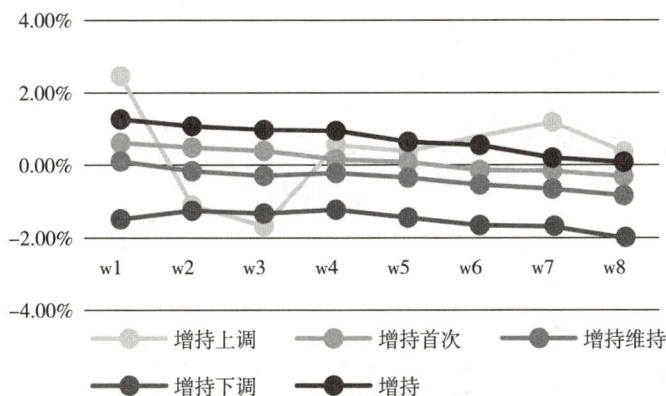

图 4 - 6　不同评级调整的增持评级中期超额收益率

4.1.4.3　"中性"评级对应不同评级调整的中短期有效性分析

1. "中性"评级上调的中短期准确性分析：上调至"中性"评级后短期和中期事件窗口 ACAR 的统计结果如表 4 - 25、表 4 - 26 所列。

表 4 - 25　　　　　　　　　　　中性上调评级短期

	（1）	（2）	（3）	（4）	（5）	（6）	（7）
_cons	0.0062	- 0.0062	- 0.0007	- 0.0023	0.0004	- 0.0033	- 0.0079
	（0.48）	（- 0.48）	（- 0.05）	（- 0.21）	（0.03）	（- 0.18）	（- 0.38）
N	12	12	12	12	12	12	12

表4-26 中性上调评级中期

	(1)	(2)	(3)	(4)	(5)	(6)	(7)	(8)
_cons	0.0004	-0.0245	-0.0408	-0.0448	-0.0653	-0.0630	-0.0765	-0.0949
	(0.03)	(-1.25)	(-1.48)	(-1.25)	(-1.26)	(-1.02)	(-1.16)	(-1.10)
N	12	12	12	12	12	12	12	12

分析师上调的"中性"评级在短中期均对股价没有显著的影响，但大体上看上调至"中性"评级的股票中期内持续产生负的超额回报。

2. 首次发布"中性"评级的中短期准确性分析：首次发布"中性"评级后短期和中期事件窗口 ACAR 的统计结果如表4-27、表4-28所列。

表4-27 中性首次评级短期

	(1)	(2)	(3)	(4)	(5)	(6)	(7)
_cons	-0.0064***	-0.0057**	-0.0043	-0.0035	-0.0044	-0.0035	-0.0034
	(-3.27)	(-2.43)	(-1.47)	(-0.99)	(-1.16)	(-0.86)	(-0.83)
N	266	266	266	266	266	266	266

表4-28 中性首次评级中期

	(1)	(2)	(3)	(4)	(5)	(6)	(7)	(8)
_cons	-0.0044	-0.0026	-0.0052	-0.0094	-0.0067	-0.0090	-0.0161*	-0.0194**
	(-1.16)	(-0.54)	(-0.92)	(-1.58)	(-0.97)	(-1.17)	(-1.87)	(-2.01)
N	266	266	266	266	266	266	266	266

分析师首次发布中性评级后一天，股票产生显著为负的超额收益率-0.64%，之后结果不再显著，但短中期看均为负值，说明对于分析师首次发布的"中性"评级，市场更多作出负面反应，对于倾向发布正面评级的分析师，发布的"中性"评级于投资者看来更多的是负面信号。

3. 维持"中性"评级的中短期准确性分析：维持"中性"评级的短期和中期事件窗口 ACAR 的统计结果如表4-29、表4-30所列。

表4-29 中性维持评级短期

	(1)	(2)	(3)	(4)	(5)	(6)	(7)
_cons	-0.0041***	-0.0042***	-0.0043***	-0.0046***	-0.0034*	-0.0027	-0.0017
	(-3.65)	(-3.09)	(-2.91)	(-2.78)	(-1.92)	(-1.45)	(-0.82)
N	1033	1033	1033	1033	1033	1033	1033

表 4 - 30　　　　　　　　　　　中性维持评级中期

	(1)	(2)	(3)	(4)	(5)	(6)	(7)	(8)
_cons	- 0. 0034 *	- 0. 0004	0. 0045	0. 0057 *	0. 0062 *	0. 0083 **	0. 0063	0. 0064
	(- 1. 92)	(- 0. 18)	(1. 58)	(1. 82)	(1. 78)	(2. 13)	(1. 47)	(1. 38)
N	1033	1033	1033	1033	1033	1033	1033	1033

分析师发布维持的"中性"评级后，短期内股票产生负的超额收益率，发布日后四天跌幅持续扩大至 - 0. 46% ，之后跌幅缩小，从第三周开始转为正值较稳定波动，但检验结果不显著。

4. 下调至"中性"评级的中短期准确性分析：下调至"中性"评级的短期和中期事件窗口 ACAR 的统计结果如表 4 - 31、表 4 - 32 所列。

表 4 - 31　　　　　　　　　　　中性下调评级短期

	(1)	(2)	(3)	(4)	(5)	(6)	(7)
_cons	- 0. 0045 *	- 0. 0026	- 0. 0052	- 0. 0053	- 0. 0067 *	- 0. 0070 *	- 0. 0078 *
	(- 1. 74)	(- 0. 81)	(- 1. 57)	(- 1. 55)	(- 1. 87)	(- 1. 80)	(- 1. 89)
N	208	208	208	208	208	208	208

表 4 - 32　　　　　　　　　　　中性下调评级中期

	(1)	(2)	(3)	(4)	(5)	(6)	(7)	(8)
_cons	- 0. 0067 *	- 0. 0051	0. 0042	0. 0061	0. 0066	0. 0040	0. 0028	- 0. 0013
	(- 1. 87)	(- 1. 02)	(0. 68)	(0. 91)	(0. 85)	(0. 49)	(0. 32)	(- 0. 13)
N	208	208	208	208	208	208	208	208

分析师下调评级至"中性"后，对股价没有产生显著的影响，平均累计超额收益率有正有负，前后波动幅度不大且趋向平稳。

综合来看，"中性"评级下检验结果显著性较弱，短期来看，不同评级调整后出具的"中性"评级均产生了负的超额收益率，且下调至"中性"评级的股票跌幅最大；中期来看，上调至"中性"评级的股票出现大幅下跌，其余调整产生的收益率波动较为稳定。

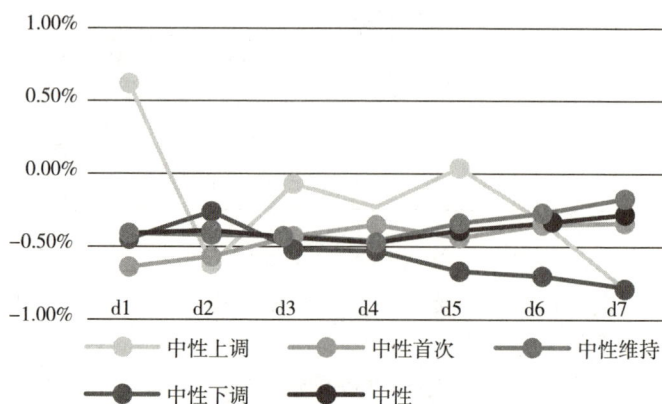

图 4-7　不同评级调整的中性评级短期超额收益率

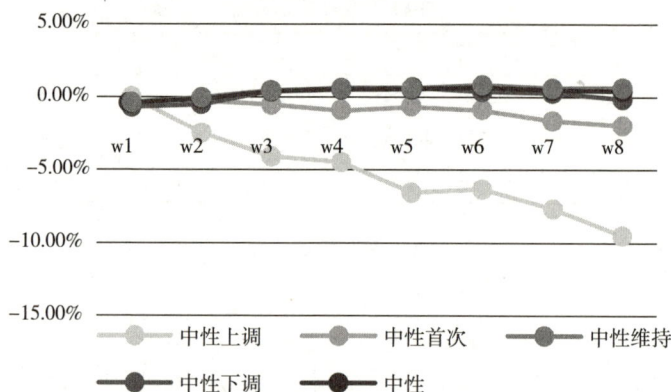

图 4-8　不同评级调整的中性评级中期超额收益率

由于"减持"及"卖出"评级样本量过小，不具研究意义，此处省略。

4.1.5　明星分析师和普通分析师荐股评级的准确性差异分析

随着证券分析行业的发展，市场上逐渐兴起了由第三方独立机构颁布的分析师排行榜，一旦进入榜单，意味着市场对其能力的肯定，那么明星分析师的荐股效果是否优于非明星分析师，本节将就此进行研究。以历年"新财富"榜单为标准，将样本分为明星分析师和普通分析师两组，就其出具的评级的有效性进行进一步研究。

1. "买入"评级下明星分析师与普通分析师荐股有效性的中短期分析：分组得到的短期和中期事件窗口 ACAR 的统计结果如表 4-33、表 4-34、表 4-35、表 4-36 所列。

表 4 - 33   买入评级分组短期结果

	(1)	(2)	(3)	(4)	(5)	(6)	(7)
明星	0.0110***	0.0131***	0.0150***	0.0161***	0.0149***	0.0135***	0.0142***
	(9.70)	(9.59)	(9.66)	(9.28)	(7.99)	(6.92)	(6.98)
普通	0.0089***	0.0106***	0.0104***	0.0099***	0.0103***	0.0106***	0.0097***
	(7.65)	(7.49)	(6.55)	(5.69)	(5.61)	(5.40)	(4.67)

表 4 - 34   买入评级短期组间差异

差异源	SS	df	MS	F	P - value	F crit
组间	5.36E - 05	1	5.36E - 05	34.65046	7.41E - 05	4.747225
组内	1.86E - 05	12	1.55E - 06			
总计	7.22E - 05	13				

短期来看，明星分析师发布的"买入"评级产生的收益率均高于普通分析师，而且通过单因素方差分析也证实了两组结果的显著性差异，说明明星分析师发布的"买入"评级更加有效。

表 4 - 35   买入评级分组中期结果

	(1)	(2)	(3)	(4)	(5)	(6)	(7)	(8)
明星	0.0149***	0.0137***	0.0109***	0.0092***	0.0046	0.0026	-0.0014	-0.0053
	(7.99)	(6.06)	(4.04)	(2.92)	(1.32)	(0.68)	(-0.33)	(-1.19)
普通	0.0103***	0.0084***	0.0068**	0.0070**	0.0066*	0.0022	-0.0021	-0.0041
	(5.61)	(3.64)	(2.45)	(2.21)	(1.89)	(0.58)	(-0.51)	(-0.91)

表 4 - 36   买入评级中期组间差异

差异源	SS	df	MS	F	P - value	F crit
组间	1.24E - 05	1	1.24E - 05	0.312848	0.584775	4.60011
组内	0.000556	14	3.97E - 05			
总计	0.000568	15				

中期来看，发布日后四周内，明星分析师发布的"买入"评级产生的累计超额收益率高于普通分析师，之后两组之间的差异缩小，而且单因素方差分析表明两组结果不存在显著性差异，说明从中期来看，明星分析师和普通分析师发布的"买入"评级不存在显著性差异。

2. "增持"评级下明星分析师与普通分析师荐股有效性的中短期分析：分

组得到的短期和中期事件窗口 ACAR 的统计结果如表4 –37、表4 –38、表4 –39、表4 –40 所列。

表4 –37 　　　　　　　　　　增持评级分组短期结果

	（1）	（2）	（3）	（4）	（5）	（6）	（7）
明星	0.0042 *** （4.03）	0.0049 *** （4.00）	0.0061 *** （4.44）	0.0062 *** （4.19）	0.0065 *** （4.09）	0.0068 *** （4.10）	0.0070 *** （3.92）
普通	0.0050 *** （4.82）	0.0058 *** （4.76）	0.0049 *** （3.62）	0.0048 *** （3.14）	0.0044 *** （2.65）	0.0037 ** （2.09）	0.0043 ** （2.22）

表4 –38 　　　　　　　　　　增持评级短期组间差异

差异源	SS	df	MS	F	P – value	F crit
组间	5.53E – 06	1	5.53E – 06	7.394017	0.018636	4.747225
组内	8.98E – 06	12	7.48E – 07			
总计	1.45E – 05	13				

　　短期来看，"增持"评级发布日后两天，明星分析师相应产生的累计超额收益率低于普通分析师，而之后便一直高于普通分析师，单因素方差分析说明两组结果存在显著性差异，因此短期来看明星分析师发布的"增持"评级更加有效。

表4 –39 　　　　　　　　　　增持评级分组中期结果

	（1）	（2）	（3）	（4）	（5）	（6）	（7）	（8）
明星	0.0065 *** （4.09）	0.0064 *** （3.11）	0.0066 *** （2.71）	0.0072 ** （2.53）	0.0034 （1.05）	0.0001 （0.04）	– 0.0012 （– 0.33）	– 0.0023 （– 0.57）
普通	0.0044 *** （2.65）	0.0059 *** （2.62）	0.0056 ** （2.14）	0.0046 （1.54）	0.0059 * （1.76）	0.0045 （1.22）	0.0041 （1.02）	0.0019 （0.44）

表4 –40 　　　　　　　　　　增持评级中期组间差异

差异源	SS	df	MS	F	P – value	F crit
组间	1.21E – 06	1	1.21E – 06	0.151728	0.702751	4.60011
组内	0.000112	14	7.97E – 06			
总计	0.000113	15				

　　中期来看，发布日后四周内，明星分析师发布的"增持"评级产生的累计超额收益率高于普通分析师，之后便一直低于普通分析师，而且单因素方差分

析表明两组结果不存在显著性差异，说明从中期来看，明星分析师和普通分析师发布的"增持"评级不存在显著性差异。

3. "中性"评级下明星分析师与普通分析师荐股有效性的中短期分析：分组得到的短期和中期事件窗口 ACAR 的统计结果如表 4 – 41、表 4 – 42、表 4 – 43、表 4 – 44 所列。

表 4 – 41　　　　　　　　　　中性评级分组短期结果

	(1)	(2)	(3)	(4)	(5)	(6)	(7)
明星	– 0. 0050 * (– 1. 80)	– 0. 0066 ** (– 2. 20)	– 0. 0051 (– 1. 56)	– 0. 0077 ** (– 2. 32)	– 0. 0090 ** (– 2. 50)	– 0. 0089 ** (– 2. 21)	– 0. 0077 * (– 1. 72)
普通	– 0. 0041 *** (– 4. 55)	– 0. 0037 *** (– 3. 36)	– 0. 0043 *** (– 3. 51)	– 0. 0043 *** (– 3. 15)	– 0. 0038 *** (– 2. 59)	– 0. 0032 ** (– 2. 05)	– 0. 0029 * (– 1. 73)

表 4 – 42　　　　　　　　　　中性评级短期组间差异

差异源	SS	df	MS	F	P – value	F crit
组间	4. 01E – 05	1	4. 01E – 05	26. 78541	0. 000231	4. 747225
组内	1. 8E – 05	12	1. 5E – 06			
总计	5. 81E – 05	13				

短期来看，"中性"评级发布日后七天，明星分析师相应产生的累计超额收益率均低于普通分析师，单因素方差分析说明两组结果存在显著性差异，因此短期来看明星分析师发布的"中性"评级回报更差。

表 4 – 43　　　　　　　　　　中性评级分组中期结果

	(1)	(2)	(3)	(4)	(5)	(6)	(7)	(8)
明星	– 0. 0090 ** (– 2. 50)	– 0. 0023 (– 0. 42)	0. 0054 (0. 83)	0. 0082 (1. 19)	0. 0096 (1. 28)	0. 0128 (1. 49)	0. 0168 * (1. 78)	0. 0130 (1. 28)
普通	– 0. 0038 *** (– 2. 59)	– 0. 0024 (– 1. 25)	0. 0002 (0. 07)	– 0. 0005 (– 0. 19)	– 0. 0005 (– 0. 16)	– 0. 0008 (– 0. 26)	– 0. 0043 (– 1. 19)	– 0. 0055 (– 1. 39)

表 4 – 44　　　　　　　　　　中性评级中期组间差异

差异源	SS	df	MS	F	P – value	F crit
组间	0. 000325	1	0. 000325	8. 269465	0. 012215	4. 60011
组内	0. 00055	14	3. 93E – 05			
总计	0. 000875	15				

中期来看，除发布日后第一周，明星分析师发布的"增持"评级产生的累计超额收益率均高于普通分析师，单因素方差分析表明两组结果存在显著性差异，说明从中期来看，明星分析师发布的"中性"评级回报更高。

由于"减持"和"卖出"评级样本有限，在此不作进一步比较。

4.2　证券分析师荐股行为对上市公司融资成本的影响效应分析

4.2.1　研究假设与模型构建

4.2.1.1　研究假设

资本市场是一个信息驱动的市场。高效的信息发现与反应能力是成熟有效市场的必要条件，这离不开分析师这一重要信息中介的作用。分析师依托自身或公司的渠道优势，收集、整理和挖掘上市公司公开的或小范围公开的信息、行业和宏观信息，再利用自己丰富的专业知识和行业经验对信息进行研究分析以生成更准确有效的信息，通过研究报告、电话交流、路演等方式把研究成果传递给投资者，使得投资者对公司的认识和理解更深，信息环境得以优化，信息传递效率得到提升，由此股权融资成本得以下降（Brown，1984；Handa 和 Linn，1993；Bowen 等，2008；Derrien 和 Kecskes，2013）。同时，分析师的跟进无形中也会对上市公司形成监督，一定程度上可以减少公司的盈余管理（Knyazeva，2007；Yu，2008；李春涛等，2014；李丹蒙等，2015），降低代理成本（Jensen 和 Meckling，1976；Moyer 等，1989；Chen 等，2015）。通常情况下，如若跟进某公司的分析师人数越多，则在多重交织的信息渠道网络覆盖下，该公司的实际状况会被挖掘得越全面、透彻，投资者看到的公共信息将越准确和越丰富，对它的估值分歧和投资风险会降低，进而要求的投资回报率较低，该公司的股权融资成本也越低。依此逻辑，分析师跟进人数的增加会降低上市公司的股权融资成本。鉴于此，本节的第一个研究假设依此得到。

假设 1：上市公司股权融资成本与分析师跟进人数负相关。

分析师的研究工作贯穿了信息获取、数据处理、估值方法选取、结合专业和经验给出盈余预测和股票评级等。各环节都涉及分析师各自的资源和专业判断，如资源多的分析师获取的信息可能更全面及时，专业知识和经验丰富的分析师的数据处理、估值方法的选取、盈余预测等可能更准确合理，故不同分析师的研究结论可能不一样。很自然地，那些拥有更多信息渠道资源或有更多机会接触上市公司高管、专业知识和经验更丰富的分析师，即本节定义的能力高的分析师，应能更充分、快速、高效地挖掘出公司的真实情况，并给出更为专业合理的判断，更有效提升投资者对上市公司的认知和理解，从而更有效地改善信息不对称，促进市场更有效（Stickel，1992；Hong 和 Kubik，2003；Bonner，2007；Bowen 等，2008；吴超鹏等，2010；Chan，2013）。由此可合理假设，分析师跟进对股权融资成本的降低作用与分析师能力有关，能力越高的分析师跟进降低股权融资成本的效果越大。

自 2003 年起，依据机构投资者的投票结果，《新财富》每年都会评出行业"最佳分析师"。由于机构投资者是卖方分析师的客户，是其研究成果的直接受益者，其投票结果应该是相对客观地反映了分析师的研究能力或信息渠道优势。本节用"新财富最佳分析师"表征能力高的分析师。在当选明星分析师之前，分析师一般需有更高的盈余预测能力或更多的信息渠道优势，依此获得机构投资者的认可；当选为明星分析师后，分析师会有更多资源、更多接触公司管理者的机会或具有更大的市场影响，有助于提高其信息收集、挖掘、研究和传递能力。鉴于此，本节得出第二个研究假设。

假设 2：与非明星分析师相比，明星分析师跟进对股权融资成本的降低作用更大。

信息发布后，通过信息中介传递到投资者手中，投资者消化、吸收后对信息作出回应使信息最终反应到股价中。信息从发出到最终反应到股价，需要一定的时间，其耗时因市场环境的不同而不一。分析师的跟进能有效缩短信息传递的耗时，但考虑到我国股票市场发展水平尚不高，投资者结构以散户为主，投资者认知水平和专业知识相对不足，可能存在某些因素阻碍分析师挖掘出的信息及时反应到股价中，使得分析师跟进的信息效用存在滞后现象，即分析师跟进提高了公共信息含量和精确度，但有可能在当期没反应完全，影响到下一期的股权融资成本。鉴于此，本节得出第三个研究假设。

假设 3：当年的分析师跟进能降低上市公司下一年的股权融资成本。

股权融资成本会受代理问题影响。代理问题越严重的公司，投资者要求的投资回报率越高（Bai 等，2002）。股权集中度高的公司，大股东对公司有较强的控制力，信息操作空间较大，出现"一股独大"和损坏中小股东利益事件的概率较大，且其信息环境往往较差，故投资者要求较高的收益率，对应更高的股权成本。由于边际效用递减规律，理论上分析师跟进改善信息环境的边际作用会因信息不对称的降低而下降。股权集中度高的公司信息不对称往往更严重，故对于股权集中度更高的公司，分析师跟进对股权融资成本的边际降低作用应该更大。鉴于此，本节得出第四个研究假设。

假设 4：上市公司股权融资成本与股权集中度正相关，股权融资成本对股权集中度高的公司的分析师跟进人数的变化更敏感。

4.2.1.2 变量选择与处理

1. 解释变量

（1）分析师跟进变量。参照 Yu（2008）和李春涛（2014）的方法，根据分析师所在研究机构是否对一家公司发布了盈利预测报告来判断该分析师是否跟进该公司。这是因为一家研究机构一般仅指派一个组或一个首席分析师跟进一家上市公司，且同一组内的分析师发布的研究报告一般都在首席分析师的指导下完成。故本节的分析师跟进人数（AF）定义为跟进一家上市公司的研究机构数量。在第 t 年，分析师所在机构只要发布过某上市公司的盈余预测报告，即被认为该分析师在第 t 年跟进了该上市公司。如，2011 年，共有 33 家研究机构发布了 95 篇格力电器的盈余预测研究报告，不管这些研究报告涉及多少个分析师的名字，本节统一认为 2011 年有 33 个分析师跟进格力电器。

参照已有大部分研究的处理方法，本节将分析师跟进人数（AF）加 1 后取自然对数的值作为分析师跟进的代理变量（lnAF），即 $\ln AF_{i,t} = \ln(1 + AF_{i,t})$。$\ln AF_{i,t}$ 越大，表明第 t 年对 i 公司的分析师跟进人数越多，该公司得到越多的分析师关注。

（2）明星分析师虚拟变量。研究中引入明星分析师虚拟变量（Star）来区别不同分析师的能力或声誉。《新财富》每年根据行业参选团队数评出前三名或前五名行业"最佳分析师"。本节把盈余预测报告发布前一年入选"新财富最佳分析师"前三名的分析师定义为明星分析师。若 i 公司在第 t 年有被明星分析师跟进，则不管有几个明星分析师，明星分析师虚拟变量取值都为 1，即 $Star_{i,t} = 1$；若 i 上市公司在第 t 年没有被明星分析师跟进，则明星分析师虚拟变量取值为 0，即 $Star_{i,t} = 0$。

（3）股权集中度变量。选取第一大股东持股比例（FS）和第一大股东持股比例高低虚拟变量（FS_high）作为股权集中度的代理变量。第一大股东持股比例（FS）直接选取年末的第一大股东持股比例数据。若第一大股东持股比例小于其中位数，则令 FS_high = 0，否则 FS_high = 1。

2. 被解释变量

股权融资成本是本节的被解释变量。如前文所述，本节采用 Gebhardt 等（2001）提出的 12 期预测期的 GLS 方法，参考曾颖和陆正飞（2006）、沈艺峰（2005）、蒋琰（2009）、沈洪涛（2010）、罗琦（2015）等学者的思路，借助 MATLAB 软件迭代计算出上市公司的股权融资成本。12 期的 GLS 模型如下：

$$P_t = B_t + \sum_{i=1}^{3} \frac{Froe_{t+i} - r}{(1+r)^i} B_{t+i-1} + \sum_{i=4}^{11} \frac{Froe_{t+i} - r}{(1+r)^i} B_{t+i-1} + \frac{Froe_{t+12} - r}{r(1+r)^{11}} B_{t+11}$$

$$(4.1)$$

其中，B_t 和 P_t 分别为第 t 期的每股净资产和股价，第 $t+i$ 期预期的净资产收益率用 $Froe_{t+i}$ 表示，r 即为计算的股权融资成本。

考虑到时点价格容易受到各种因素的影响，选取第 t 期 12 月份股票的平均成交价作为股价 P_t。对于前 3 期的 $Froe_{t+i}$，考虑到我国分析师盈余预测数据不全，参照罗琦（2015）的做法，用实际的净资产收益率作为前 3 期的 $Froe_{t+i}$；第 12 期的 $Froe_{t+i}$ 用行业平均净资产收益率代替，第 4 期至第 11 期的 $Froe_{t+i}$ 则由第 3 期的净资产收益率利用插值法关于行业平均净资产收益率线性回归到行业平均净资产收益率计算得出。本节按照证监会 2012 年最新的行业分类标准对样本公司进行行业划分，行业平均净资产收益率用前 10 年的行业净资产收益率的平均值表示。对于 B_{t+i-1}，前 3 期直接用实际每股净资产表示；第 4 期至第 11 期的 B_{t+i-1} 通过 $B_{t+i} = B_{t+i-1} + (1-k) \times Froe_{t+i} \times B_{t+i-1}$ 迭代得出，其中 k 为股利支付率，对前 3 期的股利支付率取平均值得出。本节利用 MATLAB 软件编程，通过迭代计算出各参数后，计算出各公司各年度对应的潜在股权融资成本。

3. 控制变量

参考已有的文献（叶康涛，2004；曾颖和陆正飞，2006；李明毅，2008；蒋琰，2009；袁放建，2013；罗琦，2015），本节选取的控制变量有：β 系数（Beta）、公司规模（Asset）、账面市值比（BM）、财务杠杆（Lev）、盈利能力（Roa）、公司成长性（Growth）、股票流动性（Turn）、资产周转率（Tat）、年度虚拟变量（Td）；根据实证模型回归结果，股票流动性和资产周转率没有进入最终模型。各控制变量的定义和估算方法如下：

β 系数（Beta）：CAPM 模型认为股权融资成本主要受 β 系数影响。相同市场环境下，β 系数较大的股票的系统性风险更大，使得投资者要求更高的回报率。因此，本节预期 β 系数正向作用于股权融资成本。本节的 β 系数用样本公司当年的日对数收益率与市场指数日对数收益率间的协方差除以市场指数的日对数收益率的方差计算所得。对于市场指数，上海交易所的股票选择上证综指，深圳交易所的股票选用深证成指。

公司规模（Asset）：大公司的业务体系往往较成熟，其信息透明度相对较高，投资者通常对其了解更清楚，因而对其各方面较为确定。本节预期股权融资成本随着公司规模的扩大而减少。对年末总资产取自然对数作为公司规模变量。

账面市值比（BM）：一般来说，投资者对账面市值越大的公司要求的风险补偿越高，因为系统风险一般随着账面市值的升高而变大。本节预期账面市值比正向作用于股权融资成本。用年末的账面净资产与总市值相除得出。

财务杠杆（Lev）：MM 定理表明，负债率高的公司存在较高的财务风险，投资者要求更高的回报以弥补其承担的风险。本节预期财务杠杆正向作用于股权融资成本。用年末总资产负债率表示。

盈利能力（Roa）：一般来说，盈利能力强的公司的经营状况较好，投资者面临的投资风险相对较低。本节预期盈利能力负向作用于股权融资成本。由于计算股权融资成本时已使用 Roe 指标，因此本节的盈利能力用总资产收益率指标来衡量，用当年净利润除以年平均总资产得出。

公司成长性（Growth）：La Porta 等（1996）指出分析师一般会对成长性好（差）的公司过分乐观（悲观），导致其股价偏高（低），进而投资者要求的投资回报率更低（高）；同时，成长性好的公司大多在新兴行业，面临的不确定较大，投资者要求更高的收益率。故成长性影响股权成本的方向不确定。用当年营业收入的同比增速来衡量。

股票流动性（Turn）：一般而言，股票流动性越好，其交易成本越低，变现也越容易，投资者要求的回报率相应较低。本节预期流动性负向作用于股权融资成本。用上市公司年总换手率取自然对数后的值来衡量。

资产周转率（Tat）：资产周转率反映了企业的经营效率。通常情况下，资产周转率越大，公司的经营效率越高，代理问题较小，代理成本较低。本节预期资产周转率负向作用于股权融资成本。用总资产周转率，即当年营业总收入/年平均总资产来衡量。

年度虚拟变量（Td）：为了控制年度间其他因素的影响，对 2006 年至 2011 年的样本区间引入 5 个年度虚拟变量，上市公司 t 年的数据在 t 年的虚拟变量中取值为 1，其他取值为 0。

表 4 - 45　　　　　　　　　　各变量及其计算方法

类型	变量名	符号	计算方法
被解释变量	股权融资成本	r	上市公司股权融资成本，根据 GLS 模型计算得出
解释变量	分析师跟进	lnAF	ln（1 + 分析师跟进人数）
	明星分析师虚拟变量	Star	若 i 公司在第 t 年有被前一年的明星分析师跟进，$Star_{i,t}=1$，否则取 0
	第一大股东持股比例	FS	年末第一大股东持股比例
	第一大股东持股比例高低虚拟变量	FS_high	第一大股东持股比例小于中位数，则 FS_high = 0，否则取 1

类型	变量名	符号	计算方法
控制变量	β 系数	Beta	$Cov\ (R_j,\ R_m)\ /Var\ (R_m)$
	公司规模	Asset	ln（公司年末总资产）
	账面市值比	BM	年末净资产/年末总市值
	财务杠杆	Lev	年末总负债/年末总资产
	盈利能力	Roa	当年净利润/年平均总资产
	公司成长性	Growth	第 t 年营业收入/第 $t-1$ 年营业收入 -1
	股票流动性	Turn	ln（年总换手率）
	总资产周转率	Tat	当年营业总收入/年平均总资产
	年度虚拟变量	Td	按不同年度设置的虚拟变量

4.2.1.3 模型构建

本节以我国的分析师跟进为研究对象，研究我国分析师跟进是否能降低股权融资成本；在此基础上进一步研究明星分析师跟进、分析师跟进滞后项如何影响股权融资成本，股权集中度对股权融资成本对分析师跟进的敏感度的影响。为此，构建的四个计量模型如下：

$$r_{i,t} = a_0 + a_1 \ln AF_{i,t} + \alpha X_{i,t} + \sum_{j=1}^{5} a_{10,j} Td_{i,j} + u_i + \varepsilon_{i,t} \tag{4.2}$$

$$X_{i,t} = \{Beta_{i,t}, Asset_{i,t}, BM_{i,t}, Lev_{i,t}, Roa_{i,t}, Growth_{i,t}, Turn_{i,t}, Tat_{i,t}\}$$

$$r_{i,t} = b_0 + b_1 \ln AF_{i,t} + b_2 Star_{i,t} + b_3 \ln AF_{i,t} \times Star_{i,t} + \gamma X_{i,t} + \sum_{j=1}^{5} b_{10,j} Td_{i,j}$$
$$+ u_i + \varepsilon_{i,t} \tag{4.3}$$

$$X_{i,t} = \{Beta_{i,t}, Asset_{i,t}, BM_{i,t}, Lev_{i,t}, Roa_{i,t}, Growth_{i,t}\}$$

$$r_{i,t} = c_0 + c_1 \ln AF_{i,t} + c_2 \ln AF_{i,t-1} + \delta X_{i,t} + \sum_{j=1}^{5} a_{9,j} Td_{i,j} + u_i + \varepsilon_{i,t} \tag{4.4}$$

$$X_{i,t} = \{Beta_{i,t}, Asset_{i,t}, BM_{i,t}, Lev_{i,t}, Roa_{i,t}, Growth_{i,t}\}$$

$$r_{i,t} = d_0 + d_1 \ln AF_{i,t} + d_2 FS_{i,t} + d_3 \ln AF_{i,t} \times FS\_high_{i,t} + \lambda X_{i,t} + \sum_{j=1}^{5} d_{10,j} Td_{i,j}$$
$$+ u_i + \varepsilon_{i,t} \tag{4.5}$$

$$X_{i,t} = \{Beta_{i,t}, Asset_{i,t}, BM_{i,t}, Lev_{i,t}, Roa_{i,t}, Growth_{i,t}\}$$

其中，$r_{i,t}$ 是上市公司的股权融资成本，$\ln AF_{i,t}$ 是分析师跟进变量，$Star_{i,t}$ 是明星分析师虚拟变量，$FS_{i,t}$ 是第一大股东持股比例变量，$FS\_high_{i,t}$ 是第一大股东持股比例高低虚拟变量，$\varepsilon_{i,t}$ 是扰动项，μ_i 是未观测到的不随时间变化的个体变量，其他变量的定义和估算方法见表 4 – 45。

模型（4.2）用于检验假设 1，考察分析师跟进对股权融资成本的影响。若模型（4.2）中 $\ln AF_{i,t}$ 的回归系数 a_1 显著为负，则说明分析师跟进人数越多，上市公司的股权融资成本越低，假设 1 成立。

模型（4.3）用于检验假设 2，考察明星分析师跟进对上市公司股权融资成本的降低作用是否更大。交叉项 $\ln AF_{i,t} \times Star_{i,t}$ 考察对于不同声誉的分析师跟进样本，股权融资成本对分析师跟进的敏感度是否不同，或者分析师跟进对股权融资成本的边际降低作用是否不同。若模型（4.3）中 $\ln AF_{i,t}$ 的回归系数 b_1 仍然显著为负，$Star_{i,t}$ 的回归系数 b_2 显著为负，且交叉项 $\ln AF_{i,t} \times Star_{i,t}$ 的回归系数 b_3 显著为正，则说明相比非明星分析师，明星分析师跟进对上市公司股权融资成本的降低作用更大，假设 2 成立；且有明星分析师跟进时，股权融资成本对分析师跟进人数的变化更不敏感。

模型（4.4）用于检验假设 3，考察分析师跟进滞后项对上市公司股权融资成本的影响。若模型（4.4）中 $\ln AF_{i,t-1}$ 的回归系数 c_2 显著为负，则说明分析师跟进对上市公司的股权融资成本的影响存在滞后效应，当年的分析师跟进能降低上市公司下一年的股权融资成本，假设 3 成立。

模型（4.5）用于检验假设 4，考察股权集中度对股权融资成本的影响及股权集中度对股权融资成本对分析师跟进的敏感度的影响。交叉项 $\ln AF_{i,t} \times FS\_high_{i,t}$ 考察对于不同股权集中度的分析师跟进样本，股权融资成本对分析师跟进的敏感度是否不同，或者分析师跟进对股权融资成本的边际降低作用是否不同。若模型（4.5）中 $\ln AF_{i,t}$ 的回归系数 d_1 仍然显著为负，$FS_{i,t}$ 的回归系数 d_2 显著为正，且交叉项 $\ln AF_{i,t} \times FS\_high_{i,t}$ 的回归系数 d_3 显著为负，则说明股权集中度高的公司的股权成本较大，股权融资成本对高股权集中度的公司的分析师跟进人数的变化更敏感，假设 4 成立。

4.2.1.4　样本数据

本节以 2006—2011 年沪深 A 股上市公司为研究样本，创业板的推出时间较晚，考虑到样本数据的合理性，样本扣除了创业板公司。本节用国泰安数据库作为分析师跟进的初始数据来源，明星分析师的数据根据《新财富》公布的"最佳分析师"榜单手动加工整理得出，财务数据均来自同花顺 iFinD 数据库。本节选择 2006—2011 年为研究区间的原因在于：（1）《新财富》评选的前两年处在不断尝试以提高评选结果影响力的摸索阶段，因此选择《新财富》排名体系较为成熟，即 2005 年及以后的"新财富最佳分析师"数据为明星分析师数据，而 2005 年 11 月评选出的"最佳分析师"在研究中被视为判断 2006 年的分析师是否为明星分析师的标准；（2）本节采用的 GLS 模型来估算上市公司的股权融资成本，考虑到我国分析师盈余预测数据不全，参照罗琦（2015）的做法，用实际净资产收益率作为前三期的预期净资产收益率，计算 t 期的股权融资成本涉及 t 期、$t+1$ 期、$t+2$ 期和 $t+3$ 期的财务数据，而本节中所考察的上市公司年报数据仅覆盖至 2014 年。

在样本选取的过程中，本节进行如下几步数据删选：第一步，在计算股权成本时，剔除了金融公司、当年 IPO 的公司、每股净资产为负的公司、数据不全的公司、ST 和 *ST 类公司等，最终借助 MATLAB 软件迭代计算出 6559 个样本的股权融资成本；第二步，删除了 14 个缺失某些控制变量的样本；第三步，删除了公司成长性指标极其异常的 3 个样本。最终，得到 2006—2011 年共 6541 个样本。为消除极端值的影响，依据样本数据特征，对公司成长性变量、盈利能力变量和资产周转率变量进行 1% 和 99% 分位的缩尾处理；对计算出的股权融资成本按照 1% 分位进行缩尾，大于 0.2（分别为 0.2557、0.2473 和 0.2425）的 3 个股权融资成本缩至 0.1946（第四大的股权融资成本）。用到的数据处理软件有：MATLAB R2012b、Excel 2013 和 STATA 13.0。

4.2.2　描述性统计

4.2.2.1　分析师跟进人数

表 4 - 46 报告了 2006—2011 年样本公司中分析师跟进人数的分年度统计情况。分年度来看，本节的样本公司从 2006 年的 834 家增加到 2011 年的 1425 家，分析师跟进的公司数量相应地从 591 家增加到 1275 家，因而分析师覆盖率对应从 70.86% 向上提升到 89.47%；且 2008 年和 2009 年的增幅较大，2009 年分析师覆盖率达到 91.14% 的小高峰。同时，平均每家公司的分析师跟进人数也呈快速向上增长趋势，由 2006 年的平均 3.429 个分析师跟进快速上升到 2011 年的平均 8.245 个分析师跟进。由上述描述的分析师覆盖率和平均每家公司的分析师跟进人数两个维度的快速上升趋势可以看出，2006—2011 年我国卖方分析师行业得到快速向上发展。

表 4 - 46   分析师跟进人数分年度描述性统计

年份	样本量	分析师跟进公司数	分析师覆盖率	平均值	标准差	p25	中位数	p75	最大值
2006	834	591	70.86%	3.429	3.961	0	2	5	19
2007	902	628	69.62%	3.539	4.344	0	2	5	24
2008	1048	830	79.20%	7.034	8.124	1	4	11	38
2009	1117	1018	91.14%	8.332	8.303	2	6	12	48
2010	1215	1068	87.90%	8.604	8.321	2	6	13	48
2011	1425	1275	89.47%	8.245	8.181	2	5	13	43
总计	6541	5410	82.71%	6.870	7.664	1	4	10	48

从全样本来看，6541 个样本中有 5410 个样本是有分析师跟进的，即分析师覆盖率达 82.71%；分析师跟进人数从 0 分布到 48，说明各公司各年度的分析师跟进情况是有差异的；平均每个样本的分析师跟进人数为 6.870，说明样本公司平均而言受到较高的分析师关注。

4.2.2.2 股权融资成本

表 4 - 47 报告了 2006—2011 年样本公司中股权融资成本的分年度统计情况。从全样本来看，本节研究的样本公司在 2006—2011 年的股权融资成本在 0.47% 至 19.46% 之间，平均值是 4.66%，中位数是 4.20%，标准差为 0.0276，这些描述性统计数据与我国学者沈洪涛（2010）、罗琦（2015）等的研究相似。另外，样本的平均股权融资成本（4.66%）比同期的 3—5 年期中长期贷款基准利率低 1.87 个百分点[①]，表明与传统理论不符，我国上市公司股权融资成本低于债权融资成本。这可能与我国证券市场的特殊情况有关，上市公司不太注重对股东的回报，分红比例普遍较低，因而对上市公司来说，其 IPO 或再融资募集资金不用还本且付息很少，故其股权融资成本相对较低，这也部分解释了我国上市公司股权融资偏好的现象。

表 4 - 47   股权融资成本分年度描述性统计

年份	样本量	平均值	标准差	最小值	p25	中位数	p75	最大值
2006	834	0.0593	0.0324	0.0047	0.0349	0.0554	0.0784	0.1946
2007	902	0.0347	0.0204	0.0047	0.0185	0.0317	0.0477	0.1360

---

① 本节把 2006 年至 2011 年按照天数对各对应期间 3—5 年期中长期贷款基准利率进行加权平均，计算出该期间 3—5 年期中长期贷款的平均贷款利率为 6.53%。

年份	样本量	平均值	标准差	最小值	p25	中位数	p75	最大值
2008	1048	0.0644	0.0316	0.0047	0.0417	0.0627	0.0834	0.1946
2009	1117	0.0368	0.0186	0.0047	0.0226	0.0357	0.0486	0.1103
2010	1215	0.0357	0.0200	0.0047	0.0213	0.0328	0.0474	0.1473
2011	1425	0.0505	0.0256	0.0047	0.0315	0.0484	0.0648	0.1946
总计	6541	0.0466	0.0276	0.0047	0.0261	0.0420	0.0618	0.1946

分年度来看，上市公司的平均股权融资成本从 2006 年的 5.93% 下降到 2007 年的 3.47%，接着迅速回升至 2008 年的 6.44%，之后回落至 2009 年的 3.68%、2010 年的 3.57%，而后向上增加到 2011 年的 5.05%，这一走势与我国的资本市场环境或宏观经济环境有关。2006 年和 2007 年，由于 A 股市场泡沫，股票价格普遍大幅快速上涨，导致股权融资成本也对应快速降低；2008 年，受到国际金融危机的影响，A 股上市公司的业绩普遍下滑比较严重，股市泡沫破灭，导致股价大幅缩水，投资者情绪恶化，公司融资能力受到巨大的负面影响，因而 2008 年的股权融资成本骤升；在"四万亿"财政政策的刺激下，国内经济回暖带动 A 股反弹，平均股权融资成本回落至 2009 年 3.68% 和 2010 年的 3.57%；然而实体经济依然复苏乏力，股市疲软，继续下滑，上市公司平均股权融资成本逐渐回升至 2011 年的 5.05%。可见，上市公司的股权融资成本与宏观经济环境息息相关，故本节的面板回归模型中应控制年度固定效应以控制不同年度因素对股权融资成本的影响。

4.2.2.3 各变量的描述统计

各变量的描述统计情况见表 4–48。正如上文所述，股权融资成本分布在 0.47% 至 19.46% 之间，平均值是 4.66%，中位数是 4.20%，标准差为 0.0276，说明不同上市公司不同年度的股权融资成本差异较大。分析师跟进的代理变量的均值是 1.5745，中位数是 1.6094，方差为 1.0377。对于控制变量，β 系数的平均值为 1.0182，中位数为 1.0258，表明平均而言，样本公司和 A 股大盘的涨跌情况趋于相似；公司规模的代理变量值分布在 18.266 至 28.282 之间，表明样本公司规模差异明显；财务杠杆主要分布在 6.20% 至 83.86% 之间，与我国上市公司的资本结构特征基本相符；账面市值比的平均值为 0.4245，中位数为 0.3498；年总换手率变量的均值为 6.3535，中位数为 6.4219；平均总资产收益率为 5.70%，营业收入同比增长率均值为 21.80%，总资产周转率均值 0.8082。从表 4–48 报告的各主要变量的均值、标准差、各分位数、最大值、最小值等来看，本节的样本数据不存在明显的异常值或极端值。

表4-48　　　　　　　　主要变量的描述性统计情况

变量	平均值	标准差	min	p1	p25	中值	p75	p99	max
r	0.0466	0.0276	0.0047	0.0047	0.0261	0.0420	0.0618	0.1298	0.1946
lnAF	1.5745	1.0377	0.0000	0.0000	0.6931	1.6094	2.3979	3.4965	3.8918
Beta	1.0182	0.2254	-0.1809	0.4336	0.8824	1.0258	1.1577	1.5821	1.8410
Asset	21.894	1.218	18.266	19.749	21.035	21.714	22.581	25.648	28.282
BM	0.4245	0.2786	0.0010	0.0701	0.2239	0.3498	0.5587	1.3311	2.6699
Lev	0.4786	0.1872	0.0071	0.0620	0.3438	0.4923	0.6222	0.8368	0.9670
Roa	0.0570	0.0500	-0.0548	-0.0548	0.0236	0.0467	0.0792	0.2411	0.2411
Growth	0.2180	0.3397	-0.4682	-0.4682	0.0373	0.1667	0.3321	1.8776	1.8949
Turn	6.3535	0.6802	1.2368	4.3920	5.9565	6.4219	6.8439	7.5905	8.0150
Tat	0.8082	0.5602	0.1015	0.1015	0.4324	0.6714	1.0087	3.1336	3.1336

4.2.2.4　各变量的 Pearson 相关系数分析

为了检验本节的回归模型是否存在多重共线性问题及初步判断各变量对股权融资成本的影响方向，本节对主要变量作了 Pearson 相关系数分析，结果如表4-49所示。可以看出，分析师跟进变量与控制变量之间的相关系数最大值为0.4780，多重共线性检验得出各变量的方差膨胀因子 VIF 分布在 1.08 与 2.27之间，都小于10，因此本节的回归模型不存在严重的多重共线性问题。从表4-49中第二列的相关系数可知，股权融资成本与分析师跟进变量、公司规模、总资产收益率、营业收入同比增长率、股票流动性显著负向相关，而与市场风险、账面市值比显著正向相关，与财务杠杆、总资产周转率正向相关但是未通过显著性检验。除了总资产周转率外，其他变量对股权融资成本的影响方向与前文的理论预期相符。上市公司股权融资成本与分析师跟进变量的相关系数为-0.0011，在5%的水平上通过显著性检验，说明分析师的跟进有助于降低上市公司的股权融资成本；但由于 Pearson 相关系数仅是对两个变量进行简单单变量线性回归，既没有考虑数据特征及其实际适用的方法，也没有考虑其他变量的影响，因此简单的相关性分析得出的 Pearson 相关系数可能是不稳健的，需更进一步的实证研究加以检验。

表 4 – 49　　　　　　　　　　主要变量的 **Pearson** 相关系数分析

	r	lnAF	Beta	Asset	BM	Lev	Roa	Growth	Turn
lnAF	-0.0011^B	1							
Beta	0.0495^C	-0.0315^B	1						
Asset	-0.0768^C	0.4780^C	0.1662^C	1					
BM	0.4147^C	-0.0818^C	0.1880^C	0.3467^C	1				
Lev	0.0033	-0.0082	0.1188^C	0.4212^C	0.1050^C	1			
Roa	-0.0323^C	0.4089^C	-0.1635^C	0.0171	-0.3124^C	-0.3817^C	1		
Growth	-0.0521^C	0.1045^C	-0.0759^C	0.0733^C	-0.0958^C	0.0990^C	0.2374^C	1	
Turn	-0.2173^C	-0.3021^C	0.1447^C	-0.3849^C	-0.3117^C	-0.0405^C	-0.1432^C	-0.0072	1
Tat	0.0131	0.0899^C	-0.0642^C	0.0331^C	-0.0865^C	0.1304^C	0.1370^C	0.1227^C	-0.0529^C

注：B 和 C 分别表示在 5% 和 1% 水平上显著。

4.2.3　实证分析

本节根据模型（4.2）对分析师跟进和股权融资成本的关系进行实证检验。本节的样本数据由很多上市公司六年间的非平衡面板数据组成，为了控制不同上市公司间存在的无法观测的个体差异性因素（如公司文化、公司所处地域等）的影响，本节采用基于不随时间变化的不可观测量 μ_i 与解释变量和控制变量相关与否的两种不同假设的方法对模型进行估计。第一种是固定效应估计方法，即考虑了 μ_i 与解释变量和控制变量的相关性，将组内数据先减去组内均值以消除 μ_i 的影响后再进行 OLS 估计；第二种为随机效应估计方法，假设它们之间不相关，直接用广义最小二乘法（GLS）估计。再参照豪斯曼检测结果判断哪种方法更适合。

表 4 – 50 中，模型 1 与模型 2 用随机效应估计，模型 3 与模型 4 用固定效应估计。两种估计方法下，分析师跟进变量的系数都在 1% 水平上显著为负；公司规模、账面市值比、资产负债率、总资产收益率和营业收入同比增长率的回归系数方向和显著性一样，且与理论预期相符；β 系数、股价流动性和总资产周转率的方向和显著性不同。通过对模型 2 与模型 4 的豪斯曼检测发现，大于 chi2 的概率为 0，应拒绝两种模型的回归系数没有系统性差异的原假设，随机效应不如固定效应。同时，模型 4 的回归结果中，$\mu_i = 0$ 原假设的 F 值为 10.10，大于 F 的概率为 0，表明存在明显的固定效应。因此，本节的实证研究应用固定效应估计方法。为了结论的稳健性，采用聚类稳健调整后的标准差来进行统计检验。故下文的分析主要根据用聚类稳健标准差的固定效应方法估计

的结果进行解释。

表 4－50　　　　　　　　　　股权融资成本与分析师跟进的实证结果

变量	预测方向	模型 1	模型 2	模型 3	模型 4	模型 5	模型 6	模型 7
		随机效应	随机效应	固定效应	固定效应	固定效应（稳健）	固定效应（稳健）	固定效应（稳健）
lnAF	－	−0.0036 ***	−0.0008 **	−0.0065 ***	−0.0024 ***	−0.0065 ***	−0.0024 ***	−0.0024 ***
		（−10.37）	（−2.30）	（−15.52）	（−6.1）	（−12.53）	（−5.34）	（−5.36）
Beta	＋		−0.0003		0.0005		0.0005	0.0008
			（−0.24）		（0.37）		（0.30）	（0.52）
Asset	－		−0.0027 ***		−0.0070 ***		−0.0070 ***	−0.0069 ***
			（−5.95）		（−9.89）		（−6.40）	（−6.52）
BM	＋		0.0380 ***		0.0419 ***		0.0419 ***	0.0418 ***
			（29.37）		（31.26）		（17.46）	（17.95）
Lev	＋		0.0043 *		0.0143 ***		0.0143 ***	0.0141 ***
			（1.90）		（5.19）		（3.97）	（3.93）
Roa			−0.0497 ***		−0.0732 ***		−0.0732 ***	−0.0744 ***
			（−7.56）		（−10.57）		（−7.27）	（−7.96）
Growth	？		−0.0017 ***		−0.0012 *		−0.0012 **	−0.0013 **
			（−2.66）		（−1.94）		（−1.96）	（−2.18）
Turn	－		−0.0013 ***		0.0003		0.0003	
			（−2.67）		（0.64）		（0.55）	
Tat	－		0.0004		−0.0006		−0.0006	
			（0.52）		（−0.53）		（−0.36）	
常数项		0.0622 ***	0.1078 ***	0.0670 ***	0.1854 ***	0.0670 ***	0.1854 ***	0.1859 ***
		（74.14）	（10.81）	（93.38）	（12.47）	（67.32）	（8.16）	（8.55）
年度虚拟变量		是	是	是	是	是	是	是
R_sq（组内）		0.4360	0.5597	0.4413	0.5712	0.4413	0.5712	0.5712
F/Wald		3684.60	5858.08	655.69	473.21	674.72	293.11	338.75

注：①*、** 和 *** 分别表示在 10%、5% 和 1% 水平上显著；②随机效应模型报告 Wald 值，固定效应模型报告 F 值；③模型 5、模型 6 和模型 7 报告的 t 值与显著性结果是采用聚类稳健的标准来修正异方差问题后进行统计推断的结果，下文的稳健标准差均指按聚类稳健标准差方法估算的标准差。

模型 5 报告了分析师跟进变量的单变量固定效应稳健回归结果。分析师跟进变量的系数为 −0.0065，在 1% 水平上显著小于 0。与无分析师跟进的公司相比，有 4 个（分析师跟进人数的中位数）分析师跟进的上市公司的股权融资成本平均低 1.05%，有 10 个（分析师跟进人数的 P75 分位数）分析师跟进的上市公司的股权融资成本平均低 1.56%①。

　　模型 6 报告了多变量固定效应稳健回归结果。与模型 5 相比，模型 6 中分析师跟进变量回归系数的绝对值更小，但是依然在 1% 水平上显著小于 0。与无分析师跟进的公司相比，有 4 个（分析师跟进人数的中位数）分析师跟进的上市公司的股权融资成本平均低 0.39%，有 10 个（分析师跟进人数的 P75 分位数）分析师跟进的上市公司的股权融资成本平均低 0.58%②。从控制变量来看，公司规模、账面市值比、总资产负债率和总资产收益率的回归系数方向均显著与前文的理论预期一致，即控制其他变量的情况下，那些公司规模更大、账面市值比更小、财务杠杆更低和盈利能力更好的公司的股权融资成本更低；营业收入同比增长率回归系数为 -0.0012，在 5% 水平上通过显著小于 0，表明公司成长性好的公司的股权融资成本较低，这可能是因为分析师和投资者一般会对成长性好（差）的公司过分乐观（悲观），导致其股价偏高（低），进而投资者要求的收益率更低（高）；β 系数和总资产周转率的回归系数方向与预期相符但不显著；股票流动性的回归系数方向与预期相反，但同样也不显著。由于股票流动性和总资产周转率非常不显著，去掉这两个变量后对模型重新估计，得到的回归结果如模型 7。模型 7 中 R_sq 没有变小，其他变量的回归系数方向和显著性不变，回归系数大小变化也不大，因此模型 7 的效果不比模型 6 差。为了控制较为合理的控制变量数，选择模型 7 的控制变量为最终控制变量，即删除了股票流动性和总资产周转率。

　　根据模型 5 和模型 7 的实证结果，与无分析师跟进的公司相比，有 4（10）个分析师跟进的上市公司的股权融资成本平均低 0.39% 到 1.05%（0.58% 到1.56%）；说明我国 A 股卖方分析师能发挥信息中介或外部监督者的角色，促进信息传递效率的提升，提高公共信息准确性；或无形中对管理者形成监督以降低代理成本；进而使股权融资成本得以下降。故本节的第 1 个假设得到证实，股权融资成本与分析师跟进人数负相关。这与国内学者朱红军（2007）、薛冠甲（2008）、肖斌卿（2010）、潘越（2011）和李春涛（2014）等从不同角度研究分析师的市场效率作用得出的结论一致。

---

　　①　1.05% 和 1.56% 分别由单变量固定效应回归模型中分析师跟进变量回归系数 -0.0065 与 ln（1+4）和 ln（1+10）相乘得出。

　　②　0.39% 和 0.58% 分别由多变量固定效应回归模型中分析师跟进变量回归系数 -0.0024 与 ln（1+4）和 ln（1+10）相乘得出。

4.2.4 稳健性检验

4.2.4.1 控制信息环境的影响

前文关于分析师跟进行为的研究提到，分析师可能倾向于跟进信息不对称较低的公司。由此，上市公司已有的信息环境既会影响分析师跟进，也会影响股权融资成本，可能存在内生性问题。因此本部分在控制信息环境后检验前文的实证结果是否稳健。

较低的信息不对称意味着投资者间更低的估值分歧或投资者更高的投资兴趣。根据 Bushan（1989）分析师跟进行为的分析框架，分析师倾向于跟进投资者估值分歧更大的公司，因为投资者对分析师的需求更大，分析师跟进这类公司获得的收益更高，即较低的投资者估值分歧（也即较低的信息不对称）会降低分析师跟进。故投资者间更低的估值分歧这一维度不会影响前文实证结果的稳健性。而更高的投资者兴趣无疑折射出对分析师的需求更大，因而会增加分析师跟进，这一维度会影响前文实证结果的稳健性。模型（4.2）的控制变量中如公司规模、账面市值比和总资产收益率等也代表了投资者兴趣，参考 Bowen 等（2008）的处理方法，本节选择机构投资者持股比例（Inst）作为投资者兴趣（信息环境）的代理变量，机构持股比例高表征投资者兴趣高，即信息不对称较低。机构持股比例，用年初和年末机构持股比例的平均值表示，数据来自同花顺 iFinD 数据库。由于有 173 个样本缺失机构持股比例的数据，因此本部分稳健性检验的样本量缩减至 6368 个。机构持股比例主要分布在 0.29% 至 85.32% 之间，平均值是 32.57%，中位数是 29.30%，标准差是 0.2231，与实际情况相符。

表 4－51 的模型 1 和模型 2 报告了在略微小一点的样本下前文模型的实证结果。可以看出，各回归系数的数值与显著水平几乎与表 4－50 的模型 5 和模型 7 相同。模型 3 和模型 4 为在模型 1 和模型 2 基础上分别加入机构持股比例变量的实证结果。在两个模型中，作为投资者兴趣（信息环境）的代理变量，机构持股比例的系数明显小于 0，表明机构持股比例增加会促进股权融资成本下降；分析师跟进变量的回归系数分别为 －0.0056 和 －0.0018，其绝对值均小于模型 1 和模型 2 的 －0.0066 和 －0.0023 的绝对值，但依然在 1% 的水平上显著小于 0。说明在控制机构持股比例后，分析师跟进仍能减少股权成本，但是增加单位分析师跟进降低股权融资成本的作用略微下降。

表 4 – 51　稳健性检验：控制信息环境后股权融资成本与分析师跟进的实证结果

变量	模型 1	模型 2	模型 3	模型 4	模型 5	模型 6	模型 7
	固定效应（稳健）	固定效应（稳健）	固定效应（稳健）	固定效应（稳健）	固定效应（稳健）	固定效应（稳健）	固定效应（稳健）
lnAF	− 0.0066 *** (− 12.30)	− 0.0023 *** (− 5.07)	− 0.0056 *** (− 10.54)	− 0.0018 *** (− 3.92)	− 0.0064 *** (− 12.15)	− 0.0022 *** (− 4.92)	− 0.0017 *** (− 3.80)
Inst			− 0.0200 *** (− 8.24)	− 0.0111 *** (− 5.54)			− 0.0109 *** (− 5.46)
Index					− 0.0048 *** (− 3.44)	− 0.0031 *** (− 2.71)	− 0.0029 *** (− 2.53)
Beta		0.0010 (0.65)		0.0003 (0.23)		0.0012 (0.80)	0.0006 (0.38)
Asset		− 0.0077 *** (− 7.24)		− 0.0078 *** (− 7.30)		− 0.0073 *** (− 6.81)	− 0.0074 *** (− 6.89)
BM		0.0425 *** (17.86)		0.0416 *** (17.63)		0.0423 *** (17.87)	0.0414 *** (17.65)
Lev		0.0153 *** (4.21)		0.0157 *** (4.32)		0.0142 *** (3.97)	0.0147 *** (4.10)
Roa		− 0.0740 *** (− 7.67)		− 0.0705 *** (− 7.30)		− 0.0743 *** (− 7.74)	− 0.0709 *** (− 7.36)
Growth		− 0.0015 ** (− 2.41)		− 0.0015 ** (− 2.41)		− 0.0016 *** (− 2.63)	− 0.0016 *** (− 2.61)
常数项	0.0672 *** (65.69)	0.2007 *** (9.21)	0.0689 *** (65.79)	0.2045 *** (9.34)	0.0682 *** (61.22)	0.1934 *** (8.80)	0.1976 *** (8.95)
年度虚拟变量	是	是	是	是	是	是	是
R_sq（组内）	0.4364	0.5715	0.4492	0.5753	0.4389	0.5725	0.5762
F/Wald	644.53	327.59	561.91	305.69	552.32	304.72	285.87

注：①* 、** 和 *** 分别表示在 10% 、5% 和 1% 水平上显著；②随机效应模型报告 Wald 值，固定效应模型报告 F 值。

本节还参考 Yu（2008）和李春涛（2014）等的方法，选取沪深 300 指数成分股（H&S300）虚拟变量（Index）作为信息环境的代理变量。沪深 300 指数主要选取市值和交易量较大的公司，即沪深 300 指数成分股有公司规模较大和流动性较好的特征，一般而言，其信息不对称相对较低。如果上市公司当年末是沪深 300 指数成分股，则令 Index =1，否则为 0。模型 5 和模型 6 为在模型 1 和模型 2 基础上分别加入沪深 300 指数成分股虚拟变量（Index）的实证结果。两个模型中，虚拟变量 Index 的回归系数都显著小于 0，分析师跟进变量的回归系数在 1% 的水平上仍显著小于 0；说明在控制其他因素影响后，沪深 300 指数成分股的股权融资成本较低，分析师跟进降低股权融资成本的结论依然成立。

模型 7 是在模型 2 基础上同时加入机构持股比例变量和虚拟变量 Index 后的回归结果。模型 7 中，机构持股比例和虚拟变量 Index 的回归系数均显著为负，说明信息不对称较低的公司的股权融资成本也较低；分析师跟进变量的回归系数为 -0.0017，其绝对值小于模型 2 的 -0.0023 的绝对值，依然在 1% 的水平上显著小于 0；各控制变量系数的数值和显著水平几乎与表 4-50 的模型 7 相同。因此，在控制信息环境的代理变量——机构投资者持股比例和沪深 300 指数成分股虚拟变量后，分析师跟进人数的增加依旧能促进股权融资成本的减少，但是增加单位分析师跟进降低股权融资成本的效果略微下降。综上分析，前文的实证结果是稳健的。

4.2.4.2 替换分析师跟进的代理变量

分析师通过发布研究报告向投资者传递其研究成果，因此分析师发布的研究报告数量也可以刻画分析师对上市公司的跟进情况。本部分将选取上市公司当年被分析师发布的盈余预测报告数作为当年的分析师跟进变量进行稳健性检验，并对其加 1 后取自然对数，即分析师跟进的代理变量二（$\ln AF2_{i,t}$）= $\ln(1 + report_{i,t})$，其中，$report_{i,t}$ 为 i 公司在第 t 年内被分析师出具的盈余预测报告数。$\ln AF2_{i,t}$ 越大，表明在第 t 年，跟进 i 公司的分析师人数越多。盈余预测的报告数据来自国泰安数据库，平均每家公司的分析师盈余预测报告数为 13.06 篇，中位数为 6 篇，分析师跟进的代理变量二（$\ln AF2$）的平均数为 1.8925，中位数为 1.9459，标准差为 1.2892。回归结果如表 4-52 所示。

表 4 – 52 稳健性检验：替换分析师跟进变量后股权融资成本与分析师跟进的实证结果

变量	预测方向	模型 1	模型 2	模型 3	模型 4	模型 5	模型 6	模型 7
		随机效应	随机效应	固定效应	固定效应	固定效应（稳健）	固定效应（稳健）	固定效应（稳健）
lnAF2	−	−0.0029 ***	−0.0007 **	−0.0052 ***	−0.0019 ***	−0.0052 ***	−0.0019 ***	−0.0019 ***
		（−10.68）	（−2.34）	（−15.88）	（−6.15）	（−12.70）	（−5.31）	（−5.32）
Beta	+		−0.0004		0.0002		0.0002	0.0006
			（−0.31）		（0.19）		（0.15）	（0.38）
Asset	−		−0.0027 ***		−0.0070 ***		−0.0070 ***	−0.0069 ***
			（−5.97）		（−9.92）		（−6.43）	（−6.54）
BM	+		0.0380 ***		0.0419 ***		0.0419 ***	0.0418 ***
			（29.37）		（31.25）		（17.43）	（17.92）
Lev	+		0.0043 *		0.0143 ***		0.0143 ***	0.0140 ***
			（1.91）		（5.18）		（3.95）	（3.90）
Roa	−		−0.0495 ***		−0.0726 ***		−0.0726 ***	−0.0740 ***
			（−7.51）		（−10.46）		（−7.22）	（−7.94）
Growth	?		−0.0017 ***		−0.0012 *		−0.0012 *	−0.0013 **
			（−2.64）		（−1.87）		（−1.90）	（−2.12）
Turn	−		−0.0013 ***		0.0004		0.0004	
			（−2.65）		（0.71）		（0.61）	
Tat	−		0.0004		−0.0006		−0.0006	
			（0.51）		（−0.60）		（−0.40）	
常数项		0.0620 ***	0.1077 ***	0.0665 ***	0.1855 ***	0.0665 ***	0.1855 ***	0.1861 ***
		（75.06）	（10.81）	（96.19）	（12.49）	（68.95）	（8.18）	（8.57）
年度虚拟变量		是	是	是	是	是	是	是
R_sq（组内）		0.4372	0.5597	0.4425	0.5713	0.4425	0.5713	0.5712
F/Wald		3695.85	5858.58	658.88	473.31	676.25	292.84	338.46

注：①*、**和***分别表示在 10%、5% 和 1% 水平上显著；②随机效应模型报告 Wald 值，固定效应模型报告 F 值。

表 4 – 52，对模型 2 和模型 4 的豪斯曼检测发现，大于 chi2 的概率为 0，模型 4 的回归结果中，$\mu_i = 0$ 原假设的 F 值为 10.10，大于 F 的概率为 0，表明仍应用固定效应估计。模型 1 至模型 7 各变量系数的数值与显著水平和表 4 – 50 的没有实质性差异；各模型中，lnAF2 的回归系数依然在 1% 水平上显著小于 0，说明分析师跟进依然能促进股权融资成本的降低；且 lnAF2 的回归系数的绝对值都略小于表 4 – 50 对应模型 lnAF 回归系数的绝对值，这是因为跟进某公司的分析师在同一年内可能对该公司发布大于或等于 1 篇的盈余预测报告，因而增

加 1 单位分析师跟进人数变量（lnAF）对股权融资成本的降低作用大于增加 1 单位分析师发布的盈余预测报告数变量（lnAF2）的作用。综上，以分析师发布的盈余预测报告数作为分析师跟进代理变量，股权融资成本与分析师跟进的负相关关系依然显著成立，因此前文的实证结果是稳健的。

4.3 证券分析师荐股行为对市场信息透明度的影响效应分析

4.3.1 研究假设

从国内外相关文献来看，最早研究分析师外部监管作用的可追溯到 Jensen 等（1976），其研究表明分析师所具有的专业能力使其在监管方面具有比较优势，其关注具有公司治理效应。Healy 等（2001）发现分析师不仅承担着对上市公司信息进行收集、加工、解读和传递的任务，而且在完善公司治理结构、保护外部投资者利益和资源配置方面发挥着重要作用。Bushman 等（2001）发现以证券分析师为代表的信息中介能够改善企业的信息环境，降低企业信息不对称程度。Lang 等（2004）的研究显示证券分析师通过收集公司的内外部信息，评价公司的生存能力和投资潜力，对公司管理层的行为发挥潜在、重要的监督作用。Yu（2008）发现证券分析师关注的人数越多，对上市公司的监督作用就越强，越能有效遏制管理层的盈余管理行为。Arya 和 Mittendorf（2007）的研究发现分析师对企业信息的解读与加工并对企业的股票进行评级与预测，能够增加股价的信息含量，提高企业信息的透明度，持续的分析师关注能够促进企业进行充分的信息披露。Knyazeva（2007）的研究表明相比其他投资者，分析师能够发现管理层的欺诈行为，可以显著降低企业的应计盈余管理，是上市公司重要的外部治理机制。Degeorge 等（2013）发现在金融发达的国家，分析师对盈余管理的监督作用更强。Roychowdhury（2006）和 Cohen 等（2008）等对真实盈余管理的研究，使盈余管理的研究视野从可操控应计项目拓展到真实盈余管理。另外，国内相关研究认为以证券分析师为代表的信息中介能够改善企业的信息环境，降低企业信息不对称程度（张纯等，2009；徐欣等，2010）。于忠泊等（2011）研究发现，在分析师数量较多、机构投资者持股比例较高的情况下，媒体关注的监督作用更强，在这种情况下，公司进行盈余管理的成本更高。分析师由于其自身的财务和行业素养及职责所在，通过对上市公司信息的收集、整理和解读，一定程度上缓解了经理人与股东之间的信息不对称性（方军雄，2007），这种信息中介的职能，也使得分析师具有一定的监督职能（潘越等，2011）。李春涛等（2014）利用中国上市公司数据，发现分析师可以有效约束声誉较高的企业经理人的盈余管理行为。曹胜和朱红军（2011）、许年行等（2012）都发现，分析师发布的报告能显著影响投资者的交易决策，并由此导致公司股价大幅波动。袁振超和张路（2013）的研究发现，分析师现金流预测提高了应计项目的透明度，抑制了管理层操纵应计项目的盈余管理，进而提高了应计质量。谢震、熊金武（2014）认为，分析师关注对公司盈余管理的影响主要通过配合机制实现。

虽然国内学者已对分析师监管相关问题给予关注，然而鲜有关注分析师研究成果对提升市场信息透明度的文献。上市公司出于信息优势会对盈余进行管理，而投资者由于信息透明度不足会被上市公司盈余管理行为所蒙蔽。证券分析师作为专业人士，更能识别企业的盈余管理行为（无论是应计制盈余管理还是真实盈余管理），其对上市公司业绩的看法会作为研究成果如研报等发布，从而处于信息劣势的投资者也能获知公司进行盈余管理的信息。因此，证券分析师作为外部监督者会减弱上市公司进行盈余管理（无论是应计制盈余管理还是真实盈余管理）的动机。因此，我们提出如下假设。

假设 1：分析师关注与上市公司应计制盈余管理负相关，与真实盈余管理也负相关。

上市公司的真实盈余管理行为对公司价值的损害可能更大，只有当分析师能够同时约束经理人两种盈余管理时，我们才能肯定分析师充当外部监督的治理作用。分析师关注对公司盈余管理行为的影响分为几个方面。对于经理人来说，随着关注公司财务报告的分析师数量的增加，盈余操纵被发现的概率也越大，这会抑制经理人的盈余操纵动机。但由于分析师作为专业研究人员，他们给出的评级调整对于市场的影响力大，评级上调时相应的经理人所面临的压力也就越大，且真实盈余管理具有较高的隐蔽性，从而分析师关注对经理人的真实盈余操纵抑制程度降低。所以本节提出如下假设：

假设 2：分析师进行评级上调会导致公司的真实盈余管理水平与分析师关注负相关程度减弱。

投资评级是一些评级机构或研究员等相关机构和个人对投资品种的风险和潜力进行评估，从而给出的参考标准。分析师对上市公司作出首次评级时往往对上市公司的研究更为细致，因此对投资者的价值更大，从而对于市场的影响力更大，相应的分析师的关注对于公司的盈余管理的抑制程度更高，所以本节提出如下假设：

假设 3：被分析师首次评级的上市公司，其应计盈余管理和真实盈余管理水平与分析师关注负相关程度较大。

在美国《机构投资者》杂志率先提出"最佳分析师"评选之后，自 2003

年开始，我国《新财富》杂志借鉴其做法，每年由机构投资者投票评选出我国的"最佳分析师"。在我国，"最佳分析师"的影响力逐年增大，不但受到各大券商、机构投资者的青睐，也引起了广大普通投资者的广泛关注。明星分析师对上市公司的关注往往对市场的影响力也大，相应的分析师的关注对于公司的盈余管理的抑制程度更高，所以本节提出如下假设：

假设4：被明星分析师关注的上市公司，其应计盈余管理和真实盈余管理水平与分析师关注负相关程度较大。

4.3.2 变量选择与描述性统计

4.3.2.1 分析师关注度的变量选择

本节借鉴 Yu（2008）的方法，将分析师关注度定义为实际发布盈利预测报告的机构数目（Broker）。比如，2016 年共有 27 家券商的分析师发布了 49 份关于比亚迪的盈利预测或投资评级报告，不管涉及多少个分析师，我们认为 2016 年有 27 个分析师关注了比亚迪。

4.3.2.2 应计制盈余管理规模的测度指标

正常情况下，企业利润的应计部分与销售量、固定资产和应收账款之间存在一个稳定的线性关系（Jones，1991）。这种稳定的线性关系也存在于同一个行业的企业中，可以利用同一个行业中多个企业的数据，来拟合这一线性关系（Dechow 等，1998）。我们按照证监会的行业分类，将样本公司分成 12 个行业，在删除金融、保险业后，对每一个行业和会计年度，估计如下的回归模型：

$$\frac{TA_{it}}{A_{i,t-1}} = \alpha_1 \frac{1}{A_{i,t-1}} + \alpha_2 \frac{\Delta REV_{it} - \Delta REC_{it}}{A_{i,t-1}} + \alpha_3 \frac{PPE_{i,t}}{A_{i,t-1}} + \varepsilon_t \quad (4.6)$$

其中，TA_{it} 是公司 i 第 t 年的总应计项目，即 $TA_{it} = N_{it} - CFO_{it}$。$N_{it}$ 是公司第 t 年的净利润，CFO_{it} 是公司第 t 年的经营现金流量；$A_{i,t-1}$ 是公司 i 在第 $t-1$ 年年末的总资产；ΔREV_{it} 是营业收入的增量；ΔREC_{it} 是应收账款的增量；$PPE_{i,t}$ 是年末的固定资产。对每一个行业和会计年度，估计模型（4.6），将残差的估计值定义为公司 i 在 t 年可操控应计项目 $DA_{i,t}$，$DA_{i,t} > 0$ 表示进行了增加利润的盈余管理，反之则表示企业进行了减少利润的盈余管理。因为本节关心的是盈余管理的总量而非方向，所以对 $DA_{i,t}$ 取绝对值，用 $|DA_{i,t}|$ 作为应计盈余管理规模的测度指标。

4.3.2.3 真实盈余管理规模的测度指标

我们沿用 Roychowdhury（2006）的研究，用经营活动的异常现金流（CFO-EM）、异常费用（DISXEM）和异常产品成本（PRODEM）三个指标以及利用这三个指标构造的复合指标（RM）来测度真实盈余管理的程度，计量方法如下：

异常现金流：根据 Dechow 等（1998）的现金流量模型，在相同的行业和年份中，经营活动的现金流与销售额之间存在稳定的线性关系。因此，可以用线性模型拟合现金流量与销售额之间的关系。模型中的被解释变量是主营业务现金流 CFO_t，解释变量是企业年度销售量 S_t 和其增量 ΔS_t，各变量除以上年末的总资产以弱化异方差的影响。

$$\frac{CFO_t}{A_{i,t-1}} = \beta_1 \frac{1}{A_{i,t-1}} + \beta_2 \frac{S_t}{A_{i,t-1}} + \beta_3 \frac{\Delta S_t}{A_{i,t-1}} + \varepsilon_t \qquad (4.7)$$

模型（4.7）的残差项即为公司实际的现金流与合理现金流之差，被定义为异常现金流（$CFOEM_t$）。当企业进行打折促销或降低赊销门槛时，企业的盈利水平上升，但是现金流并没有同步上升，真实现金流低于预期的正常现金流，模型（4.7）的残差项为负，即异常现金流是真实盈余管理的一个反向指标。

异常产品成本：制造业企业的经理人会通过提高产量的办法来降低单产成本。在固定成本不变的情况下，提高产量可以摊薄单位产品的固定成本和降低销货成本，进而增加利润。这样做的直接后果是总生产成本和存货的上升，显著高于维持其销售量的合理成本。本节按 Roychowhury（2006）的思路，通过模型（4.8）估计公司的正常生产成本：

$$\frac{\Delta PROD_t}{A_{i,t-1}} = \beta_1 \frac{1}{A_{i,t-1}} + \beta_2 \frac{S_t}{A_{i,t-1}} + \beta_3 \frac{\Delta S_t}{A_{i,t-1}} + \beta_4 \frac{\Delta S_{t-1}}{A_{i,t-1}} + \varepsilon_t \qquad (4.8)$$

我们对同一行业和年份的样本分别估计模型（4.8），其残差项即为异常产品成本（$PRODEM_t$），$PRODEM_t$ 越大，表明企业的生产成本超出合理水平越多，所以异常成本是真实盈余管理的一个正向指标。

异常费用：我们用销售费用和管理费用的和作为可酌情处置费用 $DISX_t$ 的测度，再减去正常的费用支出即得到异常费用支出。参照 Roychowhury（2006）的方法，在相同行业和相同年份内对模型（4.9）进行回归，其残差项即异常费用（$DISXEM$）。与异常现金流一致，该指标也是真实盈余管理的一个反向指标。

$$\frac{DISX_t}{A_{i,t-1}} = \beta_1 \frac{1}{A_{i,t-1}} + \beta_2 \frac{S_{t-1}}{A_{i,t-1}} + \varepsilon_t \qquad (4.9)$$

由于三个指标不仅调整方向不同，而且三者之间还会通过影响现金流相互影响，所以我们参照前人（Zang，2011）的方法，将三个真实盈余管理指标合成为一个真实盈余管理总和 RM_t，合成方式如下：

$$RM_t = PRODEM_t - CFOEM_t - DISXEM_t \qquad (4.10)$$

我们将这些指标作为真实盈余管理的测度，通过回归模型来检验分析师对真实盈余管理行为的影响程度和影响方向。

4.3.2.4 控制变量

为了准确考察分析师对于盈余管理的影响，我们控制了其他的公司治理机制——四大会计师事务所（Big4），如果上市公司聘请了国际四大会计师事务所或其合资所作为外审单位则 Big4 取值为 1，否则 Big4 为 0；我们还控制了如下影响盈余管理的企业特征，包括：（1）企业规模（SIZE）；（2）资产负债率（L）；（3）盈利能力（ROA）；（4）是否民营企业（Private）；（5）成长能力（GROWTH）；（6）外部融资活动（EFA）；（7）市值与账面价值比（MTB）；（8）行业（Ind）等。

本节以 2012 年至 2016 年中国沪深两市 A 股上市公司为研究对象，在研究过程中按照如下原则对样本公司进行了剔除：（1）由于会计制度、经营风险与环境的较大差异，我们剔除了金融、保险行业上市公司的观测值；（2）剔除了 ST、PT 和退市的样本观测值；（3）剔除了存在财务数据缺失的上市公司观测值。最终得到 11202 个观测值。其中首次评级的样本 6668 个，非首次评级的样本 4534 个；被明星分析师关注的样本 7494 个，未被明星分析师关注的样本 3708 个。其中对于评级调整的样本，剔除了分析师姓名、标准化评级及报告公布日缺失样本，还剔除了首次评级、维持原有评级水平不变、分析师评级调整周期超过 360 天的样本和同一股票评级调整间隔在一周（7 天）以内的记录，最后得到 2125 个评级上调的观测值和 1421 个评级下调的观测值。最后，为了减弱极端异常值的影响，对所有连续变量在 1% 和 99% 分位进行 winsorize 缩尾处理。本节的分析师数据来自 CSMAR 系统，行业分类数据来自证监会公布的行业分类标准。

本次研究中涉及的主要变量描述性统计结果如表 4 - 53 所示。样本中 |DA| 的均值约为 0.326，异常现金流（CFOEM），异常产品成本（PRODEM）和异常费用（DISXEM）、真实盈余管理复合指标 RM 的均值皆较小，这说明当前国内企业的盈余管理主要是通过应计项目实现的，通过真实盈余管理来操控业绩的现象并不太普遍。样本企业平均有 6 家券商跟踪。

表 4 - 53　　　　　　　全样本主要变量的描述性统计

Variable	Obs	Mean	Std. Dev.	Min	Max	p50
Broker	11202	5.742	6.790	0.000	47.000	3.000
SIZE	11202	22.631	0.964	18.883	28.313	22.554

Variable	Obs	Mean	Std. Dev.	Min	Max	p50
ROA	11202	0.045	1.038	-6.776	108.366	0.031
GROWTH	11202	0.397	5.349	-0.966	317.300	0.100
EFA	11202	0.022	0.167	-10.897	2.211	0.001
MTB	11202	2.468	4.035	0.038	192.900	1.695
L	11202	0.447	0.296	-0.195	12.127	0.433
PRIVATE	11202	0.938	0.241	0.000	1.000	1.000
PRODEM	11202	0.000	0.112	-3.679	3.088	0.004
CFOEM	11202	0.000	0.172	-4.652	2.722	0.016
DISXEM	11202	0.000	0.094	-1.098	3.465	-0.012
RM	11202	0.000	0.250	-7.575	4.099	-0.002
｜DA｜	11202	0.326	0.448	0.000	12.012	0.230

4.3.3　实证检验及解释

为了检验分析师跟踪对盈余管理的影响，我们估计如下模型（4.11）：

$$EM_{it} = \beta_0 + \beta_1 Analyst_{it} + Controls + \sum \gamma_j Ind_j + \sum \theta_m Year_m + \varepsilon_{it} \quad (4.11)$$

其中，被解释变量 EM_{it} 是企业的盈余管理水平，分别用｜DA｜、RM、CFO-EM、PRODEM、DISXEM 进行测度。关键的解释变量是分析师关注数量，我们控制了包括公司规模、杠杆率、盈利能力和行业等一系列可能影响盈余管理的因素。根据这一模型，如果得到系数 $\beta_1 < 0$，则表明分析师跟踪能够减少企业的某种盈余管理，反之则会增加盈余管理。

表 4-54 报告了模型（4.11）的回归结果，第 1 列模型的被解释变量为｜DA｜，回归结果显示 Broker 与｜DA｜显著负相关，表明了分析师对应计盈余管理的抑制作用。表 4-54 的第 2 列到第 5 列报告了分析师关注对真实盈余管理影响的回归结果。第 2 列显示，真实盈余管理总量（RM）与 Broker 呈负相关关系，达到了 1% 的显著性水平，表明了分析师对真实盈余管理的抑制作用。第 5 列显示，反向指标异常费用（DISXEM）与 Broker 呈正相关关系，达到了 1% 的显著性水平，与复合指标的结果一致，表明分析师关注在客观上减少了企业的真实盈余管理。

表 4 - 54   分析师关注对两种盈余管理影响的 OLS 回归结果

	｜DA｜	RM	CFOEM	PRODEM	DISXEM
Broker	-0.0038 ***	-0.0031 ***	0.0004	-0.0002	0.0025 ***
	(-5.22)	(-7.32)	(-1.48)	(-0.89)	(15.74)
SIZE	0.0343 ***	-0.0129 ***	-0.0005	-0.1327 ***	0.0002
	(-5.69)	(-3.68)	(-0.22)	(-8.39)	(0.12)
ROA	0.2041 ***	0.0105 ***	-0.0046	0.0024 *	-0.0035 ***
	(-4.69)	(4.14)	(-2.58)	(-2.10)	(-3.74)
GROWTH	0.0011	-0.0011 *	-0.0006 *	-0.0010 ***	0.0007 ***
	(1.50)	(-2.40)	(-1.92)	(-4.84)	(4.15)
EFA	-0.3129 ***	0.0570 ***	-0.0294 **	0.0069	-0.0207 ***
	(-12.94)	(4.05)	(-3.00)	(-1.08)	(-3.94)
MTB	0.0084 ***	-0.0044 ***	0.0013 **	-0.0012 ***	0.0018 ***
	(-7.22)	(-6.46)	(-2.84)	(-3.92)	(7.26)
L	0.1050 ***	0.0840 ***	-0.0314 ***	0.1945 ***	-0.0331 ***
	(-7.39)	(10.15)	(-5.45)	(-5.21)	(-10.70)
PRIVATE	0.0028	0.0013	0.1137 *	0.0027	-0.010 **
	(-0.16)	(0.13)	(-1.66)	(0.61)	(-2.71)
Big4	-0.1728	-0.0376 **	0.0524 ***	0.0132 **	-0.0016
	(-0.90)	(-3.36)	(-6.72)	(2.61)	(-0.39)
YEAR	YES	YES	YES	YES	YES
INDUSTRY	YES	YES	YES	YES	YES
N	11202	11202	11202	11202	11202
R^2	0.1083	0.0297	0.0099	0.0157	0.0467

注：括号内为 t 统计量，*、**、*** 分别表示在 10%、5% 和 1% 统计水平显著。

值得关注的是，这一分析可能存在内生性问题，比如分析师倾向于关注信息更为透明的公司，而信息透明的公司往往盈余操纵的程度较小。为解决这一问题，参考 Chang 等（2006），使用滞后一年的分析师关注人数作为分析师关注度的工具变量。表 4 - 55 展现了采用工具变量法进行的 2SLS 回归结果，在使用工具变量法控制内生问题后，回归结果整体更为显著，其中分析师关注与应计制盈余管理之间的相关系数绝对值大大提高了，其负相关关系更为明显。

表 4 - 55　　　　　分析师关注对两种盈余管理影响的 2SLS 回归结果

	|DA|	RM	CFOEM	PRODEM	DISXEM
Broker	- 0.0073 ***	- 0.0024 **	0.00069	0.0014 ***	0.0032 ***
	(- 6.12)	(- 3.47)	(1.42)	(4.42)	(12.25)
SIZE	0.0502 ***	- 0.0150 **	- 0.0017	- 0.0198 ***	- 0.0030 *
	(6.79)	(- 3.47)	(- 0.56)	(- 9.82)	(- 1.88)
ROA	0.0206 ***	0.0104 ***	- 0.0046 *	0.0023 *	- 0.0036 ***
	(4.74)	(4.08)	(- 2.59)	(1.93)	(- 3.78)
GROWTH	0.0010	- 0.0011 *	- 0.0006 *	- 0.0010 ***	0.0007 ***
	(1.28)	(- 2.53)	(- 1.88)	(- 4.79)	(4.34)
EFA	- 0.3098 ***	0.0609 ***	- 0.0296 **	0.0099	- 0.0214 ***
	(- 12.81)	(4.28)	(- 3.02)	(1.50)	(- 4.06)
MTB	0.0083 ***	- 0.0044 ***	0.0013 **	- 0.0012 ***	0.0019 ***
	(7.13)	(- 6.41)	(2.86)	(- 3.71)	(7.34)
L	0.0989 ***	0.0848 ***	- 0.0310 ***	0.0219 ***	- 0.0319 ***
	(6.91)	(10.09)	(- 5.35)	(5.63)	(- 10.24)
PRIVATE	0.0044	0.0014	0.1126 *	0.0024	- 0.0103 **
	(0.26)	(0.15)	(1.64)	(0.52)	(- 2.80)
Big4	- 0.0202	- 0.0387 **	0.0527 ***	0.0129 *	- 0.0010
	(- 1.05)	(- 3.42)	(6.74)	(2.46)	(- 0.25)
YEAR	YES	YES	YES	YES	YES
INDUSTRY	YES	YES	YES	YES	YES
N	11202	11202	11202	11202	11202
R^2	0.1064	0.0282	0.0098	0.0102	0.0469

注：括号内为 t 统计量，*、**、*** 分别表示在 10%、5% 和 1% 统计水平显著。

在分析师的研究结果对市场信息透明度的贡献方面，表 4 - 56 报告了模型 (4.11) 的回归结果，表 4 - 56 的第 2 列到第 5 列报告了分析师跟踪对真实盈余管理影响的回归结果。第 2 列显示，真实盈余管理总量（RM）与 Broker 呈负相关关系，达到了 1% 的显著性水平，表明了分析师对真实盈余管理的抑制作用。但在评级上调的情况下其系数的绝对值小于全样本的情况，表明分析师对真实盈余管理的抑制程度降低。而作为专业研究人员，分析师对公司评级的调整往往受到投资者的重视，成为市场的普遍预期，随着分析师关注程度的提高，他们给出的评级调整对于市场的影响力就越大，评级上调时相应的经理人所面临的压力也就越大，也就越有可能转向真实盈余管理，因此评级上调的情况下分析师对真实盈余管理的监督能力减弱。第 5 列显示，反向指标异常费用（DISXEM）与 Broker 呈正相关关系，达到了 1% 的显著性水平，与复合指标的结果一致，表明分析师关注在客观上减少企业的真实盈余管理，且在评级上调的情况下其系数的绝对值小于全样本的情况，表明分析师对真实盈余管理的抑制程度降低。

表 4 – 56　　　　　评级上调时分析师关注对两种盈余管理的影响

	∣DA∣	RM	CFOEM	PRODEM	DISXEM
Broker	– 0.0007 (– 0.78)	– 0.0026 *** (– 3.70)	0.0002 (0.84)	– 0.0001 (– 0.62)	0.0023 *** (7.40)
SIZE	0.0312 *** – 3.55	0.0044 (0.70)	0.0037 (0.84)	0.0007 (0.39)	– 0.0075 ** (– 2.64)
ROA	0.1382 (0.93)	– 0.6211 *** (– 5.76)	0.0544 (0.72)	– 0.3192 *** (– 10.84)	0.2471 *** (5.15)
GROWTH	0.0001 (0.02)	– 0.0025 (– 0.99)	0.0005 (0.26)	– 0.0009 (– 1.28)	0.0011 (1.04)
EFA	0.0047 (0.07)	0.1168 * (2.49)	– 0.1182 *** (– 3.62)	– 0.0158 (– 1.23)	– 0.0141 (– 0.68)
MTB	– 0.0101 ** (– 2.74)	– 0.0135 *** (– 5.08)	0.0055 ** (2.98)	– 0.0023 ** (– 3.11)	0.0057 *** (4.83)
L	0.1218 ** (2.80)	– 0.0133 (– 0.42)	– 0.0205 (– 0.94)	– 0.0345 *** (– 4.03)	– 0.0006 (– 0.04)
PRIVATE	– 0.0399 (– 1.35)	– 0.0187 (– 0.87)	0.0086 (0.58)	– 0.0064 (– 1.09)	0.0037 (0.38)
Big4	– 0.0031 (– 0.13)	– 0.0585 ** (– 3.47)	0.0554 *** (4.72)	0.0039 (0.85)	0.0071 (0.94)
YEAR	YES	YES	YES	YES	YES
INDUSTRY	YES	YES	YES	YES	YES
N	2125	2125	2125	2125	2125
R^2	0.1025	0.0727	0.0307	0.0768	0.0805

注：括号内为 t 统计量，*、**、*** 分别表示在 10%、5% 和 1% 统计水平显著。

表 4 – 57 报告了模型（4.11）的回归结果，表 4 – 57 的第 1 列和第 2 列分别报告了首次评级和非首次评级时分析师关注对应计制盈余管理影响的回归结

果，第 3 列和第 4 列分别报告了首次评级和非首次评级时分析师关注对真实盈余管理影响的回归结果。第 1 列与第 3 列显示，|DA| 与 RM 均与 Broker 呈负相关关系，达到了 1% 与 5% 的显著性水平，表明了首次评级时分析师关注对应计制盈余管理和真实盈余管理的抑制作用。而非首次评级时分析师关注对两种盈余管理的抑制情况均不显著，说明首次评级时分析师的监督作用更大。

表 4 - 57　　　　　　是否首次评级对两种盈余管理的影响

	(1)	(2)	(3)	(4)
	被解释变量：|DA|		被解释变量：RM	
Broker	- 0. 0044 *** (- 5. 37)	- 0. 0031 (- 1. 56)	- 0. 0014 ** (- 2. 85)	- 0. 0009 (- 0. 78)
SIZE	0. 0392 *** (5. 51)	0. 0192 * (1. 95)	- 0. 0190 *** (- 4. 31)	0. 0006 (0. 11)
ROA	0. 3267 ** (3. 03)	0. 0224 *** (4. 97)	- 0. 6903 *** (- 10. 32)	0. 0050 * (1. 90)
GROWTH	0. 0005 (0. 52)	- 0. 0005 (- 0. 53)	- 0. 0013 * (- 2. 09)	- 0. 0009 (- 1. 58)
EFA	0. 0616 (1. 50)	- 0. 4191 (- 14. 79)	0. 0625 * (2. 45)	0. 0500 ** (3. 05)
MTB	0. 0032 (1. 56)	0. 0032 * (2. 31)	- 0. 0088 *** (- 6. 98)	- 0. 0010 (- 1. 28)
L	0. 1500 *** (5. 18)	0. 0724 *** (4. 43)	0. 0338 * (1. 88)	0. 0667 *** (7. 05)
PRIVATE	0. 0165 (0. 78)	- 0. 0103 (- 0. 43)	- 0. 0092 (- 0. 70)	0. 0113 (0. 82)
Big4	- 0. 01757 (- 0. 84)	- 0. 0074 (- 0. 22)	- 0. 0475 *** (- 3. 66)	- 0. 0376 * (- 1. 92)
YEAR	YES	YES	YES	YES
INDUSTRY	YES	YES	YES	YES
N	6668	4534	6668	4534
R^2	0. 0807	0. 1600	0. 0658	0. 0146

注：括号内为 t 统计量，*、**、*** 分别表示在 10%、5% 和 1% 统计水平显著。

表 4 - 58 报告了模型 (4.11) 的回归结果，表 4 - 58 的第 1 列和第 2 列分别报告了存在明星分析师关注和无明星分析师关注时分析师关注对应计制盈余

管理影响的回归结果,第3列和第4列分别报告了存在明星分析师关注和无明星分析师关注时分析师关注对真实盈余管理影响的回归结果。第1列与第3列显示,|DA|与RM均与Broker呈负相关关系,达到了1%的显著性水平,表明了存在明星分析师关注时分析师关注对应计制盈余管理和真实盈余管理的抑制作用。而无明星分析师关注时分析师关注对两种盈余管理的抑制情况均不显著,说明存在明星分析师关注时分析师的监督作用更大。

表4-58 是否为明星分析师对两种盈余管理的影响

	(1)	(2)	(3)	(4)
	被解释变量:|DA|		被解释变量:RM	
Broker	-0.0034*** (-4.47)	0.0010 (0.15)	-0.0022*** (-5.21)	0.0037 (0.95)
SIZE	0.0374*** (5.83)	0.0251* (2.02)	-0.0169*** (-4.68)	-0.0095 (-1.30)
ROA	0.2861** (2.90)	0.0201*** (4.24)	-0.5283*** (-9.50)	0.0051* (1.85)
GROWTH	0.0002 (0.20)	-0.0006 (-0.62)	-0.0009* (-1.66)	-0.0009 (-1.49)
EFA	0.0079 (0.20)	-0.4196*** (-14.10)	0.0803*** (3.59)	0.0538** (3.09)
MTB	0.0029 (1.44)	0.0031* (2.13)	-0.0077*** (-6.83)	-0.0016* (-1.83)
L	0.1671*** (6.16)	0.0560** (3.20)	0.0420** (2.76)	0.0464*** (4.53)
PRIVATE	0.0177 (0.90)	-0.0145 (-0.55)	0.0055 (0.50)	-0.0045 (-0.29)
Big4	-0.0234 (-1.27)	-0.0450 (-0.90)	-0.0408*** (-3.91)	-0.0835** (-2.85)
YEAR	YES	YES	YES	YES
INDUSTRY	YES	YES	YES	YES
N	7494	3708	7494	3708
R^2	0.0815	0.1730	0.0678	0.0121

注:括号内为t统计量,*、**、***分别表示在10%、5%和1%统计水平显著。

4.3.4　稳健性检验

前文从样本中统计每一年度跟踪公司的券商数量，将其作为分析师关注的度量。这里也采用分析师所发布的研究报告数量（NumReport）来度量分析师关注。回归结果表明，无论采用券商还是直接采用报告数量来度量公司所受到的关注程度，研究结论不变。

表 4 – 59 报告了模型（4.11）的回归结果，第 1 列模型的被解释变量为 |DA|，回归结果显示 NumReport 与 |DA| 显著负相关，表明了分析师对应计盈余管理的抑制作用。表 4 – 59 的第 2 列到第 5 列报告了分析师跟踪对真实盈余管理影响的回归结果。第 2 列显示，真实盈余管理总量（RM）与 NumReport 呈负相关关系，达到了 1% 的显著性水平，表明了分析师对真实盈余管理的抑制作用。第 5 列显示，反向指标异常费用（DISXEM）与 NumReport 呈正相关关系，达到了 1% 的显著性水平，与复合指标的结果一致，表明分析师关注在客观上减少企业的真实盈余管理。

表 4 – 59　　　　　　　　分析师关注对两种盈余管理的影响

	|DA|	RM	CFOEM	PRODEM	DISXEM
NumReport	− 0.0008 ** (− 3.38)	− 0.0010 *** (− 7.56)	0.0001 (1.47)	− 0.0001 * (− 2.02)	0.0007 *** (15.03)
SIZE	0.0277 *** (4.67)	− 0.0131 *** (− 3.80)	− 0.0004 (− 0.18)	− 0.1237 *** (− 7.94)	0.0012 (0.90)
ROA	0.0203 *** (4.66)	0.0104 *** (4.11)	− 0.0045 * (− 2.57)	0.0024 * (2.10)	− 0.0035 *** (− 3.66)
GROWTH	0.0012 (1.59)	− 0.0010 * (− 2.37)	− 0.0006 * (− 1.93)	− 0.0010 *** (− 4.87)	0.0007 *** (4.03)
EFA	− 0.3143 *** (− 12.99)	0.0568 *** (4.04)	− 0.0293 ** (− 2.99)	0.0070 (1.11)	− 0.0204 *** (− 3.88)
MTB	0.0085 *** (7.30)	− 0.0043 *** (− 6.37)	0.0013 ** (2.82)	− 0.0012 *** (− 3.92)	0.0018 *** (7.04)
L	0.1084 *** (7.63)	0.0852 *** (10.32)	− 0.0316 *** (− 5.49)	0.1924 *** (5.16)	− 0.0343 *** (− 11.10)
PRIVATE	0.0017 (0.10)	0.0008 (0.08)	0.0114 * (1.67)	0.0027 (0.62)	− 0.0095 * (− 2.59)

续表

	｜DA｜	RM	CFOEM	PRODEM	DISXEM
Big4	− 0.0153 （ − 0.80）	− 0.0366 ** （ − 3.27）	0.0523 *** （6.70）	0.0131 ** （2.60）	− 0.0025 （ − 0.60）
YEAR	YES	YES	YES	YES	YES
INDUSTRY	YES	YES	YES	YES	YES
N	11202	11202	11202	11202	11202
R^2	0.1070	0.0300	0.0099	0.016	0.0468

注：括号内为 t 统计量，*、**、*** 分别表示在 10%、5% 和 1% 统计水平显著。

表 4 - 60 报告了模型（4.11）的回归结果，表 4 - 60 的第 2 列到第 5 列报告了分析师跟踪对真实盈余管理影响的回归结果。第 2 列显示，真实盈余管理总量（RM）与 NumReport 呈负相关关系，达到了 1% 的显著性水平，表明了分析师对真实盈余管理的抑制作用。但在评级上调的情况下其系数的绝对值小于全样本的情况，表明分析师对真实盈余管理的抑制程度降低。第 5 列显示，反向指标异常费用（DISXEM）与 NumReport 呈正相关关系，达到了 1% 的显著性水平，与复合指标的结果一致，表明分析师关注在客观上减少企业的真实盈余管理，且在评级上调的情况下其系数的绝对值小于全样本的情况，表明分析师对真实盈余管理的抑制程度降低。

表 4 - 60　　　　评级上调时分析师关注对两种盈余管理的影响

	｜DA｜	RM	CFOEM	PRODEM	DISXEM
NumReport	− 0.0001 （ − 0.57）	− 0.0007 *** （ − 3.91）	0.0001 （0.92）	− 0.0001 （ − 1.58）	0.0005 *** （6.35）
SIZE	0.0304 ** （3.47）	0.0047 （0.75）	0.0027 （0.62）	0.0013 （0.76）	− 0.0061 * （ − 2.17）
ROA	0.1300 （0.87）	− 0.6108 *** （ − 5.65）	0.0412 （0.55）	− 0.3106 *** （ − 10.52）	0.2586 *** （5.36）
GROWTH	0.0001 （0.04）	− 0.0025 （ − 1.01）	0.0005 （0.30）	− 0.0009 （ − 1.34）	0.0010 （0.94）
EFA	0.0041 （0.06）	0.1189 * （2.53）	− 0.1197 *** （ − 3.66）	− 0.0148 （ − 1.16）	− 0.0140 （ − 0.67）
MTB	− 0.0100 ** （ − 2.71）	− 0.0133 *** （ − 5.01）	0.0056 ** （3.01）	− 0.0023 ** （ − 3.16）	0.0054 *** （4.59）

续表

	|DA|	RM	CFOEM	PRODEM	DISXEM
L	0.1226**	−0.0096	−0.0211	−0.0341***	−0.00322
	(2.82)	(−0.31)	(−0.96)	(−3.99)	(−0.23)
PRIVATE	−0.0402	−0.0190	0.0085	−0.0063	0.0042
	(−1.35)	(−0.89)	(0.57)	(−1.08)	(0.44)
Big4	−0.0029	−0.0580**	0.0554***	0.0039	0.0065
	(−0.13)	(−3.44)	(4.72)	(0.86)	(0.86)
YEAR	YES	YES	YES	YES	YES
INDUSTRY	YES	YES	YES	YES	YES
N	2125	2125	2125	2125	2125
R^2	0.1023	0.0734	0.0310	0.0777	0.0743

注：括号内为 t 统计量，*、**、*** 分别表示在 10%、5% 和 1% 统计水平显著。

表 4 - 61 报告了模型（4.11）的回归结果，表 4 - 61 的第 1 列和第 2 列分别报告了首次评级和非首次评级时分析师关注对应计制盈余管理影响的回归结果，第 3 列和第 4 列分别报告了首次评级和非首次评级时分析师关注对真实盈余管理影响的回归结果。第 1 列与第 3 列显示，\|DA\| 与 RM 均与 NumReport 呈负相关关系，达到了 1% 与 5% 的显著性水平，表明了首次评级时分析师关注对应计制盈余管理和真实盈余管理的抑制作用。而非首次评级时分析师关注对两种盈余管理的抑制情况均不显著，说明首次评级时分析师的监督作用更大。

表 4 - 61　　　　　　是否首次评级对两种盈余管理的影响

	被解释变量：|DA|		被解释变量：RM	
	(1)	(2)	(3)	(4)
NumReport	−0.0008***	−0.0006	−0.0004**	−0.0004
	(−3.56)	(−0.95)	(−2.95)	(−1.12)
SIZE	0.0333***	0.0161	−0.0190***	0.0014
	(4.70)	(1.65)	(−4.34)	(0.25)
ROA	0.2829**	0.0223***	−0.6875***	0.0050*
	(2.62)	(4.96)	(−10.27)	(1.90)
GROWTH	0.0007	−0.0005	−0.0013*	−0.0009
	(0.63)	(−0.49)	(−2.08)	(−1.59)

	被解释变量：∣DA∣		被解释变量：RM	
	（1）	（2）	（3）	（4）
EFA	0.0586	−0.4191 ***	0.0631 *	0.0499 **
	(1.42)	(−14.79)	(2.47)	(3.05)
MTB	0.0035 *	0.0032 *	−0.0088 ***	−0.0010
	(1.71)	(2.35)	(−6.94)	(−1.28)
L	0.1535 ***	0.0728 ***	0.0351 *	0.0667 ***
	(5.29)	(4.45)	(1.95)	(7.05)
PRIVATE	0.0156	−0.0108	−0.0094	0.0114
	(0.74)	(−0.46)	(−0.71)	(0.83)
Big4	−0.0155	−0.0082	−0.0470 ***	−0.0372 *
	(−0.74)	(−0.24)	(−3.62)	(−1.90)
YEAR	YES	YES	YES	YES
INDUSTRY	YES	YES	YES	YES
N	6668	4534	6668	4534
R^2	0.0785	0.1598	0.0658	0.0147

注：括号内为 t 统计量，*、**、*** 分别表示在 10%、5% 和 1% 统计水平显著。

表 4 −62 报告了模型（4.11）的回归结果，表 4 −62 的第 1 列和第 2 列分别报告了存在明星分析师关注和无明星分析师关注时分析师关注对应计制盈余管理影响的回归结果，第 3 列和第 4 列分别报告了存在明星分析师关注和无明星分析师关注时分析师关注对真实盈余管理影响的回归结果。第 1 列与第 3 列显示，∣DA∣ 与 RM 均与 Broker 呈负相关关系，达到了 5% 与 1% 的显著性水平，表明了存在明星分析师关注时分析师关注对应计制盈余管理和真实盈余管理的抑制作用。而无明星分析师关注时分析师关注对两种盈余管理的抑制情况均不显著，说明存在明星分析师关注时分析师的监督作用更大。

表 4 −62　　　　　　　是否为明星分析师对两种盈余管理的影响

	被解释变量：∣DA∣		被解释变量：RM	
	（1）	（2）	（3）	（4）
NumReport	−0.0006 **	0.0004	−0.0006 ***	0.0008
	(−2.90)	(0.15)	(−5.22)	(0.50)
SIZE	0.0331 ***	0.0252 *	−0.0171 ***	−0.0087
	(5.18)	(2.03)	(−4.74)	(−1.20)

续表

	被解释变量：|DA|		被解释变量：RM	
	（1）	（2）	（3）	（4）
ROA	0.2505 *	0.0201 ***	− 0.5268 ***	0.0052 *
	(2.54)	(4.24)	(− 9.46)	(1.86)
GROWTH	0.0003	− 0.0006	− 0.0009	− 0.0009
	(0.29)	(− 0.62)	(− 1.63)	(− 1.51)
EFA	0.0053	− 0.4195 ***	0.0810 ***	0.0540 **
	(0.13)	(− 14.10)	(3.62)	(3.10)
MTB	0.0031	0.0031 *	− 0.0076 ***	− 0.0016 *
	(1.55)	(2.13)	(− 6.76)	(− 1.85)
L	0.1700 ***	0.0559 **	0.0439 **	0.0461 ***
	(6.26)	(3.20)	(2.87)	(4.50)
PRIVATE	0.0174	− 0.0145	0.0054	− 0.0041
	(0.89)	(− 0.55)	(0.48)	(− 0.27)
Big4	− 0.0220	− 0.0449	− 0.0401 ***	− 0.0831 **
	(− 1.19)	(− 0.90)	(− 3.85)	(− 2.84)
YEAR	YES	YES	YES	YES
INDUSTRY	YES	YES	YES	YES
N	7494	3708	7494	3708
R^2	0.0801	0.1730	0.0678	0.0120

注：括号内为 t 统计量，*、**、*** 分别表示在 10%、5% 和 1% 统计水平显著。

第5章　证券分析师荐股的信息效率检验

第4章讨论了证券分析师发布报告行为对于市场的整体影响，本章将针对分析师在证券市场发挥信息中介作用情况进行进一步探讨。对于分析师信息中介作用发挥的探讨过程中，主要以分析师跟进作为分析师荐股行为特征的代理变量，以股价同步性作为分析师荐股信息效率的代理变量，本章5.1节从理论分析和实证检验角度检验了分析师跟进行为与股价同步性间的关系，5.2节对于股价盈利信息含量提供了实证证据，5.3节进一步就分析师挖掘公司特质信息能力做相关讨论。

5.1　证券分析师跟进行为与股价同步性

5.1.1　证券分析师跟进行为与股价同步性：理论分析

5.1.1.1　分析师跟进行为的决策因素

对于证券分析师为何会出现跟进行为，存在以 Bhushan 分析师行为决策模型为代表的理论解释，在此理论的基础上，利用中国 A 股卖方分析师的数据进行实证检验，证据显示，我国证券分析师的确存在跟进行为。

1. Bhushan 分析师行为决策模型

Bhushan 模型认为分析师的服务具有供需特性，其供给量和需求量由一些公司特征因素决定。令 k_1，k_2，$\cdots$，k_n 为影响供需的 n 个特征因素，P 表示单位分析师服务的价格（即分析师提供单位服务所得到的报酬），则可以将分析师的供给和需求函数写成如下形式：

$$Q_d = D(P, k_1, k_2, k_3, \cdots, k_n)$$
$$Q_s = S(P, k_1, k_2, k_3, \cdots, k_n) \tag{5.1}$$

通过供需均衡关系可以得到均衡时单位分析师服务的价格 P^* 和分析师服务的提供量 Q^*，令 TC^* 为均衡时投资者对分析师服务的总支出，即

$$TC^*(k_1, k_2, k_3, \cdots, k_n) = P^*(k_1, k_2, k_3, \cdots, k_n) \times Q^*(k_1, k_2, k_3, \cdots, k_n) \tag{5.2}$$

Bhushan 认为，由于缺乏公开可信的分析师服务生产率、质量、报酬、费用等方面数据，可以将分析师对一家公司的跟进人数作为 TC^* 的代理变量。所

以对 (5.2) 式两边对 k_i ($i=1$, 2, $\cdots$, n) 求偏导即可得到特征因素 k_i 的变化对于分析师跟进人数的影响：

$$\frac{\partial TC^*}{\partial k_i} = \frac{Q^*\left[(1+\varepsilon_s)\partial D/\partial k_i - (1+\varepsilon_D)\partial S/\partial k_i\right]}{\partial S/\partial P - \partial D/\partial P} \tag{5.3}$$

(5.3) 式中，ε_s 和 ε_D 分别为分析师服务的需求量和供给量的价格弹性。(5.3) 式右边分母部分中，根据供给和需求函数的定义，$\partial S/\partial P > 0$，$\partial D/\partial P < 0$，可得分母部分为正。因此，特征 k_i 变化对于分析师跟进数量的影响取决于分子部分。由于供给的价格弹性 ε_s 为正，因此 $\partial TC^*/\partial k_i$ 的正负与 $\partial D/\partial k_i$ 一致，即在 $\partial S/\partial k_i$ 不变的情况下，分析师跟进人数的多少与对分析师的服务需求量的变化一致。在考虑 $\partial S/\partial k_i$ 的变化时，需要对需求的价格弹性 ε_D 分情况讨论。当需求具有较高弹性时，$\varepsilon_D < -1$，$\partial TC^*/\partial k_i$ 的正负与 $\partial S/\partial k_i$ 同向变化；当需求弹性较低时，$\varepsilon_D > -1$，则 $\partial TC^*/\partial k_i$ 的正负与 $\partial S/\partial k_i$ 反向变化。蔡卫星（2010）认为，在证券分析师行业整体竞争环境较为激烈的背景下，前者假设较为合理，因为当证券分析师增加其荐股服务的价格时，投资者一方面可以通过选择其他的分析师进行替代，另一方面可以通过调整投资组合，选取服务较为便宜的其他公司进行替代，这两种情况均会造成分析师总需求额的减少，说明需求弹性较大。采取此假设则 $\varepsilon_D < -1$，$\partial TC^*/\partial k_i$ 的正负与 $\partial S/\partial k_i$ 同向变化，即在控制需求变化的情况下，特征因素引起的分析师服务供给量越多，公司的跟进人数越多。

之后一个重要的问题便是对影响供需的特征因素 k_1，k_2，$\cdots$，k_n 的识别。Bhushan（1989）提出了以下几个特征因素：机构投资者的数量（NINST）、机构投资者的持股比例（%INST）、日收益率的标准差（VOLA）、该股票收益率与市场收益率回归后的 R^2（SYN）、涉及的主业数量（LOB）、公司资产规模的自然对数（ASST）、内幕知情者的持股数量（%INSID）以及六个主要行业分类的虚拟变量（I）。基于以上特征因素，并以分析师的跟进人数（ANAL）为被解释变量建立了如下回归方程：

$$ANAL_i = b_0 + b_1 NINST_i + b_2 \% INST_i + b_3 VOLA_i + b_4 SYN_i + b_5 LOB_i + b_6 ASST_i$$
$$+ b_7 \% INSID_i + b_8 I_{i,j} + e_i \tag{5.4}$$

从回归结果中 Bhushan 发现，除了行业虚拟变量外，其他变量均在 5% 的置信度下显著。其中 $NINST_i$、$\% INST_i$、$VOLA_i$、SYN_i、$ASST_i$ 前的系数显著为正，说明这些因素能够促进分析师跟进该公司。LOB_i、$\% INSID_i$ 前的系数显著为负，说明这些因素将阻碍分析师跟进该公司。

Bhushan（1989）对此给予了解释，他认为上述变量是通过影响信息收集的收益或成本从而影响分析师服务的供给面来影响跟进行为的，其中分析师跟进公司的收益指的是私有信息（private information）的投资价值，而成本主要是跟进过程中的信息获取成本。公司资产规模变量（$ASST_i$）为最重要的特征变量之一，对于一家大公司来说，私有信息的投资价值较小公司更高，因为大公司的股票流动性更高，交易成本更低，同时大公司股票存量更大，交易的意图不容易被市场发现，也就是说大公司股票更容易通过信息套利（information arbitrage）来实现投资价值。

所有权结构对于分析师的跟进行为也有重要的影响，Bhushan（1989）给出了三个描述所有权结构的变量，分别是机构投资者的数量（NINST）、机构投资者的持股比例（% INST）、内幕知情者的持股比例（% INSID）。其中知情者持股比例是对分析师服务需求面的影响，当知情者持股比例高（相应的流通股持股比例低）时，公众投资者对于分析师需求总量下降，同时知情者持股比例高也使得分析师获取信息的成本提高，降低了供给总量，两方面因素导致分析师跟进数量下降。而机构投资者持股量与分析师跟进行为也有相似的关系，机构投资者持股数量增多将增加分析师服务需求数量，从而增加公司的跟进分析师人数。但 O'Brien 和 Bhushan（1990）提出，当分析师观察到机构投资者购入某公司股票时，也会促使他们跟进这家公司从而获取更多的交易佣金或服务费，也就是说机构投资者持股与分析师跟进之间存在相互内生的关系。

公司经营的业务数量（LOB）与分析师跟进人数存在负相关关系，因为业务数量越多，分析师需要越多的精力去学习和解读更多业务的相关内容，从而提高了信息获取的成本，使得分析师服务的供给曲线左移，减少了跟进人数。收益率波动性（VOLA）与分析师跟进人数正相关，因为波动性越大，有价值的私人信息带来的套利空间越大，私人信息的价值越高，从而激励分析师进行跟进行为。

2. 对基本模型的补充

在 Bhushan（1989）之后，关于分析师跟进行为的研究也逐渐增多，识别的影响因素的数量也不断增加。部分研究结论可以用于对基本模型的补充之中。

交易额：对于交易额高的股票，证券公司获取的佣金更高，而佣金是分析师报酬中重要一部分（Alford 和 Berger，1999）。分析师跟进高交易额或换手率的股票能够直接提高他们自身的报酬。

机构投资者/股权集中度：股权集中度高的公司，公众投资者比例较低，对分析师服务的需求较低，从而降低了分析师的跟进人数（Ball、Kothari 和 Robin，1998）。相应的机构投资者持股比例高的公司，对分析师的需求量更高，从而促使更多的分析师选择跟进（O'Brien 和 Bhushan，1990）。由于内幕交易者与分析师提供的信息具有竞争替代关系，内幕交易者持股数量与分析师跟进人数具有显著的负相关关系（Moyer、Chatfield 和 Sisneros，1989）。这也证实了 Bhushan（1989）在最初的模型中提出的对于股权结构与分析师跟进关系的解释。

信息披露：公司自主的信息披露与分析师的研究行为具有两方面效应，一方面自主的信息披露使得投资者可以直接从公司方获取信息，降低对分析师服务的需求，两者存在替代效应；另一方面，公司自主信息披露降低了分析师获取信息的成本，从而提高了分析师研究服务的供给。这两方面效应的影响是相反的，Lang 和 Lundholm（1996）的研究发现，信息披露越多的公司，分析师的跟进人数越多，即分析师更多的扮演一种信息制造者而不是传播者的角色，替代效应小于供给效应。分析师的研究仍然是投资者重要的信息来源。

收益率的预测变量：分析师对于传统意义上低估或高估的股票具有固定偏好。比如分析师更加偏好 Tobin's Q 更低、换手率更高、资本支出更大的公司。也就是说一家公司的估值指标可能会对分析师的跟进行为产生影响（Krische 和 Lee，2000）。

无形资产：由于无形资产多的公司存在更强的信息不对称性，投资者对于分析师服务的需求更强，同时无形资产多的公司信息获取的难度也较大，会影响分析师服务的供给。因此理论上来说无形资产多少与分析师跟进的人数的关系不能确定。Barth 等（2001）对此的研究结果表明，无形资产与分析师跟进人数具有正相关关系。

治理结构：通常治理混乱的公司或者家族企业的内部信息获取的难度更大，对于分析师跟进的信息获取成本更高，从而阻碍分析师进行有效的跟进行为。Lang、Lins 和 Miller（2004）证实了这一点，公司治理的有效性与分析师的跟进人数具有正相关关系。

企业性质：就我国特殊情况而言，A 股市场最初的目的是为了国有企业融资，国有企业与私营企业在经营和市场表现上均有不同。因此，可以合理地猜测分析师的跟进行为也会受到企业类型的影响。

另外，当前分析师跟进的动机与 Bhushan（1989）的假设相比也发生了一些变化。基本模型的供需关系中隐含了一条假设，分析师的服务是一种一次性交易的商品。在这样的框架下，分析师行为最优化的结果是促使投资者与自己做交易从而在最优的价格出售自己的服务。但当前现实中分析师的报酬模式并不是如此。卖方分析师一种普遍的报酬模式是"分仓"加"佣金"。因此分析师并非是一个商品的出售方，而是一个服务的持续提供方，其根本目的是通过提高服务质量（如盈利预测准确、信息解读及时等）来让投资者持续的交易来产生佣金，或者直接向分析师进行分仓。Jackson（2005）的研究结果部分证实了这一点，在上述的行业运行模式下，分析师的"乐观性倾向"（Agrawal 和 Chen，2008，Lin 和 McNichols，1998；Dechow 等，2000）有所弱化，因为这种类似"重复博弈"的模式使其研究结果倾向于在个人报酬与信息准确性之间达到平衡。因此，在选择控制变量的时候需要加入与佣金直接相关的变量（如换手率或交易额）和对未来业绩预测有较高解释能力的变量（如估值指标、基本面数据等）。

5.1.1.2　股价同步性的影响因素

Roll（1988）的文章中提到了股价同步性与信息含量之间的关系，并且将信息类型分为了市场层面信息（industry – wide information）和公司特质信息（firm – specific information）。如前文献综述中提到，众多研究显示了股价同步性与资本市场有效性之间存在密切的关系（Wurgler，2000；Durnev、Morck 和 Ye-ung，2003），也有很多学者基于股价同步性来进行信息流动方面的研究。本部分需要解决两个问题，第一是股价同步性由哪些因素造成，第二是基于之前分析师行为的分析，理论上分析师跟进对于股价同步性的影响方向如何。通过这两个问题的解答来为后文实证检验中模型的设定建立基础，并对实证结果进行理论预测。

1. 股价同步性的成因及影响因素

对于股价同步性与信息含量之间的关系仍然延续 Roll（1988）的解释方式，即股价同步性高表示价格中包含的市场层面的信息更多，反之表示公司特质层面的信息更多。但 Roll（1988）发现用 R^2 衡量的公司特质层面的信息与公开资料的披露情况没有显著关系，他认为可能是公开信息中缺失了一些重要信息，也可能是说明公司特质层面的信息多数是"噪声信息"。因此，仅通过股价同步性的高低对于信息含量的描述并不全面，同步性仅能说明股价包含的是市场层面还是公司特质层面，但公司特质层面的信息是"噪声信息"还是有效信息仍需要进一步检验。从之前的研究结果可以总结出对于股价同步性影响的因素如下。

私有财产的保护程度：如前所述，信息含量是影响股价同步性的最重要的因素，而私有财产的保护程度决定了信息能否有效地反映到股价之中。Morck、Yeung 和 Yu（2000）的研究说明了这一点，之所以发达国家股价同步性较低而发展中国家同步性较高，是因为发展中国家的私有财产保护程度较低，因此非公开信息拥有者可能缺乏利用信息获取利益的动力，从而阻碍了投资者通过信息套利行为将私有信息资本化至股价中。

内幕知情者的持股量：内幕知情者了解更多的公司特质信息，因此，他们能够通过交易将更多的特质信息反映到股价中，从而降低股价同步性。Piotroski 和 Roulstone（2004）提出机构投资者持股也能够改变公司的信息含量，对于持股比例较高的机构投资者来说，他们有资源获取公司特质信息，并且有能力和意愿将信息通过交易反映到股价之中。

公司规模：上面提到的因素均是通过影响信息含量来影响股价同步性的，还有一些其他因素（作为控制变量）对信息含量无影响，但也可以影响股价同步性。通常大公司股票的股价同步性更高，因为大公司股价变化对于行业或市场指数的变化影响更大（Chan 和 Hameed，2006）。

交易变量（换手率、交易额）：交易量对于股价同步性的影响与公司资产规模的影响方式相同，交易量更高的股票对于市场指数的影响更大，股票同步性倾向于更高。换手率更高的公司交易更活跃，能够更快地反映市场基本面的变换，从而会显示出更高的股价同步性（Crawford、Roulstone 和 So，2010）。

业绩同质性：股价同步性的变化另一个重要的影响因素是业绩同质性程度。对于业绩同质性较高的行业或企业，即使股价中的公司特质信息的含量较高，出于业绩变化一致性的原因，也会造成较高的股价同步性。Chan 和 Hameed（2006）的研究中也指出，发展中国家市场股价同步性较高另一个可能的原因就是产业结构引起的较高业绩同质性造成的。

2. 分析师跟进行为对股价同步性的影响

根据之前分析师跟进行为动机的分析，分析师的跟进行为能提供哪个层面的信息决定信息获取的成本和信息提供的价值，通常来讲，市场层面信息获取途径更多，获取成本更低，相应的市场层面信息的价值较小，而公司特质信息的投资价值更大，也能更多地吸引投资者交易从而产生佣金，但特质信息获取途径有限，获取成本较高。因此，分析师提供信息的类型决定于影响信息价值和信息成本的一系列因素。

在信息价值方面，从分析师的角度来看，最优化方程中的收益项是佣金和分仓（以下均概括为佣金），信息价值并不仅体现为准确性，还体现为能使投资者持续贡献佣金。因此，分析师的评估具有一定的乐观性倾向（Agrawal 和 Chen，2008；Lin 和 McNichols，1988；Dechow 等，2000），促使投资者更多地进行交易，但由于分析师服务是一种重复博弈，这种乐观倾向受到客观性和准确性的限制（Jackson，2005）。公司信息和行业信息的乐观性是有区别的，公司信息由于针对特定公司，信息的解读与否将直接影响公司的交易量，从而影响分析师的报酬。而行业信息一方面比较透明，另一方面并不针对个体公司，对于交易量的影响并不直接反映，因此行业信息往往在披露的客观性上更强。从这个角度考虑，分析师可能对于公司特质信息供给的完整性较低，行业信息的完整性较高。

仅从完整性上并不能说明两个层面信息绝对量上的多少，从之前的研究来看，行业层面的信息可能更会带来较高的收益成本比。行业层面的信息具有规模效应（economy - of - scale effect），相较公司特质信息的影响面更广，可以令分析师同时在多个公司的研究上受益（Liu，2011）。但也有研究表明，行业信息由于公开性更高，大部分信息均已经涵盖在股价之中，从而降低了收益。另外，一个行业中的公司往往同时受到行业因素的影响，在提供公司特质信息中也会将其中包含的行业信息注入到股价之中，因此，很难再通过提供更多的行业信息获利。

分析师提供信息的类型可能还具有公司类型方面的差异。Liu（2011）的研究指出，对于个体特征波动性（idiosyncratic volatility）较强的公司，分析师会更多地提供公司层面的信息，因为这样的公司价格波动主要是由特质层面信息主导的，分析师提供公司层面信息能够利用较大的波动空间获得收益；相反，个体特征波动性较弱的公司，价格波动由行业层面的信息主导，分析师提供公司层面信息的动力不足，从而会以行业信息为主。

以上讨论均是建立在发达市场的假设下进行的，对于发展中国家来说，情况会有一些不同。Morck、Yeung 和 Yu（2000）解释了由于发展中国家对于私人产权保护较弱，削弱了私人信息进行的信息套利动机，从而更难将私人信息包含在股价之中。这样会削弱公司特质信息带来的投资价值，同时也就削弱了分析师提供公司特质信息的动机。但同时，在投资者产权保护较弱的国家，反而增加对于提供公司特质信息的分析师的需求，使得公司特质层面的信息带来更大的收益，激励分析师提供更大的公司特质层面信息。这解释可以被 Lang、Lins 和 Miller（2004）的研究间接证明，他们发现分析师的跟进行为能够有效地提供外部监督，从而提高公司的市场价值。对于这两种相反的现象，一种可能的解释是分析师的作用可能更多地体现在提供市场信息和降低"噪声信息"上，而不是提供有效的公司特质层面信息，从而出现越多分析师跟进的股票股价同步性高。

从信息获取的角度说明分析师跟进的信息效率问题更为直接，如 Piotroski 和 Roulstone（2004）的研究结果表明，分析师与内幕信息持有者和机构投资者相比，他们的信息来源多数是公开的市场层面信息，他们向市场提供的也仅是这两个层面的信息。内幕交易者和机构投资者拥有更多的未公开公司特质信息，他们能够将更多的特质信息注入到股价之中。因此机构投资者和内幕交易者提供的是公司特质层面信息，而分析师跟进行为提供的更多是行业层面信息。

5.1.1.3　理论分析小结及研究结果预测

根据之前的分析，本章计量模型包括两个方面，一个是描述分析师跟进行为的分析师行为方程，另一个是描述股价同步性变化的同步性影响方程。基于分析师跟进行为的收益最大化分析，识别的影响因素包括市场型变量，如股价同步性、交易量、账面市值比、收益率波动性等；基本面变量，如资产规模、股权结构、业绩表现、经营类型、所属行业等。股价同步性的影响因素包括信息含量因素，如分析师跟进、机构投资者持股等，这些因素通过改变股价中的信息含量来影响股价同步性；其他非信息因素包括资产规模、业绩同质性等。基于上述分析，确定两个方程的设定模式如下：

$$ANAL_i = b_0 + b_1 SYN_i + b_2 ASST_i + b_3 TRAD_i + b_4 BM_i + b_5 FLOA_i + b_6 INST_i$$

$$+ b_7 VOLA_i + b_8 Profit_i + b_9 DISCLO_i + b_{10} REVG_i + \sum b_{11} CATO_{i,j}$$

$$+ \sum b_{12,j} ID_j + \sum b_{13,j} TD_j + \varepsilon_i \tag{5.5}$$

$$SYN_i = c_0 + c_1 ANAL_i + c_2 ASST_i + c_3 TRAD_i + c_4 INST_i + c_5 DROE_i + \sum c_{6,j} ID_j$$

$$+ \sum c_{7,j} TD_j + \varepsilon_i \tag{5.6}$$

其中，ANAL 表示分析师跟进变量，SYN 表示股价同步性，ASST 表示公司规模，TRAD 表示股票交易量，INST 表示机构投资者持股，BM 表示以账面市值比为代表的估值变量，FLOA 表示流通股比例或大股东持股比例，VOLA 表示股价波动性，Profit 表示盈利能力，DISCLO 表示信息披露指标，DROE 表示业绩同质性指标，CATO 表示公司经营性质的虚拟变量，ID 表示行业虚拟变量，TD 表示时间虚拟变量。

根据之前的理论分析，可以对模型中的各项参数方向作出预测。分析师行为方程中，SYN 系数预计为正，由于边际信息成本优势，股价同步性越高分析师跟进人数越多；ASST 和 TRAD 系数预计为正，反映出分析师跟进的大公司高交易量偏好；BM 系数预计为正，反映出分析师对低估值成长股的偏好；FLOA 和 INST 系数预计为正，反映分析师服务需求对于跟进行为的刺激作用；Profit 等业绩指标预计为正，业绩较高的公司跟进的分析师人数更多；CATO 对于分析师的影响有待检验，同步性影响因素方程中，ANAL 的系数有待检验；ASST 和 TRAD 系数预计为正，INST 系数有待检验，DROE 系数预计为正。各变量的意义和系数预计符号总结见表 5 – 1，具体数据选择和处理方法将在实证检验中详细论述。

表 5 - 1　　　　　　分析师跟进方程和同步性影响因素方程的变量和含义

变量	系数符号预测	变量含义
ANAL	N. A.	表示分析师跟进行为，通常采用分析师跟进人数描述
SYN	+	表示股价同步性，计算方法见第 5.1.1.3
ASST	+	公司的总资产，表示公司规模
TRAD	+	股票交易量，表示交易活跃程度
INST	+	机构投资者持股比例
BM	+	账面市值比
FLOA	+	流通股比例
VOLA	+	股票收益率的波动性
Profit	+	公司盈利能力
DISCLO	+	信息披露透明度指标
DROE	N. A.	业绩同质性指标
REV	+	营业收入同比增长率
CATO	?	经营类型指标

5.1.2　证券分析师跟进行为与股价同步性：实证检验

5.1.2.1　研究设计与数据处理

实证检验中基本计量模型的设定已在 5.1.1 中阐明，本部分将说明选择数据的方法以及各变量的处理方法。研究的样本为 2005—2012 年所有 A 股上市公司，由于创业板推出时间较短，样本中未包括创业板上市公司。去除数据不全的公司后，样本规模为 13507 家。由于当年年报披露的时间一般在下一年 5 月 1 日之前，从变量间时间对应的角度考虑，各年份市场类变量选择的时间区间为当年 5 月 1 日至下年 4 月 30 日，其中时间区间变量统计区间与上述时间区间相同（比如，某年交易量数据的统计区间是当年 5 月 1 日开始至次年 4 月 30 日），时间点变量为时间区间的下限（比如，某年公司市值的统计时间点位为下一年的 4 月 30 日）。对于财报变量的统计区间与会计区间一致，其中时间区间变量的统计区间为当年的整个会计年度（比如，某年营业收入统计区间为当年 1 月 1 日至 12 月 31 日），时间点变量的统计点为财务报表日（比如，某年的资产数据为当年资产负债表日）。分析师跟进数据来源均为上海万得信息技术有限公司提供的万得资讯（Wind）数据库，其他数据来自同花顺网络信息有限公司提供的同花顺（iFind）数据库。数据处理软件为 MS Excel 2010 和 EViews 7.2。

1. 内生变量处理方法

实证研究中的内生变量为股价同步性变量和分析师跟进行为变量。股价同步性变量的计算方法沿用了之前多项相关研究的处理思路（Morck、Yeung 和 Yu，2000；Chan 和 Hameed，2006；Piotroski 和 Roulstone，2004）。基本的计算方法分为以下几步：

第一步，对以下市场单因素模型进行回归，计算回归后的 R^2。

$$r_{i,t} = \alpha + \beta_{m,t} \times r_{m,t} + \varepsilon_{i,t} \tag{5.7}$$

其中，$r_{i,t}$ 表示公司股票的日收益率；市场收益率 $r_{m,t}$ 选择了上证综指和深证成指的日收益率，上海交易所的股票采用上证综指收益率作为市场收益率，深圳证券交易所的股票采用深证成指作为市场收益率；α 和 $\varepsilon_{i,t}$ 分别为截距项和随机干扰项。本章仅采用了单因素模型将市场收益率作为唯一的解释变量，没有参考 Piotroski 和 Roulstone（2004）将行业收益率加入其中，主要由于对于中国这样的发展中国家很多行业是由一个或者几个大型上市公司主导，因此行业指数在很大程度上反映了主导公司的特质信息而不是行业特质信息，可能造成研究结果偏误。

第二步，通过方程（5.7）得到的 R^2 后，根据 Morck、Yeung 和 Yu（2000）的处理方式计算股价波动同步性（SYN）。

$$SYN_{i,t} = \ln\left(\frac{R_{i,t}^2}{1 - R_{i,t}^2}\right) \tag{5.8}$$

这样处理的主要原因是为了让同步性指标的数据更好地满足变量取值区间的价值，R^2 的取值范围为 [−1，1]，并不满足变量取值范围的要求，而变换后的 SYN 取值范围为（−∞，+∞），能更好地满足取值范围要求。

为了保证时间对应，对于第 i 家公司第 t 年（$t \in$ [2005，2012]）的 $SYN_{i,t}$ 使用的回归方程（5.7）变量数据时间范围为第 $t-1$ 年 5 月 1 日至第 t 年 4 月 30 日，并去除当年公司停牌的天数。市场模型中使用的收益率数据均为日度数据。

分析师跟进变量也延续 Bhushan（1989）及其之后相关研究采用的方式，选择一家上市公司分析师的跟进人数作为代理变量，第 t 年分析师跟进人数的统计时间点为第 $t+1$ 年 4 月 30 日，数据样本中包括了没有分析师跟进的公司，并对分析师跟进人数与 1 的和做对数处理。

$$ANAL_{i,t} = \ln(Number\ of\ Analysts_{i,t} + 1) \tag{5.9}$$

其中，$ANAL_{i,t}$ 为第 i 家公司第 t 年的分析师跟进变量，$Number\ of\ Analysts_{i,t}$ 为第 i 家公司第 t 年的分析师跟进人数。

2. 控制变量处理方法

基于之前的理论分析，控制变量的选择结果见表 5−1，在分析师行为方程中，控制变量包括公司资产规模（ASST）、交易量或换手率（TRAD 或 TURN）、账面市值比（BM）、流通股占总股本比例（FLOA）、机构投资者持股比例（INST）、股价波动性（VOLA）、盈利能力（ROE）、营业收入同比增长率（REV）、信息披露（DISCLO）、经营性质（CATO）、行业虚拟变量（ID）、年份虚拟变量（TD）。股价同步性影响方程中，控制变量包括公司资产规模（ASST）、交易量或换手率（TRAD 或 TURN）、机构投资者持股比例（INST）、业绩同质性（DROE）、行业虚拟变量（ID）、年份虚拟变量（TD）。具体数据处理方法如下：

公司资产规模（ASST）：采用上市公司总资产数据。根据之前的样本时间对应原则，第 t 年的数据是第 $t+1$ 年 4 月 30 日的收盘价与股本总量相乘得到（如果 4 月 30 日为非交易日则向前推至最近一个交易日的收盘价）。将总资产数据取对数作为回归变量数据。

交易量（TRAD）和换手率（TURN）：交易量采用上市公司当年总成交额，换手率采用上市公司当年总换手率。第 t 年成交额（换手率）为第 t 年 5 月 1 日至第 $t+1$ 年 4 月 30 日累计成交额（换手率）。数据直接取自同花顺数据终端。取对数处理后作为回归变量数据。

账面市值比（BM）：为公司净资产账面价值与总市值的比值，第 t 年数据是按照第 t 年 12 月 31 日的数据计算得到。数据直接取自同花顺数据终端。

流通股占总股本比例（FLOA）和机构投资者持股比例（INST）：流通股占比为公司发行的流通股与总股本之比，机构投资者持股比例为所有机构投资者持有的股份与总股本的比值。第 t 年的数据计算时间为第 $t+1$ 年 4 月 30 日。数据直接取自同花顺数据终端。

股价波动性（VOLA）：为上市公司股票收益率年化标准差，计算方法为

$$VOLA_{i,t} = \sqrt{N \times \sum_{j=1}^{N} (r_{i,t,j} - \overline{r_{i,t}})^2} \tag{5.10}$$

其中，$VOLA_{i,t}$ 为第 i 家公司第 t 年的股价波动性，N 为当年的实际交易天数，$r_{i,t,j}$ 为第 i 家公司第 t 年第 j 天的收益率，$\overline{r_{i,t}}$ 为第 i 家公司第 t 年日平均收益率。第 t 年数据的时间区间为第 t 年 5 月 1 日至第 $t+1$ 年 4 月 30 日。

盈利能力（ROE）和营业收入同比增长率（REVG）：盈利能力通过公司的净资产收益率指标衡量，为当年净利润与年平均净资产额之比。成长性指标通过当年营业收入同比增长率来衡量，为当年营业收入相比于前一年营业收入的增长情况。时间区间均以会计年度为准。

经营性质（CATO）：按照证监会的分类方式将公司的经营性质分为以下几类，即一般国有经营企业、中央企业、私营企业、外商投资企业、集体企业、

其他企业。如果上市公司属于其中某一类，则在这一类的虚拟变量中取值为 1，否则取值为 0。因此经营性质虚拟变量有 5 个。

信息披露（DISCLO）：采用两种方式衡量信息披露程度，第一种是海外上市情况，Lang 和 Lundholm（1996）提出多地上市的公司由于受到多市场信息披露要求的约束，信息透明度更高，自愿披露的意愿更强。A 股上市公司的海外上市地点主要是中国香港，因此引入是否港股上市的虚拟变量（HKD），如果上市公司在港股上市则取值为 1，否则取值为 0。第二种是其他证券发行情况，通常上市公司的公司债券、中期票据、短期融资券等其他证券发行数量越多，信息披露程度越好。因为其他证券发行中会披露更多的经营情况，另外其他证券能够顺利发行也表示公司的信息准确性和客观性方面表现较好。因此引入其他证券发行数量，对其取对数（NSEC）作为信息披露的另一个控制变量。

业绩同质性（DROE）：按照朱红军等（2007）、陆琳（2012）的计算方法，业绩同质性指标定义为上市公司当年净资产收益率的变化与行业净资产收益率变化的比值。计算公式为

$$DROE_{i,t} = \frac{ROE_{i,t} - ROE_{i,t-1}}{ROE_{Ind,t} - ROE_{Ind,t-1}} \tag{5.11}$$

其中，$DROE_{i,t}$ 为第 i 家公司第 t 年的业绩同质性指标，$ROE_{i,t}$ 为第 i 家公司第 t 年的净资产收益率，$ROE_{Ind,t}$ 为第 i 家公司所在行业第 t 年整体净资产收益率。

行业虚拟变量（ID）：为了控制行业差异，按照证监会行业分类将各家上市公司分至 18 个行业中。如果某家上市公司属于某个行业，则在该行业的虚拟变量中取 1，否则取 0。行业虚拟变量共有 17 个。

年份虚拟变量（TD）：为了控制不同年份差异，根据 2005 年至 2012 年的数据区间引入 7 个时间虚拟变量，上市公司某年的数据在这一年虚拟变量中取值为 1，否则取值为 0。

3. 计量模式设定

根据第二部分理论分析前一节内生变量和控制变量的选择和处理方法，计量模型的具体设定模式如下：

$$\begin{aligned}
ANAL_{i,t} = {} & b_0 + b_1 SYN_{i,t} + b_2 ASST_{i,t} + b_3 TRAD_{i,t} + b_4 TURN_{i,t} + b_5 FLOA_{i,t} \\
& + b_6 INST_{i,t} + b_7 BM_{i,t} + b_8 VOLA_{i,t} + b_9 ROE_{i,t} + b_{10} REVG_{i,t} \\
& + b_{11} HKD_{i,t} + b_{12} NSEC_{i,t} + \sum_{j=1}^{5} b_{13,j} CATO_{i,j} + \sum_{j=1}^{17} b_{14,j} ID_{i,j} \\
& + \sum_{j=1}^{7} b_{15,j} TD_{i,j} + \varepsilon_{i,t}
\end{aligned} \tag{5.12}$$

$$SYN_{i,t} = c_0 + c_1 ANAL_{i,t} + c_2 ASST_{i,t} + c_3 TRAD_{i,t} + c_4 TURN_{i,t} + c_5 INST_{i,t}$$

$$+ c_6 DROE_{i,t} + \sum_{j=1}^{17} c_{7,j} ID_{i,j} + \sum_{j=1}^{7} c_{8,j} TD_{i,j} + \varepsilon_{i,t} \tag{5.13}$$

（$t = 2005$，2006，$\cdots$，2012）

变量的意义和具体计算方法如表 5-2 所示。

表 5-2 回归方程涉及变量的意义以及计算方法

变量名	变量符号	意义	计算方法
分析师跟进	ANAL	描述分析师的跟进行为	ln（分析师跟进人数 +1）
股价同步性	SYN	描述股价变化的同步性指标	$SYN_{i,t} = \ln\left(\dfrac{R_{i,t}^2}{1 - R_{i,t}^2}\right)$
总资产	ASST	公司规模指标	ln（公司股票总资产）
成交额	TRAD	公司股票交易规模指标	ln（股票年成交额）
换手率	TURN	公司股票交易速率指标	ln（股票年总换手率）
波动性	VOLA	股票收益率的年波动性	按年度计算各只股票收益率的年标准差
流通股比例	FLOA	股票可投资性指标，分析师需求量指标	流通股数/总股本
机构投资持股比例	INST	分析师需求量指标，内幕信息来源指标	机构投资者持股数量/总股本
账面市值比	BM	股票估值指标，未来公司业绩预测性指标	年末净资产账面价值/总市值
净资产收益率	ROE	公司盈利性指标	净利润/年均净资产额
营业收入同比增长率	REVG	公司业绩成长性指标	第 t 年营业收入/第 $t-1$ 年营业收入 -1
多地上市虚拟变量	HKD	信息披露程度指标	1（港股）或 0（非港股）
发行证券数量	NSEC	信息披露程度指标	ln（发行证券种类数量）
经营性质变量	CATO	公司经营性质指标	按 5 种经营性质设置的虚拟变量
业绩同质性	DROE	公司业绩与行业基本面变量的一致性	$DROE_{i,t} = \dfrac{ROE_{i,t} - ROE_{i,t-1}}{ROE_{Ind,t} - ROE_{Ind,t-1}}$
行业虚拟变量	ID	表示不同行业的固定差异	按 17 种行业分类设置的虚拟变量
年份虚拟变量	TD	表示不同年份的固定差异	按 7 年不同年份设置的虚拟变量

5.1.2.2 对于同步性和分析师跟进的描述性统计

1. 分析师跟进人数

如表 5 - 3 所示，从不同年份来看，总体上分析师覆盖范围呈现快速上升的趋势。研究的样本公司数量从 2005 年的 1313 家提升至 2012 年的 2104 家，而分析师覆盖的公司数量从 894 家提升至 1946 家，分析师覆盖率从 68.1% 提升至 92.5%，几乎达到完全覆盖。另外每家公司的跟进人数也呈现上升态势，2005 年所有被跟进的公司中平均每家有 8.3 个分析师，到 2012 年平均每家公司有 19.4 个分析师跟进。证券分析师在公司的覆盖范围和单个公司的覆盖人数上均呈现大幅提升的态势，这也与我国卖方分析师行业这一阶段爆发式的增长相适应。

表 5 - 3　　　　　　　　分析师跟进人数分年份描述性统计

年份	样本数量	跟进公司数量	分析师覆盖率	平均跟进人数	标准差	中位数	最大值
2005	1313	894	68.1%	8.3	7.3	2	32
2006	1402	1083	77.2%	9.9	8.9	4	37
2007	1499	1231	82.1%	11.4	10.4	5	45
2008	1554	1326	85.3%	14.0	12.4	7	55
2009	1698	1489	87.7%	15.8	14.0	9	64
2010	1900	1710	90.0%	17.1	14.9	10	66
2011	2037	1865	91.6%	18.4	15.6	12	67
2012	2104	1946	92.5%	19.4	15.9	14	67
总计	13507	11544	85.5%	15.2	13.9	8	67

根据证监会行业分类，本章统计了不同行业分析师的覆盖情况和跟进人数，结果如表 5 - 4 所示，分行业来看，金融、采矿、交通运输、基础设施建设、信息技术等行业分析师的覆盖率和单个公司的跟进人数均较其他行业更高。Bhushan 和 O'Brien（1990）、冯旭南和李心愉（2011）的研究结果也证实了这一点。一方面，上述行业与民生直接相关性较强，受到政府的监管程度更高，信息透明度和真实性更高。从而信息获取成本相对较小，更受到分析师的青睐。另一方面，上述行业经营者通常是大型企业，行业偏好可能是公司规模偏好的另一种反映。

表5-4　　　　　　　　　　分析师跟进人数分行业描述性统计

行业	样本数量	跟进公司数量	覆盖率	平均跟进人数	标准差	中位数	最大值
金融业	256	245	95.7%	31.4	18.4	30	67
采矿业	426	363	85.2%	21.7	17.9	13	67
交通运输、仓储和邮政业	550	517	94.0%	20.3	14.8	15	53
水利、环境和公共设施管理业	124	117	94.4%	19.7	15.3	14	50
信息传输、软件和信息技术服务业	373	353	94.6%	17.3	13.9	14	60
住宿和餐饮业	89	58	65.2%	15.3	12.5	4	50
制造业	8003	6952	86.9%	15.0	13.4	8	65
电力、热力、燃气及水的生产和供应业	583	496	85.1%	14.7	13.4	8	53
租赁和商务服务业	114	102	89.5%	14.6	12.7	8	51
文化、体育和娱乐业	110	82	74.5%	14.5	10.8	8	41
农、林、牧、渔业	209	183	87.6%	13.7	13.1	7	52
批发和零售业	1091	880	80.7%	12.2	13.0	4	62
卫生和社会工作	8	8	100.0%	11.5	10.2	6	29
房地产业	1035	773	74.7%	11.2	11.4	3	64
建筑业	328	286	87.2%	10.1	9.1	6	38
综合	173	106	61.3%	6.5	6.8	1	32
科学研究和技术服务业	27	23	85.2%	5.5	5.1	3	23

2. 股价同步性

如表5-5所示，整体来看，上市公司股价同步性（用 R^2 衡量）平均为0.317，说明平均单个上市公司收益率变动中有31.7%的部分可以被市场收益率变动解释。Morck、Yeung 和 Yu（2000）研究结果显示，美国的 R^2 为2.1%，加拿大和英国为6.2%，中国香港为15%，韩国为17%。中国市场相比于发达地区信息含量仍然以市场层面信息为主，股价走势呈现较强的一致性。分年度来看，2005年、2006年 R^2 较小，股价的走势一致性较弱。2007年、2008年 R^2 明显提升。2009—2012年 R^2 波动较大，到2012年 R^2 降至0.247。

表5-5　　　　　　　　　　股价同步性分年份描述性统计

年份	样本量	均值（R^2）	标准差	中位数	最小值	最大值
2005	1313	0.269	0.108	0.263	0.001	0.631
2006	1402	0.270	0.134	0.271	0.000	0.936

续表

年份	样本量	均值（R²）	标准差	中位数	最小值	最大值
2007	1499	0.383	0.173	0.415	0.000	0.795
2008	1554	0.460	0.198	0.503	0.000	0.794
2009	1697	0.316	0.174	0.336	0.000	0.761
2010	1900	0.272	0.179	0.301	0.000	0.736
2011	2037	0.315	0.220	0.366	0.000	0.792
2012	2104	0.247	0.193	0.257	0.000	0.741
总计	13506	0.317	0.191	0.331	0.000	0.936

如表 5 - 6 所示，分行业来看，金融、交通运输、采矿业等行业同样是股价同步性较高的行业，其股价变动中能够被市场解释的部分分别为 45.9%、41.5% 和 38.5%。这三个行业同样是分析师跟进人数最多的三个行业。信息技术和科学研究行业的股价同步性较低，R^2 仅为 24.6% 和 16.4%。行业分类上呈现了越多分析师跟进的行业股价同步性越高的趋势，但两者之间是否存在因果关系需要在控制其他变量的基础上进一步检验。如前所述，这些行业均是以民生为主的行业，经营者多为大型国有企业，本身受宏观经济形势的变化影响较大，且大型公司对于行业指数的变化的贡献度较高，也可能是造成高股价同步性的原因。

表 5 - 6　　　　　　　　　股价同步性分行业描述性统计

行业	样本量	均值	标准差	中位数	最小值	最大值
金融业	256	0.459	0.198	0.511	0.000	0.795
交通运输、仓储和邮政业	550	0.415	0.173	0.424	0.000	0.776
采矿业	426	0.385	0.195	0.388	0.000	0.792
电力、热力、燃气及水的生产和供应业	583	0.369	0.147	0.366	0.000	0.710
综合	173	0.348	0.140	0.355	0.061	0.723
房地产业	1035	0.337	0.158	0.352	0.000	0.785
批发和零售业	1091	0.330	0.164	0.332	0.000	0.794
水利、环境和公共设施管理业	124	0.329	0.166	0.346	0.000	0.683
住宿和餐饮业	89	0.327	0.176	0.336	0.001	0.697
建筑业	328	0.316	0.194	0.349	0.000	0.770
文化、体育和娱乐业	110	0.296	0.147	0.285	0.007	0.676
制造业	8003	0.293	0.198	0.313	0.000	1.000

行业	样本量	均值	标准差	中位数	最小值	最大值
农、林、牧、渔业	209	0.277	0.159	0.298	0.000	0.640
租赁和商务服务业	114	0.269	0.174	0.304	0.000	0.605
卫生和社会工作	8	0.260	0.106	0.274	0.087	0.475
信息传输、软件和信息技术服务业	373	0.246	0.193	0.262	0.000	0.705
科学研究和技术服务业	27	0.164	0.193	0.048	0.000	0.689

3. 分析师跟进与控制变量的描述性统计

根据分析师跟进人数的最小值和四个四分位数分为五组，无分析师关注、低分析师关注、中低分析师关注、中高分析师关注、高分析师关注。计算各组中内生变量和控制变量的均值，并计算了各变量与分析师跟进人数的简单相关系数。描述性统计结果如表5-7所示。

表5-7　　　　　　　分析师跟进人数与控制变量的相关分析

变量	无分析师关注	低分析师关注	中低分析师关注	中高分析师关注	高分析师关注	简单相关系数
分析师跟进人数	0.000	0.873	1.781	2.716	3.550	1.000
股价同步性	-1.058	-0.836	-0.579	-0.484	-0.381	0.247
市场模型 R^2	0.294	0.334	0.375	0.393	0.418	0.267
波动性	0.614	0.625	0.610	0.583	0.520	-0.218
流通股比例	55.931	57.259	60.114	62.916	74.137	0.220
账面市值比	0.234	0.286	0.337	0.358	0.387	0.176
总资产	21.042	21.386	21.747	22.200	23.278	0.647
收入增速	137.696	26.500	145.394	32.310	21.231	-0.010
机构持股比例	13.752	16.580	23.160	33.064	51.090	0.533
成交额	22.374	22.817	23.058	23.327	23.956	0.474
换手率	6.422	6.506	6.394	6.195	5.675	-0.324
一般国有企业	0.313	0.345	0.355	0.346	0.399	0.044
中央企业	0.110	0.131	0.156	0.189	0.266	0.138
私营企业	0.495	0.452	0.416	0.382	0.245	-0.165
外商投资股份有限公司	0.018	0.019	0.018	0.016	0.015	-0.012

变量	无分析师关注	低分析师关注	中低分析师关注	中高分析师关注	高分析师关注	简单相关系数
其他	0.037	0.030	0.028	0.039	0.062	0.053
是否港股上市	0.004	0.007	0.018	0.031	0.114	0.188
发行证券种类	1.283	1.311	1.609	2.144	4.056	0.396

可以看出，多数变量随着分析师的增加呈现单调变化。具体来看，股价同步性或 R^2 随着分析师的增加而增加，两者的相关系数达到 0.247，说明分析师跟进人数较多的公司股价同步性较高。股票收益波动性与分析师人数呈现较为明显的负相关关系，相关系数为 −0.218，波动性较低的公司分析师跟进的人数更多。流通股比例与分析师人数正相关，分析师跟进人数较多的公司流通股比例较大。账面市值比与分析师人数正相关，说明分析师偏好的公司多为估值较低的公司，但相关程度并不高，相关系数仅为 0.176。总资产和分析师跟进人数呈现显著正相关，相关系数达到 0.647，说明分析师具有明显的规模偏好。收入增速与分析师跟进人数的关系并不明显，但从均值水平来看，可能是由于极端值影响了均值的计算导致的。机构持股比例和交易额与分析师跟进人数的相关性较强，相关系数分别达到 0.533 和 0.474。换手率与分析师跟进人数呈现负相关，说明分析师更偏好平稳交易的公司，与之前股价波动性负相关的结果相一致。两个信息披露变量（是否港股上市、发行证券种类）与分析师跟进行为正相关，其中发行证券类型有更强的相关关系，相关系数为 0.396。经营性质各变量中，可以看出，分析师跟进较多的公司多为国有企业和央企，私营企业跟进人数较少。

从简单相关分析的角度来看，分析师跟进行为与公司总资产、成交额、机构持股比例、流通股比例、账面市值比、发行证券种类、是否港股上市、是否为国企或央企有正相关关系，其中总资产、成交额、机构持股比例、发行证券种类与分析师跟进人数有较强的正相关关系。股票收益波动性和换手率与分析师跟进人数呈负相关，换手率的相关性程度较高。收入增速与分析师跟进人数无明显相关关系。两个内生变量分析师跟进和股价同步性之间存在明显的正相关关系。相关分析的结果与之前的理论分析和预测较为一致，但值得说明的是，相关分析并没有考虑变量之间相互影响的因果关系，需进行进一步的实证检验。

5.1.2.3　基于股价同步性的实证检验

根据方程（5.12）和方程（5.13），可以对分析师跟进和股价同步性的关系进行详细的实证检验。由于分析师行为方程的解释变量中包含股价同步性，股价同步性方程的解释变量中包含分析师跟进行为变量，存在随机解释变量的问题，不能直接用普通最小二乘法进行估计。为了控制股价同步性和分析师跟进的相互内生关系，本章采用二阶段最小二乘法（2SLS）进行估计。

1. 分析师跟进行为影响因素的实证检验

由于分析师行为方程（5.12）为恰好识别，可以采用 2SLS 进行估计。为了控制异方差和序列相关性的影响，采用 Newey – West 方法（Newey 和 West，1987）进行调整，结果见表 5 – 8。

表 5 – 8　　　　　　　　　分析师跟进行为方程的估计结果

变量名称	变量符号	预测方向	模型 1	模型 2	模型 3	模型 4
系数	C	N. A.	-9.676^{***} (-11.345)	-9.606^{***} (-10.614)	-9.503^{***} (-12.127)	-9.687^{***} (-33.228)
股价同步性	SYN	+	0.026 (0.090)	0.027 (0.095)	0.064 (0.263)	
总资产	ASST	+	0.171^{***} (6.117)	0.169^{***} (5.720)	0.196^{***} (3.379)	0.171^{***} (12.879)
账面市值比	BM	+	0.250 (0.860)	0.250 (0.856)		0.277^{***} (5.406)
流通股比例	FLOA	+	-0.006^{***} (-12.524)	-0.006^{***} (-12.483)	-0.006^{***} (-7.771)	-0.006^{***} (-14.001)
机构持股比例	INST	+	0.013^{***} (22.602)	0.013^{***} (23.626)	0.013^{***} (18.287)	0.013^{***} (27.813)
是否港股上市	HKD	+	-0.262^{***} (-7.133)	-0.263^{***} (-7.120)	-0.279^{***} (-6.492)	-0.263^{***} (-7.179)
发行证券种类	NSEC	+	0.056^{***} (3.249)	0.056^{***} (3.358)	0.057^{***} (3.331)	0.057^{***} (4.353)
成交额	TRAD	+	0.484^{***} (25.806)	0.485^{***} (25.631)	0.456^{***} (10.108)	0.484^{***} (30.670)
换手率	TURN	+	-0.307^{***} (-8.035)	-0.313^{***} (-7.595)	-0.294^{***} (-4.915)	-0.310^{***} (-13.354)
净资产收益率	ROE	+	0.048^{**} (1.901)	0.047^{*} (1.895)	0.048^{*} (1.877)	0.048^{**} (1.981)

变量名称	变量符号	预测方向	模型1	模型2	模型3	模型4
营业收入增速	REVG	+	0.000 (0.384)			
收益率波动性	VOLA	+	-0.678 *** (-4.559)	-0.660 *** (-4.442)	-0.697 *** (-3.859)	-0.671 *** (-6.776)
一般国企	CATO1	N. A.	0.079 (1.279)	0.080 (1.303)	0.086 (1.368)	0.081 (1.335)
中央企业	CATO2	N. A.	0.086 (1.386)	0.087 (1.400)	0.086 (1.398)	0.088 (1.447)
私营	CATO3	N. A.	0.122 * (1.940)	0.122 ** (1.960)	0.124 ** (1.972)	0.124 ** (2.092)
其他	CATO4	N. A.	0.179 ** (2.518)	0.176 ** (2.467)	0.179 ** (2.492)	0.176 ** (2.461)
外商投资	CATO5	N. A.	0.054 (0.619)	0.054 (0.622)	0.056 (0.642)	0.055 (0.631)
集体	CATO6	N. A.	0.098 (0.958)	0.098 (0.969)	0.109 (1.025)	0.102 (1.103)
调整后 R^2			0.57023	0.57028	0.57171	0.56823

注：未报告行业和年份虚拟变量的估计结果，括号中数值为 t 值，* 、** 、*** 分别表示在10%、5%、1%的显著性水平下显著。

模型1为按照分析师行为方程的初始设定方式进行的估计。估计结果显示，调整后 R^2 较高，达到0.57023，说明各变量对于分析师的跟进行为具有较强的解释能力。具体来看，股价同步性、总资产、账面市值比、机构投资者持股比例、成交额、净资产收益率、营业收入增长率等变量系数为正，且与理论预测相符，说明对分析师跟进行为影响的理论解释基本成立，对其具有促进作用。但其中股价同步性、账面市值比、营业收入增速三个变量并不显著。流通股比例、是否港股上市、换手率、波动性等指标系数为负，且与理论预测不相符。流通股比例与分析师跟进负相关可能由于流通股比例并不是分析师需求的有效代理变量，流通股中散户部分可能会使得分析师并不愿意跟进。港股上市对于分析师跟进的负效应可能体现在控制其他变量的基础上，多地上市的股票存在分析师的信息竞争问题，从而阻碍了内地分析师对于多地上市股票的跟进。换手率和波动性的负向影响可能体现了内地分析师的稳定股票偏好，可能的原因是 A 股市场的波动率由噪声引起，从而降低了分析师提供的信息价值。另外实证结果显示，分析师具有一定的企业类型偏好，在控制企业规模等变量的基础上，分析师显示出了对非国有企业的偏好，可能是由于同等条件下私营企业在经营理念、内部管理等方面更具有灵活性，从而会带来更多有价值信息。

由于营业收入增速的系数极不显著，去掉该变量后进行估计，结果见模型 2 所示。调整后 R^2 较模型 1 略有提高。其他变量的结论基本与模型 1 一致。另外，股价同步性和账面市值比之间存在一定的共线性关系，导致两变量存在多重共线性问题。因此分别去掉账面市值比和股价同步性变量进行估计，结果见模型 3 和模型 4 所示。去掉账面市值比变量后的模型 3 的调整后 R^2 较模型 2 有所提升，股价同步性变量的显著性有所上升但仍在 10% 的显著性水平下不显著。去掉股价同步性后的模型 4 调整后 R^2 较前三个模型小幅下降，但账面市值比变量在 1% 的显著性水平下显著。模型 3 和模型 4 中的其他变量的结论基本保持不变。

从分析师行为方程的估计结果可知，我国的分析师跟进行为决定因素与国外研究结果基本一致。分析师的跟进行为与股价同步性、公司规模、成交额、信息披露程度、经营性质和内部管理完善程度、股价被低估的程度、机构投资者持股比例有正向影响关系，其中股价同步性的影响程度较小。股价波动对分析师跟进具有负向影响关系，这与国外的研究不同，可能与 A 股波动多为噪声引起而非公司特质信息引起的原因有关。另外，公司基本面指标中，盈利能力对于分析师的跟进行为影响更强，成长性的影响程度较弱①。

2. 分析师跟进对股价同步性影响的实证检验

股价同步性影响方程为过度识别，采用二阶段最小二乘法（2SLS）进行估计，并用 Newey - West 调整法控制异方差和序列相关。估计结果见表 5 - 9。

表 5 - 9　　　　　　　　股价同步性影响因素方程的估计结果

变量名称	变量符号	预测方向	系数
系数	C	N. A.	- 0.742 (- 1.067)
分析师跟进	ANAL	？	0.212 *** (4.104)

---

①　营业收入增速用的是同期指标，本书也尝试了用滞后或超前一年的营业收入增速做回归，结果仍不显著。

变量名称	变量符号	预测方向	系数
总资产	ASST	+	0.167^{***} (9.426)
机构持股比例	INST	?	-0.4490^{***} (-5.594)
换手率	TURN	+	0.176^{***} (6.502)
成交额	TRAD	+	-0.223^{***} (-9.390)
业绩同质性	DROE	+	0.001^{***} (3.206)
调整后 R^2			0.269

注：未报告行业和年份虚拟变量的估计结果，括号中数值为 t 值，*、**、*** 分别表示在10%、5%、1%的显著性水平下显著。

从回归结果可以看出，分析师跟进变量的系数为0.212，大于0，且在1%的显著性水平下显著，说明在控制其他变量的基础上，分析师的跟进行为提高了股价同步性，这与之前的研究结果（Chan 和 Hameed，2006；Piotroski 和 Roulstone，2004；冯旭南和李心愉，2011；陆琳和彭娟，2012）基本一致。其他控制变量中，总资产、换手率、业绩同质性的回归系数为正，在1%的显著性水平下显著，与之前理论预测结果一致。成交额和机构持股比例的回归系数显著为负，成交额与理论预测结果不一致，说明 A 股多数交易是基于"噪声信息"或公司特质信息完成，并非行业信息，更高的交易额是将更多的特质信息融入股价，从而降低了股价同步性。

以上回归结果可以看出，影响股价同步性的信息层面因素中，分析师跟进提高了股价同步性，说明分析师提供的信息多为行业层面信息（也可能是通过降低公司"噪声信息"提高同步性，需要进一步检验）。机构持股可以降低股价同步性，说明机构投资者作为公司的"半内部人"，能够获取更多的公司特质信息，再通过交易将特质信息资本化至股价之中，这一结果与 Piotroski 和 Roulstone（2004）的研究基本一致，说明像 A 股市场这样的发展中国家市场与发达国家市场一样，机构投资者均有一定的信息优势。由于 A 股市场中成交额较高的公司大部分交易者为机构投资者，这也间接解释了成交额变量系数为负的原因。换手率系数为正，与理论预测一致，换手率较高的公司信息反应速率更快，使得股价同步性更高。非信息因素中，总资产和业绩同步性对股价同步性具有显著正向影响，说明在控制股价信息含量不变的情况下，股价同步性主要是由公司规模和业绩同质性造成的。

实证结果显示分析师跟进行为提高了股价同步性，这一结果可能由两种原因造成：一是分析师提供更多行业层面信息而非公司特质信息；二是分析师的跟进行为减少了公司层面的"噪声信息"，使得股价中行业信息含量的比例更高，提高了股价同步性。因此，需要从公司特质和行业层面有效信息（通常用盈余信息作为代理变量）含量的角度进行进一步的检验。

5.1.2.4 实证研究小结

本部分选取除创业板外 A 股市场 2005 年至 2012 年所有上市公司为样本，从股价同步性的角度对分析师跟进与市场信息效率之间的关系进行研究。首先对分析师跟进与理论部分识别的解释变量之间的关系进行了相关性分析，之后建立联立方程对分析师跟进行为的影响因素和股价同步性影响因素进行识别和实证估计。为了控制分析师跟进与股价同步性之间的相互内生性，采用两阶段最小二乘法（2SLS）进行回归，并通过 Newey – West 方法控制异方差和序列相关的影响。本章得到如下结论：

第一，从描述性统计的结果来看，卖方分析师行业在样本区间内经历了快速增长，单个公司跟进的分析师平均数量从 2005 年的 8.3 个提升至 2012 年的 19.4 个，分析师对上市公司的覆盖率从 2005 年的 68.1% 提高至 2012 年的 92.5%。分析师跟进具有比较明显的行业差异，金融、能源、公用事业等涉及公众利益的行业更受分析师的青睐，主要原因可能是这些行业受到政府的监管程度较强，信息透明度更高。对股价同步性的描述性统计结果显示了这些高分析师跟进的行业股价同步性更高。

第二，相关性分析的结果显示，分析师跟进与控制变量中的总资产、成交额、机构持股比例、流通股比例、账面市值比、发行证券种类、是否港股上市、是否为国企或央企有正相关关系；与收益率波动性和换手率呈负相关关系；与收入增速无明显相关关系。分析师跟进与股价同步性具有显著的正相关关系。上述相关分析结果与理论预测基本一致。

第三，实证结果显示，在控制其他变量的基础上，分析师跟进对于股价同步性有明显的正向影响，这与之前的研究结果（Chan 和 Hameed，2006；Piotroski 和 Roulstone，2004；冯旭南，2011；陆琳，2012）基本一致。这一结果可能由两种原因造成：一是分析师提供更多行业层面信息而非公司特质信息；二是分析师的跟进行为减少了公司层面的"噪声信息"，使得股价中行业信息含量的比例更高，提高了股价同步性。具体原因需要从股价对有效信息反映速率的角度进行进一步的检验。

5.2　证券分析师跟进行为与信息含量

5.2.1　基于股价盈利信息含量的实证研究

5.2.1.1　研究设计与数据处理

在得到分析师跟进行为会使得股价同步性提高之后，需要研究的问题就是确定股价同步性的提高是由于分析师提供了更多的市场和行业层面的信息还是降低了公司特质层面的"噪声信息"。公司的有效信息通常定义为未来盈余信息，因此可以通过检验分析师的跟进行为是否促进股价对未来盈余信息的反映来确定分析师提供的信息含量。

1. 计量模型设计

基于 Ayers 和 Freeman（2003）的研究框架，通过方程（5.14）对分析师跟进行为是否能够提高股价反映未来盈余信息的效率进行检验。

$$CAR_{i,t} = \alpha + \sum_{j=-1}^{1} \left[\lambda_j \Delta E_{i,t+j} \right] + \alpha_A ANAL_{i,t} + \sum_{j=-1}^{1} \left[\beta_j ANAL_{i,t} \Delta E_{i,t+j} \right] + \alpha_S ASST_{i,t}$$
$$+ \alpha_C CAR_{i,t+1} + \varepsilon_{i,t} \tag{5.14}$$

其中，$CAR_{i,t}$ 为第 i 家公司第 t 年的累计超额收益率，$\Delta E_{i,t+j}$ 为第 i 家公司第 $t+j$ 年（$j = -1, 0, 1$）的未预期盈余。$ANAL_{i,t}$ 为第 i 家公司第 t 期分析师的跟进情况，$ASST_{i,t}$ 为第 i 家公司第 t 期的规模，作为累计超额收益率的控制变量。Ayers 和 Freeman（2003）的研究结果表明，在不考虑分析师跟进变量的情况下，λ_{-1}、λ_0、λ_1 显著为正，说明当期的累计超额收益率与前一期的未预期盈余、当期的未预期盈余和下一期的未预期盈余显著正相关。众多国内外研究解释了这一现象（Ball 和 Brown，1968；Bernard 和 Thomas，1989；赵宇龙，1998）。λ_{-1} 符号为正是由于国内外市场存在盈余公告后的"收益率漂移"现象，即在盈余公告公布后，股价并不能立刻反映未预期盈余信息，存在一定的时滞，导致当期的累计超额收益率与上期的未预期盈余呈现显著正向关系。另外当期的超额收益率部分反映了当期盈余信息，从而使得系数 λ_0 为正。λ_1 衡量了当期超额收益率与未来盈余信息的关系，由于"价格引导盈余"现象的普遍存在，当期超额收益与下一期未预期盈余呈现显著正相关。

加入分析师跟进变量后，可以通过对方程（5.14）中各系数的估计判断分析师对价格反映信息的效率的影响。如果分析师跟进行为确实可以提高股价对信息含量的反映效率，那么应该能够降低盈余公告后"收益率漂移"等非有效现象，同时提高股价对现在和未来盈余信息的包含程度，体现未预期盈余和分析师跟进人数的交叉项系数 β_{-1}、β_0、β_1 应分别显著小于 0、大于 0、大于 0。

由于分析师对信息的提供可以分为公司特质层面和行业层面，因此单纯考虑个体公司的非预期盈余并不全面，需要将其分解为个体公司相对行业的非预期盈余和行业相对于整个市场的非预期盈余，并通过检验分析师对不同层面盈余信息的影响判断其在哪个层面上提高了股价信息效率。参考 Piotroski 和 Roulstone（2004）的研究方法，将方程（5.14）进行如下拓展：

$$CAR_{i,t} = \alpha + \sum_{j=-1}^{1}\left[\lambda_j \Delta FE_{i,t+j}\right] + \sum_{j=-1}^{1}\left[\gamma_j \Delta IE_{i,t+j}\right] + \alpha_A ANAL_{i,t}$$
$$+ \sum_{j=-1}^{1}\left[\beta_j ANAL_{i,t}\Delta FE_{i,t+j}\right] + \sum_{j=-1}^{1}\left[\delta_j ANAL_{i,t}\Delta IE_{i,t+j}\right] + \alpha_S ASST_{i,t}$$
$$+ \alpha_B BM_{i,t} + \alpha_C CAR_{i,t+1} + \varepsilon_{i,t} \qquad (5.15)$$

其中，$\Delta FE_{i,t+j}$ 为第 i 家公司第 $t+j$ 年相对于行业平均水平的非预期盈余，$\Delta IE_{i,t+j}$ 为第 i 家公司所在行业第 $t+j$ 年相对于整个市场平均水平的非预期盈余。$BM_{i,t}$ 为第 i 家公司第 t 年的账面市值比。方程（5.15）相比于方程（5.14）的改进之处在于，将个体公司的非预期盈余分解成公司相对于行业的非预期盈余和行业相对于市场的非预期盈余，根据系数 β_j 和 δ_j（$j=-1,0,1$）的正负以及显著程度判断分析师的跟进行为在哪个层面提高了市场对于盈余信息的反映效率。另外考虑到账面市值比等估值指标对于超额累计收益率有较强的解释能力，加入账面市值比作为控制变量，提高模型的设定准确性。

2. 数据处理方法

样本范围包括 2005 年至 2011 年除创业板以外所有 A 股上市公司，去掉数据缺失的样本以及所属行业为卫生和社会工作、教育、科学研究和技术服务的样本[1]，得到的有效样本量为 9807 个。模型中涉及的各变量计算方法如下：

$CAR_{i,t}$ 按照市场调整的累计超额收益率计算，计算公式为

$$CAR_{i,t} = \sum_{j=1}^{N}\left(r_{i,t,j} - r_{m,t,j}\right) \qquad (5.16)$$

其中，$r_{i,t,j}$ 为第 i 家公司第 t 年第 j 天的日收益率，$r_{m,t,j}$ 为第 t 年第 j 天的市场收益率，N 为第 t 年的交易天数。年份的划分与 5.1.2 节相同，为第 t 年 5 月 1 日至第 $t+1$ 年 4 月 30 日。

---

① 由于上述三个行业包含的公司均不超过 10 家，公司特质信息并不能有效分散，会使得行业指标一定程度上反映公司特质层面的内容，从而使得行业指标的衡量出现偏误，影响研究结果。

非预期盈余 $FE_{i,t}$ 沿用 Ayers 和 Freeman（2003）与朱红军等（2007）的计算方法，定义为公司当年净利润的变化除以当年年初公司的股权价值，其中股权价值为流通股数量与市场价格的乘积加上非流通股数量与每股净资产的乘积。计算方法如下：

$$FE_{i,t} = \frac{NI_{i,t} - NI_{i,t-1}}{FLOW_{i,t} \times P_{i,t} + REST_{i,t} \times BPS_{i,t}} \qquad (5.17)$$

其中，$NI_{i,t}$ 为第 i 家公司第 t 年的净利润，$FLOW_{i,t}$ 为第 i 家公司第 t 年年初的流通股数。$P_{i,t}$ 为第 i 家公司第 t 年年初的股票收盘价。$REST_{i,t}$ 为第 i 家公司第 t 年年初限售股数量，$BPS_{i,t}$ 为第 i 家公司第 t 年年初的每股净资产。令 $IE_{i,t}$ 为第 t 年公司 i 所处行业内所有公司的 $FE_{i,t}$ 的中位数，作为第 t 年行业的未预期盈余。其中行业分类参照证监会行业分类标准。令 $ME_{i,t}$ 为第 t 年所有行业的 $IE_{i,t}$ 的中位数，作为第 t 年市场的未预期盈余。则公司相对于市场的未预期盈余 $\Delta E_{i,t}$、公司相对于行业的未预期盈余 $\Delta FE_{i,t}$ 和行业相对于市场的未预期盈余 $\Delta IE_{i,t}$ 分别为

$$\Delta E_{i,t} = FE_{i,t} - ME_t \qquad (5.18)$$
$$\Delta FE_{i,t} = FE_{i,t} - IE_t \qquad (5.19)$$
$$\Delta IE_{i,t} = IE_{i,t} - ME_t \qquad (5.20)$$

$\Delta FE_{i,t}$ 表示在第 t 年公司 i 的未预期盈余超出行业水平的部分，ΔIE_t 表示第 t 年公司 i 所在的行业未预期盈余超出市场水平的部分。用这两个变量分别表示公司特质层面的盈余信息和行业层面的盈余信息。由于未预期盈余涉及会计计量，年份的划分与会计期间一致（第 t 年指标对应的时间区间为第 t 年 1 月 1 日至第 t 年 12 月 31 日）。

分析师跟进人数（$ANAL$）、总资产规模（$ASST$）、账面市值比（BM）的处理方式同 5.1.2.3。分析师跟进人数数据来自万得资讯（Wind）数据库，其他变量数据来自同花顺（iFind）数据库。数据处理软件为 MS Excel 2010 以及 Eviews 7.2。

5.2.1.2　基于股价对未来盈利信息反映效率的实证检验

根据 Ayers 和 Freeman（2003）的基本模型方程（5.14）进行检验，确定 A 股市场中个股对于不同期间不同类型盈余信息的反映程度，同时判断模型设定是否合理。估计结果见表 5 – 10。

表 5 – 10　　　　　　　　　股价信息含量基本模型估计结果

变量名称	模型 1	模型 2	模型 3	模型 4
C	− 0.0298 （− 0.5807）	0.3073 *** （6.0574）	0.1229 *** （25.2415）	0.0244 （0.4653）
ΔE_{t+1}	0.0171 （0.7120）	0.0256 （1.0364）	0.0212 （0.8863）	
ΔE_t	0.3615 *** （14.1798）	0.4144 *** （15.8627）	0.3669 *** （14.4256）	
ΔE_{t+1}	0.1876 *** （6.3483）	0.3077 *** （10.2710）	0.1927 *** （6.5301）	
ΔFE_{t-1}				0.0155 （0.6417）
ΔFE_t				0.3505 *** （13.6736）
ΔFE_{t+1}				0.1668 *** （5.6269）
ΔIE_{t-1}				0.1090 （0.2107）
ΔIE_t				1.6279 *** （3.0674）
ΔIE_{t+1}				3.2155 *** （6.3469）
CAR_{t+1}	− 0.1098 *** （− 10.7475）	− 0.1351 *** （− 12.9242）	− 0.1137 *** （− 11.2073）	− 0.1154 *** （− 11.2772）
ASST	0.0072 *** （2.9899）	− 0.0126 *** （− 5.4060）		0.0048 * （1.9343）
BM	− 0.2978 *** （− 23.8957）		− 0.2850 *** （− 24.3415）	− 0.2938 *** （− 23.5114）
F 统计量	177.14	92.96	210.61	123.60
P（F 统计量）	0.0000	0.0000	0.0000	0.0000
调整后 R^2	0.0973	0.0448	0.0966	0.1012
D – W 统计量	1.7756	1.7349	1.7743	1.7775

　　注：未报告行业和年份虚拟变量的估计结果，括号中数值为 t 值，*、**、*** 分别表示在 10%、5%、1% 的显著性水平下显著。

表 5 – 10 中，模型 1、模型 2、模型 3 是对 Ayers 和 Freeman（2003）的基本模型的估计结果。控制变量的选择上单独控制资产规模的模型 2 中，ASST 系数在 1% 的显著性水平下显著，但整体解释力较弱，调整后 R^2 仅有 0.0448；单独控制账面市值比之后的模型 3 解释力显著增强，调整后 R^2 提升至 0.0966。因此，总资产和账面市值比均是重要的解释变量，应加入回归模型。模型 1 的解释力显著提高，调整后 R^2 为 0.0973，ASST 和 BM 的系数均在 1% 的显著性水平下显著。从公司相对于市场的未预期盈余 ΔE 的系数中可以发现，当期和下一期盈余的系数显著为正，说明当期和未来一期未预期盈余对于当期的累计超额收益率有很强的解释力，当前股价基本反映了当期的盈利情况和未来的盈利情况。这与 Ayers 和 Freeman（2003）的结论一致。滞后一期盈余变量的系数为正，但并不显著，说明当期的超额收益与上一期的盈余情况没有很强的关系，盈余公告后的"收益率漂移"现象并不明显，A 股市场基本达到了半强有效市场。

模型 4 是将公司相对市场的未预期盈余分解为公司相对于行业的未预期盈余（ΔFE）和行业相对于市场的未预期盈余（ΔIE），分别代表公司特质层面的盈余信息和行业层面的盈余信息。回归结果显示，当期变量和超前一期变量的系数显著为正，滞后一期变量的系数为正但不显著。说明当期和未来一期的公司和行业层面的盈余信息均被包含在当期的股价之中，之前一期的公司和行业盈余信息均对当期股价没有显著影响，体现了 A 股市场较高的信息效率。另外，ΔIE 的系数之和为 4.9525，远大于 ΔFE 的系数之和 0.5328，Piotroski 和 Roulstone（2004）同样得到了类似的结果。说明市场对于行业信息的消化速率远大于对于公司特质信息的消化速率，这主要与行业信息获取途径更为广泛、投资者解读更彻底，而个体公司信息获取途径较窄、扩散速度更慢，需要更长的时间被市场完全吸收有关（Ayers 和 Freeman，1997；Piotroski 和 Roulstone，2004）。

从实证结果可知，A 股市场中股价能够有效反映当期和未来一期的盈余信息，而通过过去的盈余信息并不能获取超额收益率，说明 A 股市场信息效率较高，基本达到半强有效的状态。另外，A 股市场对于行业层面的信息吸收速率更快，而对于公司特质层面的信息吸收速率更慢。另外，实证结果也表明模型的设定基本正确，可以加入分析师跟进变量判断分析师对于不同层面信息吸收效率的影响。

5.2.1.3 分析师跟进行为对盈利信息反映效率的影响

如表 5 – 11 所示，模型 1 是基于方程（5.14）的回归结果，采用公司相对于市场的未预期盈余作为解释变量。模型 2 是基于方程（5.15）的回归结果，将盈余分为公司相对于行业的部分和行业相对于市场的部分。由于之前已经证明滞后一期的盈余信息对于当期累计超额收益率不具有解释力，因此去掉滞后一期变量。

表 5－11　　　　　分析师跟进行为对股价反映盈余信息效率的影响

	模型 1		模型 2
C	0.1842 ** (1.9854)	C	0.2790 *** (4.4109)
ΔE_t	0.1953 *** (2.9326)	ΔFE_t	0.1798 *** (5.2138)
ΔE_{t+1}	－0.0744 (－1.0741)	ΔFE_{t+1}	－0.0977 ** (－2.2712)
		ΔIE_t	2.9307 *** (2.8955)
		ΔIE_{t+1}	3.5435 *** (4.0304)
$ANAL \times \Delta E_t$	0.1511 *** (3.0102)	$ANAL \times \Delta FE_t$	0.1520 *** (6.5710)
$ANAL \times \Delta E_{t+1}$	0.2265 *** (4.5386)	$ANAL \times \Delta FE_{t+1}$	0.2256 *** (8.5111)
		$ANAL \times \Delta IE_t$	－0.3637 (－0.8937)
		$ANAL \times \Delta IE_{t+1}$	0.1098 (0.2895)
ANAL	0.0165 *** (3.8233)	ANAL	0.0203 *** (6.0290)
CAR_{t+1}	－0.1142 *** (－8.0060)	CAR_{t+1}	－0.1199 *** (－11.7654)
ASST	－0.0044 (－0.8549)	ASST	－0.0091 *** (－2.8847)
BM	－0.2826 *** (－4.9564)	BM	－0.2766 *** (－21.9865)
F 统计量	149.8615		105.4024
P（F 统计量）	0.0000		0.0000
调整后 R^2	0.1083		0.1133
D－W 统计量	1.7757		1.7799

注：括号中数值为 t 值，* 、** 、*** 分别表示在 10%、5%、1% 的显著性水平下显著。

从模型 1 的估计结果可以看出，分析师跟进人数与当期和下一期未预期盈余交叉项 $ANAL \times \Delta E_{t+j}$（$j=0$，1）系数均显著为正，说明分析师的跟进行为能够提高股价对当期和未来的盈余信息的反映效率，提高了市场整体的信息效率。模型 2 显示了分析师跟进行为对于不同层面信息效率的不同影响。分析师人数与公司相对于行业的未预期盈余交叉项 $ANAL \times \Delta FE_{t+j}$（$j=0$，1）均显著为正，而分析师人数与行业相对于市场的未预期盈余交叉项 $ANAL \times \Delta IE_{t+j}$（$j=0$，1）均不显著，且当期变量的系数为负。说明分析师跟进人数较多的公司，其公司特质层面盈余信息能够更快融入股价，而对于行业层面的盈余信息并没有很大的影响。分析师是通过提高公司特质层面信息效率来提高整体市场的信息效率的，对于行业层面信息效率影响程度较弱。

为了确保研究的有效性和合理性，从机构投资者角度进行对比研究，即用机构投资者持股比例代替分析师跟进人数作为解释变量，检验机构投资者持股和交易对于股价的盈余信息反映效率的影响，并与卖方分析师的跟进行为做对比。检验的模型如下：

$$CAR_{i,t} = \alpha + \sum_{j=-1}^{1} \left[\lambda_j \Delta E_{i,t+j} \right] + \alpha_{IN} INST_{i,t} + \sum_{j=-1}^{1} \left[\beta_j INST_{i,t} \Delta E_{i,t+j} \right] + \alpha_S ASST_{i,t}$$
$$+ \alpha_B BM_{i,t} + \alpha_C CAR_{i,t+1} + \varepsilon_{i,t} \tag{5.21}$$

$$CAR_{i,t} = \alpha + \sum_{j=-1}^{1} \left[\lambda_j \Delta FE_{i,t+j} \right] + \sum_{j=-1}^{1} \left[\gamma_j \Delta IE_{i,t+j} \right] + \alpha_{IN} INST_{i,t}$$
$$+ \sum_{j=-1}^{1} \left[\beta_j INST_{i,t} \Delta FE_{i,t+j} \right] + \sum_{j=-1}^{1} \left[\delta_j INST_{i,t} \Delta IE_{i,t+j} \right]$$
$$+ \alpha_S ASST_{i,t} + \alpha_B BM_{i,t} + \alpha_C CAR_{i,t+1} + \varepsilon_{i,t} \tag{5.22}$$

$$CAR_{i,t} = \alpha + \sum_{j=-1}^{1} \left[\lambda_j \Delta FE_{i,t+j} \right] + \sum_{j=-1}^{1} \left[\gamma_j \Delta IE_{i,t+j} \right] + \alpha_{IN} INST_{i,t} + \alpha_A ANAL_{i,t}$$
$$+ \sum_{j=-1}^{1} \left[\beta_{IN,j} INST_{i,t} \Delta FE_{i,t+j} \right] + \sum_{j=-1}^{1} \left[\delta_{IN,j} INST_{i,t} \Delta IE_{i,t+j} \right]$$
$$+ \sum_{j=-1}^{1} \left[\beta_{A,j} ANAL_{i,t} \Delta FE_{i,t+j} \right] + \sum_{j=-1}^{1} \left[\delta_{A,j} ANAL_{i,t} \Delta IE_{i,t+j} \right]$$
$$+ \alpha_S ASST_{i,t} + \alpha_B BM_{i,t} + \alpha_C CAR_{i,t+1} + \varepsilon_{i,t} \tag{5.23}$$

其中，$INST_{i,t}$ 为第 i 家公司第 t 年末机构投资者持有股份数量占总股本的比例。方程（5.21）和方程（5.22）是对将原方程中的分析师跟进变量替换成机构投资者持股变量，以对比机构投资者与分析师在信息效率影响方面是否不同。方程（5.23）是在方程（5.22）的基础上再加入了分析师跟进变量，检验两者对于信息效率影响的强弱。估计结果见表 5 – 12。

表 5 – 12　　　　　　　　　　分析师与机构投资者信息效率对比

	模型 1		模型 2	模型 3
C	0.2081*** (3.8693)	C	0.2992*** (5.3568)	0.3682*** (5.8249)
ΔFE_t	0.2675*** (8.8156)	ΔFE_t	0.2526*** (8.2587)	0.2384*** (5.8805)
ΔFE_{t+1}	0.0100 (0.3034)	ΔFE_{t+1}	− 0.0047 (− 0.1423)	− 0.1243*** (− 2.8151)
$INST \times \Delta E_t$	2.0856*** (11.7139)	ΔIE_t	2.3954*** (3.3601)	2.8313*** (2.7778)
$INST \times \Delta E_{t+1}$	2.3215*** (12.0915)	ΔIE_{t+1}	2.5040*** (3.7979)	3.6393*** (4.2141)
		$ANAL \times \Delta FE_t$		0.0113 (0.3961)
		$ANAL \times \Delta FE_{t+1}$		0.1213*** (4.0981)
		$ANAL \times \Delta IE_t$		− 0.2081 (− 0.3895)
		$ANAL \times \Delta IE_{t+1}$		− 0.8448** (− 1.8130)
		$INST \times \Delta FE_t$	2.0881*** (11.6807)	2.0420*** (10.1677)
		$INST \times \Delta FE_{t+1}$	2.2156*** (11.4084)	1.8154*** (8.3811)
		$INST \times \Delta IE_t$	− 2.3398 (− 1.0121)	− 1.5829 (− 0.5178)
		$INST \times \Delta IE_{t+1}$	8.3915*** (3.1705)	12.0891*** (3.6360)
		ANAL		0.0068** (1.8850)
INST	0.1188*** (8.4872)	INST	0.1426*** (9.7419)	0.1345*** (8.4374)

续表

	模型 1		模型 2	模型 3
CAR_{t+1}	-0.1163^{***} (-11.3898)	CAR_{t+1}	-0.1224^{***} (-11.9772)	-0.1229^{***} (-12.0351)
ASST	-0.0055^{**} (-2.1133)	ASST	-0.0100^{***} (-3.6757)	-0.0137^{***} (-4.3120)
BM	-0.2917^{***} (-22.3877)	BM	-0.2831^{***} (-21.6077)	-0.2823^{***} (-21.4613)
F 统计量	193.0118		134.9581	97.0023
P（F 统计量）	0.0000		0.0000	0.0000
调整后 R^2	0.1391		0.1446	0.1465
D－W 统计量	1.7723		1.7801	1.7813

注：括号中数值为 t 值，*、**、*** 分别表示在 10%、5%、1% 的显著性水平下显著。

模型 1 的估计结果显示机构投资者也能显著促进当期和未来盈余信息反映到股价之中（$INST \times \Delta E_{t+j}$（$j=0$，1）的系数均显著为正）；模型 2 的估计结果显示，机构投资者持股比例与公司层面的未预期盈余的交叉项 $INST \times \Delta FE_{t+j}$（$j=0$，1）均显著为正，说明机构投资者能够提高公司层面的信息反映至股价中的效率。但与分析师不同，机构投资者持股比例与未来一期行业层面未预期盈余的交叉项 $INST \times \Delta FE_{t+1}$ 显著为正，说明机构投资者也能提高行业层面信息反映至股价中的效率。模型 3 反映了分析师和机构投资者信息效率影响力的强弱，分析师人数和机构持股比例与未来一期公司层面未预期盈余交叉项 $ANAL \times \Delta FE_{t+1}$、$INST \times \Delta FE_{t+1}$ 系数均显著为正，说明分析师和机构投资者均可以提高公司层面信息的有效性。分析师人数与未来一期行业层面未预期盈余交叉项 $ANAL \times \Delta IE_{t+1}$ 系数为负且在 1% 的显著性水平下不显著，而机构持股数量相应的交叉项 $INST \times \Delta IE_{t+1}$ 系数显著为正。说明机构投资者能够促进行业层面盈利信息融入股价的效率，而分析师的跟进行为并不能做到这一点，甚至在控制机构投资者持股的因素后分析师具有一定的负面影响。因此，对比来看分析师对于市场信息效率的提高作用弱于机构投资者，而且分析师跟进行为仅对公司特质层面信息效率具有促进作用，对于行业层面的信息效率没有显著的影响，而机构投资者可以在两个层面上对市场信息效率起到促进作用。这一结论再次证明了分析师的跟进行为是通过提高公司特质层面的信息反映效率来提高市场整体的信息效率的，对于行业层面的信息效率影响并不显著。

结合本部分的研究结果，分析师跟进行为提高股价同步性可能有两种原因：

一种是分析师提供的信息多数为市场层面的信息而非公司特质层面的信息，从而使得股价中包含了更多的市场或行业的信息，提高了股价同步性；另一种是分析师并没有提供额外的市场或行业层面的信息，而是降低公司特质层面"噪声信息"的含量，从而提高了股价中宏观层面信息的比例，显示为股价同步性的上升。在通过对盈余信息反映效率的检验后发现，分析师的跟进行为对行业层面盈余信息反映效率的影响并不显著，而对公司特质层面盈余信息效率具有显著的促进作用。由于分析师并没有提供有效的行业层面信息，股价同步性的提高不会是由于更高的宏观信息含量造成的，同时股价同步性的提高，说明在宏观信息不变的情况下，分析师并没有提供更多的公司特质层面有效信息，因此，可以得出结论，分析师跟进行为是通过降低公司特质层面的"噪声信息"来提高市场信息效率的[①]。

5. 2. 1. 4　实证研究小结

本章采用 Ayers 和 Freeman（2003）的基本研究框架，并根据 Piotroski 和 Roulstone（2004）的研究思路进行调整，对分析师如何影响股价对未预期盈余信息的反映速率进行检验。样本包括除创业板外所有 A 股市场 2005 年至 2012 年的上市公司。得到如下结论：

第一，对 Ayers 和 Freeman（2003）的检验结果显示当期的超额收益与上一期的盈余情况没有明显的关系，与本期和下一期盈余情况具有显著关系，说明 A 股市场基本达到了半强有效市场。对公司特质层面未预期盈余和行业层面未预期盈余的检验发现，股价对于行业层面盈余信息的反映速率更快，这与 Ayers 和 Freeman（2003）与 Piotroski 和 Roulstone（2004）的研究结果一致。

第二，在对加入分析师跟进因素后的模型进行检验的结果发现，分析师跟进能够提高盈余信息在股价中的反映速率，但是通过提高公司特质层面盈余信息反映速率实现的，对于行业层面的盈余信息并没有显著影响。出于稳健性考虑，检验了机构持股数量对于盈余信息反映速率的影响情况，发现机构持股数量与两个层面未预期盈余信息的反映速率均有明显的促进作用。机构投资者相比于卖方分析师显示出了更高的信息效率。

第三，结合股价同步性的研究结果可以得到结论，分析师跟进行为能够在

---

① 　对于机构投资者行为的信息效率同样可以得到相应结论，股价同步性的研究显示，机构投资者持股能够降低股价同步性的影响。而盈余信息反映效率的检验结果显示，机构投资者能同时提高公司特质层面和行业层面盈余信息的反映速率。因此机构投资者是通过提供更多的公司特质层面有效信息来提高市场信息效率的，也说明机构投资者相较于分析师具有更高的信息效率。这一结论与 Piotroski 和 Roulstone（2004）的研究一致。

整体上提高市场的信息效率，但影响的方式并非通过提供额外公司和行业层面有效信息，而是通过降低公司层面"噪声信息"完成的。

5.2.2　分析师跟进行为信息效率的演变

以上的研究是从分析师时间和数量整体样本的角度来进行研究的，但我国证券市场自 1990 年开始，制度和规模方面均处于持续的变化之中，投资者的投资理念也在不断更新和进步，不同时间段 A 股市场特性以及市场参与者的行为方式均有很大不同。我国基于基本面研究的证券分析师行业起步于 2000 年左右，发展至今已经有近 18 年的时间。分析师从最开始的股评家风格到现在以基本面为主导的价值投资风格，其行为方式和对市场影响能力均发生了很大的变化。因此单纯从时间整体样本角度来研究有失偏颇，需要对不同阶段以及不同市场特性下分析师行为的信息效率进行进一步的分析。

5.2.2.1　数据处理与研究设计

本部分采用的模型、数据、变量处理方法均与第 4 章和第 5 章相同。模型设定差异在于估计样本的时间划分。为了检验分析师跟进的信息效率在不同年份的差异，本部分将逐年对以下两个模型进行回归，方程（5.24）和方程（5.25）与方程（5.11）和方程（5.13）的区别在于去掉了表示不同年份的时间虚拟变量。

基于股价同步性的实证模型：

$$
\begin{aligned}
ANAL_{i,t} = {} & b_{0,t} + b_{1,t}SYN_{i,t} + b_{2,t}ASST_{i,t} + b_{3,t}TRAD_{i,t} + b_{4,t}TURN_{i,t} + b_{5,t}FLOA_{i,t} \\
& + b_{6,t}INST_{i,t} + b_{7,t}BM_{i,t} + b_{8,t}VOLA_{i,t} + b_{9,t}ROE_{i,t} + b_{10,t}REVG_{i,t} \\
& + b_{11,t}HKD_{i,t} + b_{12,t}NSEC_{i,t} + \sum_{j=1}^{5} b_{13,j}CATO_{i,j} + \sum_{j=1}^{17} b_{14,j}ID_{i,j} + \varepsilon_{i,t}
\end{aligned}
$$

$$\tag{5.24}$$

$$
\begin{aligned}
SYN_{i,t} = {} & c_{0,t} + c_{1,t}ANAL_{i,t} + c_{2,t}ASST_{i,t} + c_{3,t}TRAD_{i,t} + c_{4,t}TURN_{i,t} + c_{5,t}INST_{i,t} \\
& + c_{6,t}DROE_{i,t} + \sum_{j=1}^{17} c_{7,t,j}ID_{i,j} + \varepsilon_{i,t}
\end{aligned}
\tag{5.25}
$$

基于股价对盈余信息反应速率的实证模型：

$$
\begin{aligned}
CAR_{i,t} = {} & \alpha_t + \sum_{j=-1}^{1} \left[\lambda_j \Delta E_{i,t+j} \right] + \alpha_{A,t}ANAL_{i,t} + \sum_{j=-1}^{1} \left[\beta_{j,t}ANAL_{i,t}\Delta E_{i,t+j} \right] \\
& + \alpha_{S,t}ASST_{i,t} + \alpha_{C,t}CAR_{i,t+1} + \varepsilon_{i,t}
\end{aligned}
\tag{5.26}
$$

$$
CAR_{i,t} = \alpha_t + \sum_{j=-1}^{1} \left[\lambda_{j,t}\Delta FE_{i,t+j} \right] + \sum_{j=-1}^{1} \left[\gamma_{j,t}\Delta IE_{i,t+j} \right] + \alpha_{A,t}ANAL_{i,t}
$$

$$+ \sum_{j=-1}^{1} \left[\beta_{j,t} ANAL_{i,t} \Delta FE_{i,t+j} \right] + \sum_{j=-1}^{1} \left[\delta_{j,t} ANAL_{i,t} \Delta IE_{i,t+j} \right]$$
$$+ \alpha_{S,t} ASST_{i,t} + \alpha_{B,t} BM_{i,t} + \alpha_{C,t} CAR_{i,t+1} + \varepsilon_{i,t} \tag{5.27}$$

$(t = 2005, 2006, \cdots, 2011)$

估计方法延续 4.3 节、4.4 节的方法，其中方程（5.24）和（5.25）由于存在解释变量内生问题，采用两阶段最小二乘法。通过估计的系数 $c_{1,t}$（$t = 2005, 2006, \cdots, 2011$）来确定各年份分析师跟进行为对于股价同步性影响的方向。通过 $\beta_{j,t}$ 和 $\delta_{j,t}$（$t = 2005, 2006, \cdots, 2011$）系数来确定各年份分析师对不同层面盈余信息反映效率的促进作用。

5.2.2.2 不同年份分析师跟进行为信息效率的实证检验

由于重点关注模型中 $c_{1,t}$、$\beta_{j,t}$、$\delta_{j,t}$ 等系数的变化，从篇幅考虑仅报告上述系数的估计结果，具体见表 5 - 13。

表 5 - 13　　　　　　　分年份分析师行为信息效率演变的估计结果

年份	2005	2006	2007	2008	2009	2010	2011
方程（5.25）							
ANAL	- 0. 8212 ***	2. 0216 ***	0. 7752 ***	- 0. 7021 ***	0. 0144	0. 1792 ***	0. 2021 ***
	(- 2. 8229)	(5. 4712)	(4. 7600)	(- 5. 2241)	(0. 2218)	(2. 8100)	(2. 7648)
方程（5.26）							
ANAL × ΔE_t	0. 0002	0. 0645	0. 4161 ***	0. 6572 ***	0. 0995	0. 7583 ***	0. 5663 ***
	(0. 0031)	(1. 3242)	(3. 5691)	(5. 3256)	(1. 4596)	(7. 1287)	(9. 0128)
ANAL × ΔE_{t+1}	0. 0683 **	0. 2188	0. 9321 ***	0. 2845 ***	0. 3436 ***	0. 7430 ***	0. 2060 ***
	(1. 8470)	(1. 6304)	(5. 0779)	(3. 5324)	(2. 8763)	(8. 1186)	(2. 9123)
方程（5.27）							
ANAL × ΔFE_t	0. 0061	0. 0978 *	0. 4260 ***	0. 6746 ***	0. 1107	0. 7329 ***	0. 5556 ***
	(0. 1010)	(1. 9600)	(3. 5356)	(5. 3135)	(1. 6213)	(6. 8948)	(8. 9503)
ANAL × ΔFE_{t+1}	0. 0649 *	0. 2871 **	0. 9174 ***	0. 2688 ***	0. 3288 ***	0. 7609 ***	0. 1756 **
	(1. 7582)	(2. 1116)	(4. 8379)	(3. 3222)	(2. 7300)	(8. 3121)	(2. 4836)
ANAL × ΔIE_t	- 3. 1486 **	- 1. 9747 *	- 2. 9410	6. 0144	- 0. 5720	1. 7421	- 6. 4881 ***
	(- 2. 0166)	(- 1. 7317)	(- 0. 6735)	(1. 6187)	(- 0. 4147)	(0. 5606)	(- 2. 6844)
ANAL × ΔIE_{t+1}	0. 2110	2. 3135	5. 4240	5. 9389 ***	- 2. 4826	- 2. 6759	1. 8983
	(0. 4415)	(0. 5363)	(1. 3765)	(3. 0124)	(- 0. 7331)	(- 1. 0525)	(1. 1980)
市场 CAR	24. 86%	104. 12%	- 0. 44%	- 34. 00%	22. 08%	4. 51%	- 21. 95%

注：括号中数值为 t 值，*、**、*** 分别表示在 10%、5%、1% 的显著性水平下显著。篇幅原因未报告其他变量系数值。

从方程（5.25）的估计结果可以看出，大多数年份分析师的跟进行为均显著提高了股价同步性，与之前全样本研究结果基本一致。例外的情况包括 2005年、2008 年、2009 年，前两者显示分析师跟进显著降低了股价同步性，而 2009年则是分析师对股价同步性的影响虽然为正，但并不显著。方程（5.26）的估计结果显示，2005 年、2006 年期间，分析师的跟进行为虽然提高了股价对当期和未来一期未预期盈余信息的反映速率，但这种效果并不显著。2007 年至 2011年样本期间，分析师的跟进行为显著提高了股价对于未预期盈余信息的反映速率，说明 2005 年至 2011 年分析师的信息效率总体呈现提升的态势。方程（5.27）的估计结果显示，分析师对于行业盈余信息的反映速率的影响方向有正有负。除 2008 年以外，分析师的这种影响均不显著，说明分析师对于行业层面盈余信息在股价中反映的影响非常有限，大多数时候并不能提高股价中行业层面的信息含量。而分析师对于公司层面盈余信息反映速率在除 2005 年、2006年、2009 年外的其他年份均在 1% 的显著性水平下显著。如果显著性水平放松至 10%，则所有年份分析师均对公司层面信息反映速率有显著影响。

从股价同步性模型和盈余信息反映速率模型的估计结果结合来看，2005 年分析师对股价同步性负向影响，对未来盈余信息反映速率的影响较弱，说明分析师提供的信息很有可能是公司特质层面的"噪声信息"，一方面降低了股价同步性，另一方面阻碍了股价对有效信息的反映。2006 年情况比较特殊，分析师对股价同步性正向影响，对未来盈余信息的反映速率的影响较弱，而且不论是行业层面盈余信息还是公司层面盈余信息的反映速率均没有被分析师跟进行为显著地影响（假设 1% 的显著性水平）。两者存在一定的矛盾（对股价同步性的影响为正说明分析师提供行业信息或者降低公司"噪声信息"，这两者均应表现为促进盈余信息的反映，而在盈余信息反映模型中的系数却并不显著）。由于 2006 年经历了 A 股历史上空前的大牛市行情，其样本性质与其他时间段的样本性质有较大差异，可能存在本章研究框架外的其他因素的影响，需要留待后续的研究中进一步探讨。2007 年分析师跟进能够提高股价同步性，同时也能提高盈余信息的反映效率。从不同层面的信息效率角度考虑，分析师跟进对于公司层面盈余信息反映速率的促进作用更显著，对于行业层面盈余信息反映速率的促进作用并不显著。因此 2007 年分析师跟进行为主要通过降低公司特质层面的"噪声信息"提高了股价同步性。2008 年分析师对于股价同步性具有显著的正向影响，而且能够提高公司层面盈余信息和行业层面盈余信息的反映速率，说明分析师在 2008 年同时提供了公司层面和行业层面的有效信息，而且通过提供更多的公司特质层面的信息降低了股价同步性，体现了很高的信息效率。2009 年到 2011 年情况较为相似，分析师跟进行为提高了股价同步性，也提高了公司层面盈余信息的反映速率，对行业层面盈余信息的影响不显著。这三年中分析师也是通过降低公司层面"噪声"来提高股价同步性和信息效率的。

总体来看，分析师的信息效率呈现逐步提高的态势，2005 年、2006 年分析师跟进并不能显著提升股价对盈余信息的反映速率，即使从股价同步性的角度来看 2005 年分析师跟进能够降低同步性，但这也是因为提供"噪声信息"的缘故，并非是由于公司特质层面有效信息。2007 年至 2011 年分析师跟进的信息效率促进作用更加显著，但更多是通过降低公司层面"噪声信息"的方式提高股价同步性。另外，分析师跟进行为对于行业信息效率的影响相对有限，除了 2008 年外，其他年份分析师跟进对于股价反映行业信息效率的影响并不显著。这与之前国内众多研究（朱红军等，2007；冯旭南，2011；陆琳，2012）的结果并不一致。

5.2.2.3 不同市场态势分析师跟进行为信息效率的实证检验

1. 问题的提出

如果加入不同年份市场累计超额收益率数据，可以发现对于上涨和下跌不同的市场行情，分析师的信息效率似乎也显示出了不同的特性。国内外很多研究表明，不同市场态势中股票价格走势呈现不同的特性。Fabozzi 和 Francis（1977）最早对牛市和熊市中股票收益率构成要素的稳定性进行检验，发现股票的 α 和 β 在不同市场态势下稳定性具有显著区别。Bhardwaj 等（1993）研究了不同市场环境下公司规模、超额收益率和系统性风险的关系，发现不同市场环境中的超额收益率是由于变化的风险模型得到的，而不是经典理论中假设的稳定的风险模型。我国的一些研究也表明在不同的市场态势下市场参与者的行为方式是有区别的，淳于松涛、杨春鹏和杨德平（2007）发现牛熊市中机构投资者的行为具有非一致性，预测能力和择时能力欠佳，因此认为我国的机构投资者多数为"噪声交易者"。陆蓉、徐龙炳（2004）发现在不同市场态势中，好消息和坏消息对于市场的冲击是不对称的，而这种现象主要由于投资者预期和决策方式以及市场交易机制有关。朱铭（2011）分析了不同市场态势下分析师股票推荐评级的比较，发现在一个完整的牛熊市周期中分析师的荐股行为具有显著的差异，由此得到结论，分析师行为具有不完全理性的特征，作为市场信息中介没有起到稳定市场的作用，反而成为推涨助跌的因素之一。

本部分将在前文实证研究的基础上进一步对不同市场态势中分析师跟进行为信息效率差异进行探讨。从市场环境的角度解读分析师跟进行为演变过程，对前文的结论做印证和补充。

2. 模型设定和数据处理方法

为了检验市场态势对于分析师信息效率的影响，在方程（5.12）、方程（5.13）、方程（5.14）和方程（5.15）中相应的检验分析师信息效率的系数 c_1、β_j 和 δ_j 中加入表示市场态势的虚拟变量，建立如下检验模型。

基于股价同步性的实证模型：

$$
\begin{aligned}
ANAL_{i,t} = {} & b_0 + b_1 SYN_{i,t} + b_2 ASST_{i,t} + b_3 TRAD_{i,t} + b_4 TURN_{i,t} + b_5 FLOA_{i,t} \\
& + b_6 INST_{i,t} + b_7 BM_{i,t} + b_8 VOLA_{i,t} + b_9 ROE_{i,t} + b_{10} REVG_{i,t} \\
& + b_{11} HKD_{i,t} + b_{12} NSEC_{i,t} + \sum_{j=1}^{5} b_{13,j} CATO_{i,j} + \sum_{j=1}^{17} b_{14,j} ID_{i,j} \\
& + \sum_{j=1}^{7} b_{15,j} TD_{i,j} + \varepsilon_{i,t}
\end{aligned}
\tag{5.28}
$$

$$
\begin{aligned}
SYN_{i,t} = {} & c_0 + c_1 ANAL_{i,t} + c_{1,d} DMT_t \times ANAL_{i,t} + c_2 ASST_{i,t} + c_3 TRAD_{i,t} + c_4 TURN_{i,t} \\
& + c_5 INST_{i,t} + c_6 DROE_{i,t} + \sum_{j=1}^{17} c_{7,j} ID_{i,j} + \sum_{j=1}^{7} c_{8,j} TD_{i,j} + \varepsilon_{i,t}
\end{aligned}
\tag{5.29}
$$

基于股价对盈余信息反应速率的实证模型：

$$
\begin{aligned}
CAR_{i,t} = {} & \alpha + \sum_{j=-1}^{1} \left[\lambda_j \Delta E_{i,t+j} \right] + \alpha_A ANAL_{i,t} + \sum_{j=-1}^{1} \left[\beta_j ANAL_{i,t} \Delta E_{i,t+j} \right] \\
& + \sum_{j=-1}^{1} \left[\beta_{j,d} DMT_t \times ANAL_{i,t} \Delta E_{i,t+j} \right] + \alpha_S ASST_{i,t} + \alpha_B BM_{i,t} \\
& + \alpha_C CAR_{i,t+1} + \varepsilon_{i,t}
\end{aligned}
\tag{5.30}
$$

$$
\begin{aligned}
CAR_{i,t} = {} & \alpha + \sum_{j=-1}^{1} \left[\lambda_j \Delta FE_{i,t+j} \right] + \sum_{j=-1}^{1} \left[\gamma_j \Delta IE_{i,t+j} \right] + \alpha_A ANAL_{i,t} \\
& + \sum_{j=-1}^{1} \left[\beta_j ANAL_{i,t} \Delta FE_{i,t+j} \right] + \sum_{j=-1}^{1} \left[\delta_j ANAL_{i,t} \Delta IE_{i,t+j} \right] \\
& + \sum_{j=-1}^{1} \left[\beta_{j,d} DMT_t \times ANAL_{i,t} \Delta FE_{i,t+j} \right] + \sum_{j=-1}^{1} \left[\delta_{j,d} DMT_t \right. \\
& \left. \times ANAL_{i,t} \Delta IE_{i,t+j} \right] + \alpha_S ASST_{i,t} + \alpha_B BM_{i,t} + \alpha_C CAR_{i,t+1} + \varepsilon_{i,t}
\end{aligned}
\tag{5.31}
$$

其中，DMT_t 为表示市场态势的虚拟变量，根据表 5.13 的市场累计超额收益率，如果为正，则 DMT_t 等于 1，如果为负则等于 0。根据回归的系数 $c_{1,d}$、$\beta_{j,d}$ 和 $\delta_{j,d}$ 判断不同市场态势对于分析师跟进行为的信息效率是否有显著影响。如果后两个系数显著为正（负），说明分析师跟进行为的信息效率在不同的市场态势下具有显著的差异，牛市中分析师跟进效率更高（低）。如果系数并不显著，则说明分析师跟进行为的信息效率在不同的市场态势中并没有显著区别。

3. 不同市场态势分析师跟进行为的信息效率实证结果

根据方程（5.28）至方程（5.31）的设定，可以估计得到 $c_{1,d}$、$\beta_{j,d}$、$\delta_{j,d}$ 等

系数的结果。方程（5.28）和方程（5.31）由于存在随机解释变量问题，仍然采用两阶段最小二乘法进行估计。估计结果见表5－14。

表5－14　　　　不同市场态势分析师跟进行为信息效率的估计结果

方程（5.29）		方程（5.30）		方程（5.31）	
C	-0.7791* (-1.6551)	C	0.1949*** (3.2110)	C	0.3101*** (4.9057)
ANAL	0.2192*** (6.0290)	ΔFE_t	0.1926*** (5.6561)	ΔFE_t	0.1768*** (5.1619)
DMT×ANAL	-0.0183 (-1.2919)	ΔFE_{t+1}	-0.0603 (-1.4056)	ΔFE_{t+1}	-0.0795* (-1.8469)
ASST	0.1671*** (13.8110)	ANAL	0.0173*** (5.2854)	ΔIE_t	3.1823*** (3.1650)
INST	-0.4471*** (-8.4531)	ANAL×ΔE_t	0.4409*** (10.1714)	ΔIE_{t+1}	3.6427*** (4.1723)
TURN	0.1760*** (11.2078)	ANAL×ΔE_{t+1}	0.3230*** (9.0721)	ANAL	0.0252*** (7.4281)
TRAD	-0.2227*** (-13.6358)	DMT×ANAL×ΔE_t	-0.3445*** (-7.8948)	ANAL×ΔFE_t	0.4327*** (9.8371)
DROE	0.0007*** (4.8526)	DMT×ANAL×ΔE_{t+1}	-0.1310*** (-3.4204)	ANAL×ΔFE_{t+1}	0.2699*** (7.4957)
		CAR_1	-0.1162*** (-11.4338)	ANAL×ΔIE_t	-0.8259 (-1.2808)
		ASST	-0.0051* (-1.6659)	ANAL×ΔIE_{t+1}	3.9313*** (7.0654)
		BM	-0.2782*** (-22.2848)	DMT×ANAL×ΔFE_t	-0.3349*** (-7.5805)
				DMT×ANAL×ΔFE_{t+1}	-0.0753* (-1.9573)
				DMT×ANAL×ΔIE_t	0.2676 (0.4500)
				DMT×ANAL×ΔIE_{t+1}	-4.9118*** (-9.4043)

续表

方程（5.29）		方程（5.30）		方程（5.31）	
				CAR$_1$	-0.1206^{***} （-11.8996）
				ASST	-0.0108^{***} （-3.4292）
				BM	-0.2709^{***} （-21.6086）
F 统计量	152.6356		127.0173		89.6049
P （F 统计量）	0.0000		0.0000		0.0000
调整后 R^2	0.2697		0.1139		0.1263
D－W 统计量	1.8529		1.7686		1.7977

　　注：篇幅有限，未报告方程（5.29）中行业和年份虚拟变量的估计结果。括号中数值为 t 值，*、**、***分别表示在 10%、5%、1% 的显著性水平下显著。篇幅原因未报告其他变量系数值。

　　从估计结果可以看出，总体而言，加入区分市场态势的虚拟变量后，三个模型的解释力均有提高，方程（5.29）、方程（5.30）、方程（5.31）三个方程的调整后 R^2 分别较之前提升至 0.2697、0.1139、0.1263。从方程（5.29）的估计结果可以看出，DMT × ANAL 的系数为负，在 10% 的显著性水平下不显著。这说明分析师在牛市的市场环境中总体来讲降低了股价同步性，但这种效果并不显著。方程（5.30）的估计结果可以看出两个虚拟变量交叉项 DMT × ANAL × ΔE 的系数均显著为负，说明牛市中分析师对于盈余信息反映速率的促进作用显著下降。方程（5.31）的估计结果可以看出虚拟变量与公司层面盈余的交叉项 DMT × ANAL × ΔFE 和虚拟变量与行业层面盈余的交叉项 DMT × ANAL × ΔIE 的系数均为负，且在 10% 的显著性水平下显著。这说明分析师在牛市中对于公司和行业两个层面盈余信息的促进作用均有显著下降。结合三个方程的估计结果可以看出，分析师在牛市和熊市中对于信息效率的影响有显著差异。从股价同步性的角度发现，分析师跟进行为在牛市中对同步性的正向影响变弱，而从盈余信息反映速率的角度发现，牛市中分析师对于信息反映速率的促进作用显著下降。这说明分析师在牛市的市场环境中提供了更多的"噪声信息"，信息效率较熊市环境中更低。

　　上述现象可能是由于分析师的激励机制造成的。由于分析师的成本收益框架中投资者的交易佣金是其最大的收益。牛市中投资者交易意愿更强，交易佣金较熊市阶段更多，分析师并不需要付出较多努力即可得到较高的收益，从而削弱了其提高研究质量的动机。而在熊市中投资者交易意愿更弱，佣金较少，分析师需要更高的研究质量才能换取一定水平的佣金，倒逼其提高研究的准确度和有效信息的发掘。另外一个原因可能由于分析师的乐观倾向（Brown，1993；Kang 等，1994；Lin 和 McNichols，1999）。当市场处于牛市时，分析师更倾向于对未来的盈利更加看好，从而当经济形势转变时分析师通常无法准确地预计经济形势的转变，或者迫于外界压力不愿去作出悲观的预测。而在市场行情较差的时候分析师反而会更加愿意客观地反映市场中包含的信息。

5.2.2.4 实证研究小结

由于我国证券市场和卖方分析师市场发展时间较短，且研究的样本区间为分析师行业快速成长期，分析师的行为模式和对市场信息效率的影响也会有较大变化。因此，本章对不同阶段以及不同市场特性下分析师行为的信息效率进行进一步的分析。采用的样本范围、数据处理方法、估计方法均与前文一致，分别分年份和分市场状态对分析师跟进的信息效率进行检验。得到如下结论：

第一，分析师提供信息的效率情况呈现逐步提高的态势，2005 年、2006 年分析师跟进虽然有降低股价同步性的情况，但对盈余信息反映速率的检验发现，分析师跟进并不能够有效提高盈余信息的反映速率。这说明即使存在股价同步性的现象也是由于提供"噪声信息"导致的。2007 年至 2011 年分析师跟进对信息效率促进的作用更加显著，但主要是通过降低公司层面"噪声信息"方式实现的。

第二，与全样本研究结果一致，多数年份中（除 2005 年、2006 年和 2008年以外的其他年份）分析师是通过降低公司层面"噪声信息"来提高信息效率的，而不是通过提供更多的行业或市场层面的信息。这与之前部分研究结果（朱红军，2007；冯旭南和李心愉，2011；陆琳和彭娟，2012）并不一致。

第三，不同市场态势下分析师跟进行为的信息效率是不同的。熊市中分析师更倾向于提供有效的信息，而在牛市中分析师提供信息的有效性显著下降。这一现象可能与分析师"乐观性倾向"有关，或者与激励机制有关。

5.3 分析师挖掘公司特质信息能力的实证研究

5.3.1 研究假设

根据相关文献和研究思路，本部分的研究假设如下，其中关于公司类型的研究将并入分析师声誉和报告类型之中。

5.3.1.1 公司特质信息层面

1. 关于分析师声誉的两点假设

假设 1：相较于非星级分析师，A 股星级分析师挖掘公司特质信息的能力更强。

假设原因：星级分析师由机构投资者评选产生，具有较高声誉。

假设 2：相较于大公司，A 股星级分析师挖掘小公司特质信息的能力更强。

假设原因：小公司的信息披露质量较差，星级分析师挖掘其公司特质信息的收益更高，更有助于提升其声誉。

2. 关于分析师报告类型的两点假设

假设 3：相较于非首次覆盖行为，A 股分析师首次覆盖行为能挖掘到更多的公司特质信息。

假设原因：在分析师首次覆盖前，投资者对上市公司的了解较少，待挖掘的公司特质信息较多。

假设 4：相较于小公司，A 股分析师对大公司的首次覆盖行为能挖掘到更多的公司特质信息。

假设原因：大公司的信息披露质量较高，作为首次覆盖，分析师挖掘其公司特质信息的成本更低。

5.3.1.2 公司基本面特质信息层面

关于分析师是否关注了公司基本面特质信息的假设：

假设 5：A 股分析师总体主要关注当前期公司基本面特质信息。

假设原因：A 股市场投资风格轮转较快，分析师研究可能具有短视化的特点，因此其研究成果可能主要关注当前期公司基本面特质信息。

5.3.2 数据和样本

5.3.2.1 数据来源

本节数据来源于两大数据库：CSMAR 国泰安数据库和 Wind 万得数据库。来源于 CSMAR 国泰安数据库的内容包括：（1）2009—2016 年 A 股分析师对所覆盖个股出具的报告，并根据分析师声誉、报告类型和上市公司的规模收集了细分数据；（2）2009—2016 年 A 股分析师所覆盖个股中深市上市公司的信息披露质量数据。来源于 Wind 万得数据库的内容包括：（1）从 2009 年 1 月 1 日至 2016 年 12 月 31 日市场、行业及个股的每日行情数据，以及机构投资者持股数据；（2）该区间内个股的财务数据，包括总资产收益率、每股经营性现金流净额、资产负债率。本节使用 Stata14.0 作为主要的实证分析软件。

5.3.2.2 样本描述

1. 分析师数据样本

考虑到自 2009 年以后 A 股分析师的研究覆盖体系才比较完善，因此研究中统计了 2009—2016 年 A 股分析师针对覆盖个股出具研究报告的数据，研究对象为 A 股股票，我们删除了以下样本：（1）个股行情数据缺失样本。（2）IPO 未满一年的公司样本。（3）ST 股票样本。

其中这一期间中国股市也呈现出不同的市场状态，2009—2012 年，A 股刚从 2007 年"大牛市"的顶峰走下，市场整体呈现"熊市"的特点，而从 2013 年起创业板"牛市"开始启动，2014—2015 年 A 股市场整体走出一段波澜壮阔的"牛市"，在一场刻骨铭心的股灾之后，2016 年 A 股市场重回"熊市"。A 股市场整体呈现出"牛短熊长"的特点。

表 5 - 15 列示了对分析师总体数据的描述性统计，在样本区间 2009—2016 年间，本节选取的 A 股上市公司数量占同期上市公司比例均达到 70% 以上，平均占比达到 85%，样本数据具有较强的代表性。同期每一年度分析师报告数量呈上升势头，由 2009 年度的 24102 篇增加至 2016 年度的 40625 篇，复合年均增长率达 7.7%，平均每家上市公司被覆盖的报告数量每年稳定在 15 篇左右。

表 5 - 15　　　　　　　　　分析师总体数据的描述性统计

年度	A 股上市公司总数	本节选取的 A 股上市公司	占比	分析师报告数量	平均每家上市公司报告数量
2009	1606	1433	89.2%	24102	16.82
2010	1950	1508	77.3%	24628	16.33
2011	2228	1604	72.0%	26239	16.36
2012	2383	1948	81.7%	31741	16.29
2013	2385	2226	93.3%	35750	16.06
2014	2509	2381	94.9%	35151	14.76
2015	2732	2383	87.2%	31969	13.42
2016	2959	2508	84.8%	40625	16.20
总数	18752	15991		250205	

根据所要研究的问题，本节还按照三大分类标准收集了细分数据，相关标准及数据描述如下。

（1）明星分析师及非明星分析师。"新财富"头衔是对国内卖方分析师声誉较为权威的认可，《新财富》杂志每年会评选出大部分行业的分析师排名前五名，以及部分行业的分析师排名前三名。明星分析师的界定标准是在上一年度《新财富》杂志评选中上榜，即获得所在行业排名前五名或者前三名的分析师，其明星分析师头衔沿用至下一年度"新财富"公布排名之前。举例来说，2011 年度明星分析师是指在上一年度 2010 年度"新财富"评选中上榜的分析师，其头衔沿用至 2011 年度"新财富"公布排名之前。需要说明的是，尽管部分券商如中金公司、中信证券近年来退出"新财富"评选，但是该数据占样本比例较小，且样本数据本身庞大，因此不会对研究结论产生实质性影响。

表 5 - 16 列示了对明星分析师数据的描述性统计，与总体数据变化趋势相同，样本区间内明星分析师发布的报告数量同样呈上升态势，从 2009 年度的 3117 篇增加至 2016 年度的 8586 篇，复合年均增长率达到 15.6%。非明星分析师报告数量从 2009 年度的 20985 篇增加至 2016 年度的 32039 篇，复合年均增长率达到 6.2%。可见，相较于非明星分析师而言，明星分析师的报告数量呈现出更快的增长速度。其占总体比例从 2009 年度的 12.9% 提升至 2016 年度的 21.1%，对平均每家上市公司的覆盖量也从 2009 年度的 2.18 篇提升至 2016 年度的 3.42 篇。

表 5 - 16　　　　　按明星分析师分类的分析师数据描述性统计

年度	明星分析师报告数	非明星分析师报告数	明星分析师报告数量总体占比	平均每家上市公司明星分析师报告数
2009	3117	20985	12.9%	2.18
2010	3549	21079	14.4%	2.35
2011	4266	21973	16.3%	2.66
2012	3925	27816	12.4%	2.01
2013	6525	29225	18.3%	2.93
2014	6314	28837	18.0%	2.65
2015	7468	24501	23.4%	3.13
2016	8586	32039	21.1%	3.42
总数	43750	206455		

（2）首次覆盖及非首次覆盖。覆盖是指分析师对一只股票有关注，表现形式为对该公司有相关报告并提示评级，包括深度报告或者点评报告等，报告发布时点即该股票的覆盖时间。首次覆盖是指一个券商研究所第一次对某只股票进行推荐，后续的报告均为跟踪报告。券商研究所人员流动性较大，可能之前有人关注，但在很长一段时间之后由新的团队来覆盖。考虑到这种情况，将券

商研究所近期推荐而之前较长一段时间未被覆盖的股票也称为券商首次覆盖股票。首次覆盖报告意义较为重要，券商第一次对一只股票进行推荐，往往是分析师对公司未来的股价表现比较有信心，而且也会更为慎重，因而首次覆盖传递出的信息质量更高。而跟踪报告往往会基于时点数据对公司进行点评，一般不怎么关注报告发布的时点，旨在解读公司的近期行为或股价表现。本节统计了 2009—2016 年区间内每年所有分析师发布的首次覆盖报告数据，列示在表5－17中。

由于上述客观原因，分析师首次覆盖报告数量相较于非首次覆盖报告数量较低，但在样本区间内也呈现出增长的趋势，从 2009 年度的 1632 篇增长至 2016 年度的 5970 篇，占报告总体的比例也从 2009 年度的 6.8% 上升至 2016 年度的 14.7%。

表 5－17　　　　　　　按首次覆盖分类的分析师数据描述性统计

年度	首次覆盖报告数	非首次覆盖报告数	首次覆盖报告数量总体占比
2009	1632	22470	6.8%
2010	2252	22376	9.1%
2011	2369	23870	9.0%
2012	2586	29155	8.1%
2013	2560	33190	7.2%
2014	3015	32136	8.6%
2015	3643	28326	11.4%
2016	5970	34655	14.7%
总数	24027	226178	

（3）上市公司信息披露质量。不同规模的公司的信息披露质量不同，对于信息披露质量更好的公司，分析师进行信息挖掘的成本更低，但其公司特质信息已包含在股价中的可能性也更大。因此具有进行分组研究的必要性。从 2001 年起，深圳证券交易所按照信息披露考核办法，实施对上市公司信息披露的考评，从信息披露的及时性、准确性、完整性、合法性四方面分等级评价，同时考虑上市公司所受奖惩情况及与深交所的工作配合情况而综合形成最终考评结果，并将考评结果书面通报给上市公司董事会及所在地派出机构。2008 年 12 月 5 日，深交所修订了考核办法，将信息披露的考核内容扩充至六个方面，即真实性、准确性、完整性、及时性、合法合规性和公平性，之后深交所对考核办法进行了持续修订。上市公司信息披露工作考核结果根据上市公司信息披露

质量从高到低划分为 A、B、C、D 四个等级，分别代表优秀、良好、合格和不合格。

表 5-18、表 5-19 列示了样本区间 2009—2016 年深市上市公司信息披露质量的描述性统计结果。其中表 5-18 列示了各年度四类公司的数量，可以发现 B 类公司的数量占总体比例最高，其次是 A 类和 C 类，D 类公司占比最低。A 类和 B 类公司之和占总体比例达 80% 左右。表 5-19 统计了这四类公司的平均资产规模情况，可以发现信息披露质量越高的公司资产规模越大，这一规律在区间内各个年度均适用。从具体数据而言，A、B、C、D 四类公司的平均资产规模分别为 166 亿元、52 亿元、34 亿元和 20 亿元。可见，资产规模 50 亿元可以作为上市公司信息质量优劣的分界线。

表 5-18　　　　　深市上市公司信息披露质量的描述性统计 1　　　　单位：家

年度	A	B	C	D
2009	80	420	125	15
2010	101	467	126	15
2011	152	518	109	18
2012	195	758	149	13
2013	265	942	137	12
2014	324	1004	132	25
2015	332	948	176	30
2016	349	993	187	39

注：表中数据为各年度每类公司数量。

表 5-19　　　　　深市上市公司信息披露质量的描述性统计 2　　　　单位：亿元

年度	A	B	C	D
2009	119	43	21	12
2010	108	55	25	13
2011	162	48	30	17
2012	166	48	26	20
2013	171	43	32	17
2014	173	46	35	30
2015	202	55	46	26
2016	224	77	59	24
平均值	166	52	34	20

注：表中数据为各年度每类公司平均资产规模。

本节按照这一标准将分析师覆盖个股分为大公司和小公司两组，分别统计了分析师报告的分组数据，列示在表 5 - 20 中。由表 5 - 20 可以发现，在这一分类标准下，A 股市场中小公司数量要高于大公司，在 2009 年度前者甚至达到后者的 3 倍。随着 A 股市场的发展，公司规模的不断扩大，两类公司数量间的差距不断缩小。对应分析师报告的数据来看，平均每家大公司获得分析师报告关注的数量也要高于小公司，这可能是由于大公司体量更大、受投资者关注度更高，分析师发布报告的意愿更强。但是同大小公司数量间差异的变化趋势相同，表 5 - 20 后两列列示的数据间差异也在不断缩小，从 2009 年度的 42.3 篇、8.6 篇变化至 2016 年度的 20.8 篇、12.9 篇，这表明近年来 A 股分析师对小公司进行信息挖掘的意愿不断提升。

表 5 - 20　　　　　　　按公司规模分类的分析师数据描述性统计

年度	大公司	小公司	大公司分析师报告数量	小公司分析师报告数量	平均每家大公司分析师报告数量	平均每家小公司分析师报告数量
2009	349	1084	14773	9329	42.3	8.6
2010	429	1079	14605	10023	34.0	9.3
2011	509	1095	15272	10967	30.0	10.0
2012	610	1338	16717	15024	27.4	11.2
2013	705	1521	18369	17381	26.1	11.4
2014	793	1588	18014	17137	22.7	10.8
2015	892	1491	16879	15090	18.9	10.1
2016	1044	1464	21677	18948	20.8	12.9

2. 个股数据样本

个股数据主要分为两大方面：行情数据和财务数据。

（1）行情数据。本节选取了同期即 2009 年 1 月 1 日至 2016 年 12 月 31 日分析师覆盖个股、其所处行业和市场的每日行情数据。其中市场行情用 Wind 全部 A 股指数（881001）行情代替，该指数取所有在上海、深圳证券交易所上市的股票作为样本股，以流通股本作为权重进行计算，能够作为一个统一的指数表征 A 股市场走势情况。行业分类采用 Wind 行业分类标准，其指数成分与行业成分保持一致，以流通股本作为权重计算指数。本节采用的行业指数为 Wind 一级行业指数，根据 Wind 行业分类标准中的 11 大行业类进行成分股票的划分。指数具体计算公式如下：

$$\frac{实时指数}{上一交易日收盘指数} = \frac{\sum 成分股实时成交价 \times 成分股权数}{\sum 成分股前收盘价 \times 成分股权数} \tag{5.32}$$

其中，

实时指数：每交易日实时计算的指数。

上一交易日收盘指数：上一交易日指数收盘的点数。

成分股实时成交价：交易时间内成分股最新成交价格，成分股当日无成交的，取上一交易日收盘价；成分股暂停交易的，取最近的成交价。

成分股前收盘价：成分股上一交易日的收盘价格，如果成分股当日出现除权除息的价格调整，以交易所公布的调整后的前收盘价为准。

成分股权数：成分股当日的流通 A 股股数。

表 5 – 21　　　　　　　　　　Wind 一级行业指数

指数代码	对应行业	基期
882001	能源	
882002	材料	
882003	工业	
882004	可选消费	
882005	日常消费	
882006	医疗保健	1999 – 12 – 30
882007	金融	
882008	信息技术	
882009	电信服务	
882010	公用事业	
882011	房地产	

表 5 – 21 列示了 Wind 一级行业指数所对应的行业，据此本节将分析师所覆盖个股分为 11 个行业，分别收集了市场、行业、个股的日收益率数据。之后，本节采用包含行业收益的扩展市场模型对该数据进行处理，以方便后续回归使用。

$$r_{i,j,t} = \alpha + \beta_1 r_{I,j,t} + \beta_2 r_{m,j,t} + \varepsilon_{i,t} \tag{5.33}$$

模型（5.33）中各指标均用日收益率计算。$r_{i,j,t}$ 为公司 i 在第 j 年交易日 t 的日收益率，$r_{I,j,t}$ 为公司 i 所属行业 I 在第 j 期交易日 t 的日收益率，$r_{m,j,t}$ 为第 j 期交易日 t 的市场整体日收益率。本节计算了模型（5.33）回归结果的拟合优度 R^2，这一指标可以用来衡量个股股价与市场和行业趋势的相关程度。

除日收益率之外的行情数据还包括个股各年度平均日换手率，各年度个股日收益率标准差。此外本节还统计了分析师覆盖个股的机构投资者持股情况，机构投资者相比较个人投资者而言研究能力更强，对信息的解读更加深入，其交易行为更趋理性，其交易情况值得作为控制变量进行研究。

（2）财务数据。个股的财务数据主要围绕公司财务分析三大比率选取，考虑了公司盈利能力、短期流动性和长期偿债能力，分别选取了平均净资产收益率、每股经营性现金流净额和资产负债率，用来全方位衡量公司的财务情况。此外研究中还统计了公司的资产规模数据，并将其作为后续回归中的重要控制变量。

（3）所有个股数据描述性统计

表 5 – 22　　　　　　　　　　个股所有行情和财务数据指标解释

指标名称	解释
R^2	扩展市场模型回归结果的拟合优度
Chng	个股各年度平均日换手率 =［∑（单个交易日成交量（手）×100/当日股票流通股总股数）×100%］/区间交易日数
Stdv	个股各年度日收益率标准差
Instrd	个股各年度机构投资者交易活跃度，定义为机构投资者持股数量期末较期初变动的绝对值，占年度总交易量的比例
lnTA	上市公司年初总资产规模取对数处理值
ROE	上市公司当年平均净资产收益率，等于净利润与平均净资产的百分比
OCF	上市公司当年每股经营性现金流净额，等于经营性现金流净额除以总股本
Lev	上市公司年初资产负债率，等于负债总额除以资产总额的百分比

注：机构投资者口径包括基金、券商、券商理财产品、QFII、保险公司、社保基金、企业年金、信托公司、财务公司、银行、一般法人、非金融类上市公司和阳光私募，本节统计其持有上市公司已发行流通 A 股数量（不含限售部分）。

表 5 – 22 列示了个股所有行情和财务数据指标解析。表 5 – 23 列示了个股所有行情和财务数据描述性统计，主要包含了样本量、均值、标准差、最小值和最大值。本节所采用数据为宽面板数据，即各个时间点上的横截面成员数 N 远大于时间长度 T，主要变量均通过平稳性检验。分行来看，R^2 作为拟合优度指标，其数值区间为 0 到 1，本节统计的样本均值为 0.42。这表明所选个股的股价日收益率可被市场和行业解释的程度平均达 42%，这也意味着平均有 58% 的成分不能被市场和行业所解释，这其中除去投资者情绪因素影响外，大部分均为公司特质信息，也是本研究所要关注的核心。从个股行情数据来看，个股各年度平均日换手率 Chng 均值达到 2.73%，折合年化换手率达到 600% 左右，体现了 A 股市场高换手率的特点；同样，个股年内日收益率标准差 Stdv 的均值

达到 0.4，体现了 A 股市场波动大的特点；而机构投资者交易活跃度 InstTrd 的均值仅为 5%，表明目前 A 股市场的交易行为主要由散户完成。从个股财务数据情况来看，不同公司间财务情况的差异较大，体现了 A 股市场公司基本面参差不齐的特点，这使得投资者更加需要分析师的研究结果，也对 A 股分析师的公司特质信息挖掘能力提出了更高的要求。综上所述，本节将在以下部分围绕公司特质信息这一主题展开实证研究。

表 5 – 23　　　　　　　个股所有行情和财务数据描述性统计

	样本量	均值	标准差	最小值	最大值
R^2	15923	0.42	0.17	6×10^{-5}	0.997
Chng（%）	15923	2.73	1.96	0.01	28.94
Stdv	15923	0.40	0.90	5×10^{-9}	9.73
InstTrd	15923	0.05	0.24	0.00	21.95
lnTA	15991	21.99	1.50	10.84	30.73
ROE	15991	0.06	1.05	-79.89	73.37
OCF	15991	0.45	2.07	-16.34	141.90
Lev	15991	0.53	1.99	-0.20	142.70

5.3.3　分析师是否具备挖掘公司特质信息能力的实证检验

公司特质信息与市场、行业信息相区分，是与公司自身现状及发展最为相关的信息，个股股价中公司特质信息含量的提升能够促进市场有效性的改善。分析师作为市场中重要的信息挖掘者，应具备挖掘公司特质信息的能力从而起到增加市场有效程度的作用。

5.3.3.1 关于分析师声誉的细分检验

1. 基于单方程模型的回归设计

在本节的研究过程中，我们将采用分析师研究强度 $Analyst_{i,j}$ 这一指标来刻画分析师信息挖掘行为，这一指标定义为 A 股所有分析师在第 j 期对公司 i 发布的所有研究报告数量（并加 1 进行对数处理）。此外，我们将用 $lnTA_{i,j}$ 指标度量公司规模，更进一步将其作为区分大公司和小公司的关键指标，这一指标定义为当期期初公司资产规模的对数处理值。具体研究过程如下：

参照以往论文的研究思路，我们用股价同步性作为指标，研究 A 股分析师的信息挖掘行为对个股股价中信息含量的影响。股价同步性可以用来衡量个股股价随市场和行业变化的同步程度，较低的股价同步性意味着股价中所反映出市场和行业信息较少、公司特质信息较多，反之则说明股价中所反映出的公司特质信息较少。这一指标 $SYN_{i,j}$ 可根据公式（5.34）的回归结果拟合优度 R^2 进行计算，计算公式如下：

$$SYN_{i,j} = \ln\left(\frac{R_{i,j}^2}{1 - R_{i,j}^2}\right) \tag{5.34}$$

这一计算结果突破了 R^2 数值区间 $[0, 1]$ 的限制，理论上可以位于 $(-\infty, +\infty)$ 的区间，在本节样本中其取值区间落于 $[-9.73, 5.91]$ 之内，均值为 -0.42。参考以往文献的结论，我们控制了可能影响股价同步性 $SYN_{i,j}$ 的重要因素。

技术面因素：（1）换手率，用当期个股年内日均换手率 $Chng_{i,j}$ 来表示。个股换手率越高，对应个股所受到的关注度越高，其股价有独立表现的可能性越高，股价同步性越低（Alford 和 Berger，1999；Hameed 等，2010；顾乃康等，2010）。（2）机构投资者交易活跃度，用本期机构持股比例变动占个股当期交易总量的比例 $InstTrd_{i,j}$ 来表示，机构投资者相较于个人投资者而言相对理性，对信息的解读能力更强（Brennan，1995；Bartov 等，2000），其交易行为对个股股价具有一定影响。（3）投资者情绪波动，用当期个股年内日收益率标准差 $Stdv_{i,j}$ 来表示，个股日收益率标准差越大，表明该股投资者情绪波动越强，股价同步性越低。

公司财务因素：（1）公司盈利能力，用当期公司平均净资产收益率 $ROE_{i,j}$ 来表示。公司盈利能力会影响到股票收益率的表现（Wei 和 Zhang，2006），且公司盈利能力越强，股价中信息含量越高，股价同步性越低（张宗新等，2014）。（2）公司财务流动性，用当期每股经营活动现金流量净额 $OCF_{i,j}$ 来表示，公司财务流动性也会影响到股票收益率的波动（宋小保，2013）。（3）公司偿债能力，用上一期期末公司资产负债率 $Lev_{i,j}$ 来表示，这一指标用来度量公司的杠杆比率，公司杠杆率越高，其盈收波动越大，股价同步性越低。最后，Year 和 Industry 两类虚拟变量分别用来控制时间效应和行业效应。综上所述，回归模型设计如下：

$$SYN_{i,j} = \alpha + \beta_1 Analyst_{i,j} + \beta_2 Chng_{i,j} + \beta_3 InstTrd_{i,j} + \beta_4 Stdv_{i,j} + \gamma_1 ROE_{i,j}$$
$$+ \gamma_2 OCF_{i,j} + \gamma_3 Lev_{i,j} + \gamma_4 lnTA_{i,j} + \sum_j \lambda_j Year_j + \sum_j \mu_j Industry_j + \varepsilon_{i,j}$$
$$\tag{5.35}$$

模型（5.35）中系数 β_1 用来衡量分析师研究活动强度 $Analyst_{i,j}$ 对股价同步性 $SYN_{i,j}$ 的影响。若分析师具备挖掘公司特质信息的能力，则会增加个股股价中公司信息的含量，从而使得股价同步性下降，这样 $Analyst_{i,j}$ 与 $SYN_{i,j}$ 应呈负相关关系，β_1 应为负，且分析师挖掘公司特质信息的能力越强，这一负相关关系越显著。

为了研究分析师声誉对股价同步性的影响，本节引入星级分析师研究强度指标 $Star\_Analyst_{i,j}$ 和非星级分析师研究强度指标 $Non\_Star\_Analyst_{i,j}$ 来分别刻画这两类分析师的信息挖掘行为。指标 $Star\_Analyst_{i,j}$ 定义为 A 股所有星级分析师在第 j 期对公司 i 发布的所有研究报告数量（并加 1 进行对数处理），$Non\_Star\_Analyst_{i,j}$ 的定义与之类似。在模型（5.35）的基础上，我们加入这两大指标，设计了模型（5.36）。

$$SYN_{i,j} = \alpha + \beta_1 Star\_Analyst_{i,j} + \beta_2 Non\_Star\_Analyst_{i,j} + \beta_3 Chng_{i,j}$$
$$+ \beta_4 InstTrd_{i,j} + \beta_5 Stdv_{i,j} + \gamma_1 ROE_{i,j} + \gamma_2 OCF_{i,j} + \gamma_3 Lev_{i,j}$$
$$+ \gamma_4 \ln TA_{i,j} + \sum_j \lambda_j Year_j + \sum_j \mu_j Industry_j + \varepsilon_{i,j} \qquad (5.36)$$

模型（5.36）中系数 β_1 和 β_2 分别用来衡量星级分析师和非星级分析师研究活动强度对股价同步性 $SYN_{i,j}$ 的影响。若假设 1 成立，即相较于非星级分析师而言，星级分析师挖掘公司特质信息的能力更强，则其降低个股股价同步性的能力更强，应有系数 β_1 显著为负，且其显著程度应高于系数 β_2。若假设 2 成立，即相较于大公司而言，星级分析师挖掘小公司特质信息的能力更强，则应有进行小公司组样本回归时，系数 β_1 的显著程度更高。

2. 基于单方程模型的实证结果

模型（5.35）和模型（5.36）的单方程回归结果列示在表 5－24 中，均控制了时间效应和行业效应的影响。第一列列示了模型（5.35）的回归结果，Analyst 变量前的系数 β_1 在 1% 的水平上显著为正，而不是为负，这表明分析师总体并没有降低个股股价同步性，反而增加了股价同步性，即增加了个股股价中市场和行业信息的含量而不是公司特质信息含量，这与李春涛和张璇（2011）、姜超（2013）的回归结果相同，但也与部分国内文献如朱红军等（2007）的回归结果不同，也证明了本章进行细分检验的必要性。从其余变量的回归结果来看，基本与之前文献的研究结论相符。个股年内日均换手率 Chng 前的系数 β_2 在 1% 的水平上显著为负，这表明个股交易的活跃程度与其股价同步性呈负相关关系，换言之，个股的换手率越高，其股价中传达出的公司特质信息含量越高。机构投资者的交易活跃程度 InstTrd 前的系数 β_3 在 1% 的水平上显著为负，这表明机构投资者交易占总交易比例越高的个股，其股价同步性越低，股价中公司特质信息含量越高，这也从一定程度上反映了 A 股机构投资者的信息解读能力。代表投资者情绪波动的指标 Stdv 前的系数 β_4 在 5% 的水平上显著为负，表明投资者情绪波动越强烈，个股股价同步性越低。就公司财务数据回归结果而言，公司盈利水平 ROE 前系数 γ_1 并不显著，表明在 A 股市场中公司的盈利水平对个股股价同步性并无显著影响；公司流动性水平 OCF 前系数 γ_2 在 1% 的水平上显著为负，表明公司流动性水平越高，其个股股价同步性越低，这可能是由于公司流动性水平越高，投资者对其股票的信心越强，股价越能充分反映公司特质信心；公司杠杆水平 Lev 前系数 γ_3 在 1% 的水平上显著，说明公司杠杆率越高，其股价同步性越低。

表 5 – 24 的第二列列示了模型（5.35）全样本的单方程回归结果。从全样本回归结果来看，Star_Analyst 前的回归系数 β_1 在 1% 的水平上显著为负，而 Non_Star_Analyst 前的回归系数 β_2 在 1% 的水平上显著为正，两者的 t 值分别为 – 5.39、9.80。这表明在 A 股市场中，明星分析师的研究活动强度与个股股价同步性呈负相关关系，即明星分析师能够增加个股股价中公司特质信息的含量，证明其具备挖掘公司特质信息的能力。与之相反，非明星分析师的研究活动强度与个股股价同步性呈正相关关系，说明 A 股市场中的非明星分析师主要挖掘的是市场和行业信息而非公司特质信息。这一回归结果也证明了假设 1，体现了分析师声誉对其信息挖掘能力确实存在影响，星级分析师挖掘公司特质信息的能力相较于非星级分析师而言更强。其余变量的回归结果及显著程度与模型（5.35）基本一致。

表 5 – 24　　　　模型（5.35）和模型（5.36）的单方程回归结果

变量	全样本 SYN	全样本 SYN	大公司 SYN	小公司 SYN
Analyst	0.034 *** (6.87)			
Star_Analyst		– 0.051 *** （– 5.39）	– 0.016 （– 1.20）	– 0.064 *** （– 5.17）
Non_Star_Analyst		0.066 *** （9.80）	0.024 ** （2.09）	0.077 *** （9.12）
Chng	– 6.747 *** （– 16.69）	– 6.684 *** （– 16.47）	– 8.754 *** （– 9.79）	– 6.812 *** （– 14.74）
InstTrd	– 0.207 *** （– 8.06）	– 0.207 *** （– 7.98）	– 0.093 *** （– 3.66）	– 1.321 *** （– 15.25）
Stdv	– 0.071 ** （– 2.29）	– 0.093 *** （– 2.98）	– 0.204 *** （– 3.32）	– 0.091 ** （– 2.47）

变量	全样本 SYN	全样本 SYN	大公司 SYN	小公司 SYN
ROE	0.007 (1.26)	0.007 (1.15)	-0.081^{*} (-1.86)	0.007 (1.16)
OCF	-0.009^{***} (-2.79)	-0.008^{***} (-2.61)	-0.010^{***} (-3.23)	0.020 (1.61)
Lev	-0.026^{***} (-5.47)	-0.020^{***} (-6.12)	-0.472^{***} (-9.40)	-0.012^{***} (-3.60)
lnTA	0.154^{***} (27.59)	0.159^{***} (28.37)	0.110^{***} (9.88)	0.224^{***} (19.75)
时间效应	控制	控制	控制	控制
行业效应	控制	控制	控制	控制
R^2	0.257	0.255	0.282	0.218

注：①小括号里的数字为 t 值；②*** 、** 和 * 分别表示1%、5% 和10% 的显著水平。

表 5 -24 的第三列至第四列分别列示了模型（5.36）小公司样本和大公司样本的单方程回归结果。对于小公司样本而言，Star_Analyst 前的回归系数 β_1 仍在1% 的水平上显著为负，而 Non_Star_Analyst 前的回归系数 β_2 也仍在1% 的水平上显著为正，两者的 t 值分别为 -5.17、9.12，与全样本回归结果基本一致。这证明对于小公司而言，星级分析师具备挖掘其公司特质信息的能力，而非星级分析师主要挖掘的是市场和行业信息；与全样本回归结果不同的是，机构投资者交易活跃程度 InstTrd 前的系数 β_4 显著性更高，其 t 值达到 -15.25，说明机构投资者的交易行为对于小公司的股价同步性影响更大。这可能是由于小公司的体量更小，机构投资者的资金优势更能得到发挥。但公司财务数据前的系数显著程度相较于全样本均有所下降，如 OCF 前系数 γ_2 不显著，Lev 前系数 γ_3 虽然仍在1% 的水平上显著，但其显著程度降低（t 值为 -3.60）。这表明对于 A 股市场中的小公司而言，其财务数据对于股价同步性的影响程度低于总体水平。对于大公司样本而言，Star_Analyst 前的回归系数 β_1 不显著，Non_Star_Analys 前的回归系数 β_2 也仅在5% 的水平上显著，相较于全样本和小公司样本的回归结果均有较大差异。这表明星级分析师挖掘大公司特质信息的能力并不显著，这也证明了假设2。其原因可能是大公司的信息披露情况更好，公司特质信息已经反映在股价中的可能性更大。因此分析师挖掘小公司的特质信息意味着更高的收益。此外，换手率 Chng 前系数 β_3、机构交易活跃度 InstTrd 前系

数 β_4 虽仍在 1% 的水平上显著，但显著程度均有所降低（t 值分别为 -9.79 和 -3.66），而公司财务数据前系数的显著性程度均有所提高（t 值分别为 -1.86、-3.23 和 -9.40），这表明对于 A 股市场中的大公司而言，技术面因素对其股价同步性的影响程度低于总体水平，而公司财务因素对其股价同步性的影响程度高于总体水平。

研究中还对模型（5.36）的全样本、大公司样本和小公司样本分年份进行回归，表 5-25 中列示了主要回归变量 Star_Analyst 和 Non_Star_Analyst 前的回归系数 β_1 和 β_2 及其显著性结果。根据前文所述，A 股市场在样本区间内可以分为三个市场状态：2009—2012 年熊市，2013—2015 年创业板及全市场牛市，2016 年股灾后的熊市。分阶段来看：（1）2009—2012 年，全样本回归系数 β_1 分别为 -0.065、-0.03、-0.076 和 -0.109，t 值分别为 -2.17、-1.22、-3.06 和 -4.48，基本显著为负，而同期全样本回归系数 β_2 分别为 0.101、0.084、0.092 和 0.080，t 值分别为 4.53、4.94、5.09 和 5.25，均显著为正；（2）2013—2015 年，全样本回归系数 β_1 均不显著；（3）2016 年全样本回归系数 β_1 为 -0.076（t 值为 -3.08），在 1% 的水平上显著。这表明 A 股星级分析师在熊市时能显著降低个股股价同步性，即增加股价中的公司特质信息含量，而这一作用在牛市时并不显著。分样本的结果与之前的结论基本一致，星级分析师对小公司特质信息的挖掘能力更强，且这一特点在熊市时更为显著。这一研究结论显示 A 股分析师在不同的市场状态中挖掘公司特质信息的能力存在差异，这对投资者正确认识分析师的研究成果以及监管层对分析师的监管引导具有重要意义。

表 5-25　　　　　　　模型（5.36）的单方程分年回归结果

年份	全样本		大公司		小公司	
	Star_Analyst	Non_Star_Analyst	Star_Analyst	Non_Star_Analyst	Star_Analystalyst	Non_Star_Analyst
2009	-0.065 ** (-2.17)	0.101 *** (4.53)	0.013 (0.35)	0.106 *** (2.69)	-0.091 ** (-2.30)	0.113 *** (4.23)
2010	-0.03 (-1.22)	0.084 *** (4.94)	0.008 (0.19)	0.105 *** (2.76)	-0.029 (-0.91)	0.083 *** (4.43)
2011	-0.076 *** (-3.06)	0.092 *** (5.09)	0.015 (0.39)	0.106 *** (3.01)	-0.119 *** (-3.71)	0.102 *** (4.76)

年份	全样本		大公司		小公司	
	Star_Analyst	Non_Star_Analyst	Star_Analyst	Non_Star_Analyst	Star_Analystalyst	Non_Star_Analyst
2012	−0.109 ***	0.080 ***	−0.055	0.051 *	−0.135 ***	0.084 ***
	（−4.48）	（5.25）	（−1.32）	（1.65）	（−4.45）	（4.71）
2013	−0.025	0.056 ***	0.014	0.043 *	−0.061 **	0.069 ***
	（−1.20）	（3.85）	（0.44）	（1.71）	（−2.29）	（3.83）
2014	0.01	0.014	0.025	−0.003	−0.012	0.015
	（0.53）	（0.97）	（0.89）	（−0.14）	（−0.47）	（0.86）
2015	−0.046	0.002	−0.072 **	0.017	−0.012	−0.009
	（−1.61）	（0.08）	（−2.40）	（0.68）	（−0.30）	（−0.30）
2016	−0.076 ***	0.005	−0.042	−0.032	−0.083 **	0.031
	（−3.08）	（0.25）	（−1.21）	（−1.09）	（−2.45）	（1.19）

注：①小括号里的数字为 t 值；②***、** 和 * 分别表示1%、5% 和10% 的显著水平。

3. 基于2SLS 模型的回归设计

考虑到分析师研究活动与当期个股股价同步性可能存在的内生性关系，参考以往文献，用上一期分析师研究活动强度 $Analyst_{i,j-1}$ 作为 $Analyst_{i,j}$ 的工具变量，使用两阶段最小二乘法（2SLS）对模型（5.35）进行估计，以对可能存在的内生性问题进行控制。同样地，对于模型（5.36），研究中引入上一期星级分析师和非星级分析师研究活动强度 $Star\_Analyst_{i,j-1}$ 和 $Non\_Star\_Analyst_{i,j-1}$ 用来作为 $Star\_Analyst_{i,j}$ 和 $Non\_Star\_Analyst_{i,j}$ 的工具变量，使用2SLS 进行估计。

4. 基于2SLS 模型的实证结果

上述回归结果列示在表5 – 22 中，2SLS 回归结果均使用稳健标准误以解决可能出现的异方差问题，此外第一阶段回归中的弱 IV 检验统计量均远大于10，在一定程度上说明选择的工具变量是恰当的，回归控制了时间效应和行业效应。与表5 – 24 的结构类似，表5 – 26 的第一列列示了模型（5.35）的2SLS 回归结果，第二列至第四列分别列示了模型（5.36）2SLS 的全样本、大公司和小公司回归结果，与单方程模型基本一致。在模型（5.35）的回归结果中，Analyst 前的回归系数 β_1 仍在1% 的水平上显著为正，表明 A 股分析师总体的研究活动增加了个股股价同步性。在模型（5.36）的全样本回归结果中，Star_Analyst 和 Non_Star_Analyst 前的系数 β_1 和 β_2 分别在1% 的水平上显著为负和显著为正，证明 A 股星级分析师具备挖掘公司特质信息的能力，而非星级分析师主要挖掘市场和行业层面的信息，进一步证明了假设1。从模型（5.35）的分组样本回归

中国证券分析师荐股行为监管与投资者保护研究

结果来看，Star_Analyst 前的系数 β_1 在大公司样本回归中在 10% 的水平上显著，而在小公司样本回归中在 1% 的水平上显著，表明星级分析师挖掘小公司特质信息的能力更强，进一步证明了假设 2。其余控制变量的回归结果与单方程模型基本一致。

表 5－26　　　　模型（5.35）和模型（5.36）的 2SLS 回归结果

变量	全样本 SYN	全样本 SYN	大公司 SYN	小公司 SYN
Analyst	0.118 *** (14.65)			
Star_Analyst		− 0.154 *** (− 4.70)	− 0.089 * (− 1.79)	− 0.150 *** (− 3.23)
Non_Star_Analyst		0.201 *** (9.54)	0.150 *** (4.03)	0.206 *** (7.51)
Chng	− 8.567 *** (− 9.94)	− 8.709 *** (− 10.34)	− 9.343 *** (− 6.10)	− 9.217 *** (− 9.13)
InstTrd	− 0.240 (− 1.53)	− 0.221 * (− 1.72)	− 0.093 (− 1.50)	− 1.367 *** (− 7.48)
Stdv	− 0.069 ** (− 2.03)	− 0.080 ** (− 2.36)	− 0.192 *** (− 3.57)	− 0.067 (− 1.59)
ROE	− 0.006 (− 0.73)	− 0.004 (− 0.45)	− 0.124 (− 1.21)	− 0.003 (− 0.30)
OCF	− 0.011 *** (− 3.07)	− 0.010 ** (− 2.50)	− 0.010 ** (− 2.20)	− 0.005 (− 0.35)
Lev	− 0.021 (− 1.06)	− 0.021 (− 1.04)	− 0.340 *** (− 4.05)	− 0.010 (− 0.59)
lnTA	0.120 *** (15.83)	0.127 *** (17.08)	0.077 *** (5.69)	0.200 *** (12.85)
时间效应	控制	控制	控制	控制
行业效应	控制	控制	控制	控制
R^2	0.245	0.238	0.255	0.204
Wald Chi2	4938.04	4989.90	2399.72	2298.91

注：①小括号里的数字为 t 值；②*** 、** 和 * 分别表示 1%、5% 和 10% 的显著水平。

5.3.3.2　关于分析师报告类型的细分检验

1. 基于单方程模型的回归设计

为了研究分析师报告类型对股价同步性的影响，引入首次覆盖研究强度指标 $FirRating_{i,j}$ 和非首次覆盖研究强度指标 $Non\_FirRating_{i,j}$ 来分别刻画这两类不同信息质量的报告类型。指标 $FirRating_{i,j}$ 定义为 A 股所有分析师在第 j 期对公司 i 发布的所有首次覆盖研究报告数量（并加 1 进行对数处理），$Non\_FirRating_{i,j}$ 的定义与之类似，首次覆盖的含义参见第 3 章。在模型（5.35）的基础上，我们加入这两大指标，设计了模型（5.37）。

$$SYN_{i,j} = \alpha + \beta_1 FirRating_{i,j} + \beta_2 Non\_FirRating_{i,j} + \beta_3 Chng_{i,j} + \beta_4 InstTrd_{i,j}$$
$$+ \beta_5 Stdv_{i,j} + \gamma_1 ROE_{i,j} + \gamma_2 OCF_{i,j} + \gamma_3 Lev_{i,j} + \gamma_4 lnTA_{i,j} + \sum_j \lambda_j Year_j$$
$$+ \sum_j \mu_j Industry_j + \varepsilon_{i,j} \tag{5.37}$$

模型（5.37）中系数 β_1 和 β_2 分别用来衡量分析师首次覆盖行为和非首次覆盖行为对股价同步性 $SYN_{i,j}$ 的影响。若假设 3 成立，即相较于非首次覆盖而言，分析师首次覆盖行为能挖掘到更多的公司特质信息，则其降低个股股价同步性的效果更显著，应有系数 β_1 显著为负，且其显著程度应高于系数 β_2。若假设 4 成立，即相较于小公司而言，分析师对大公司的首次覆盖行为能挖掘到更多的公司特质信息，则应有进行大公司组样本回归时，系数 β_1 的显著程度更高。

2. 基于单方程模型的实证结果

表 5-27 第一列至第三列分别列示了模型（5.37）全样本、大公司和小公司的单方程回归结果。从全样本的回归结果来看，首次覆盖 FirRating 前的系数 β_1 为 -0.065，在 1% 的水平上显著为负，表明分析师的首次覆盖行为能降低个股股价同步性，即增加股价中公司特质信息含量；而非首次覆盖 Non_FirRating 前的系数 β_2 为 0.062，在 1% 的水平上显著为正，表明分析师的非首次覆盖行为增加了个股股价同步性，即增加了股价中市场和行业信息的含量。综合说明相较于非首次覆盖行为，A 股分析师的首次覆盖能够挖掘到更多的公司特质信息，证明了假设 3。这可能是由于首次覆盖的意义更加重要，分析师在进行首次覆盖时往往较为慎重，所做研究较为深入细致。

表5-27   模型（5.37）的单方程回归结果

变量	全样本 SYN	大公司 SYN	小公司 SYN
FirRating	-0.065^{***} (-5.14)	-0.090^{***} (-4.67)	-0.071^{***} (-4.28)
Non_FirRating	0.062^{***} (9.60)	0.040^{***} (4.00)	0.072^{***} (8.39)
Chng	-6.407^{***} (-15.78)	-8.475^{***} (-9.48)	-6.518^{***} (-14.11)
InstTrd	-0.204^{***} (-7.85)	-0.086^{***} (-3.39)	-1.336^{***} (-15.42)
Stdv	-0.084^{***} (-2.67)	-0.194^{***} (-3.17)	-0.082^{**} (-2.23)
ROE	0.007 (1.19)	-0.073^{*} (-1.68)	0.007 (1.18)
OCF	-0.009^{***} (-2.86)	-0.010^{***} (-3.35)	0.017 (1.44)
Lev	-0.021^{***} (-6.32)	-0.468^{***} (-9.37)	-0.013^{***} (-3.64)
lnTA	0.151^{***} (26.68)	0.099^{***} (8.87)	0.222^{***} (19.56)
时间效应	控制	控制	控制
行业效应	控制	控制	控制
R^2	0.254	0.285	0.217

注：①小括号里的数字为t值；②$***$、$**$和$*$分别表示1%、5%和10%的显著水平。

从分组回归的样本来看，进行大公司样本回归时，首次覆盖FirRating前的系数β_1为-0.09，在1%的水平上显著（t值为-4.67）；而进行小公司样本回归时，系数β_1为-0.071，虽然仍在1%的水平上显著（t值为-4.28），但其绝对值小于大公司样本回归结果，且显著程度有所降低。这表明相较于小公司而言，A股分析师对大公司的首次覆盖行为能挖掘到更多的公司特质信息，证明了假设4。原因可能是对于分析师首次覆盖行为而言，挖掘公司特质信息的收益确定性较强，因此信息挖掘成本是其主要考虑因素；而根据第3章数据统计结果来看，大公司的信息披露质量更高，因此分析师挖掘大公司特质信息的成本更低，从而对大公司的首次覆盖行为更加有效。

3. 基于 2SLS 模型的回归设计

考虑到模型（5.37）在进行单方程回归时可能存在的内生性问题，引入上一期分析师首次覆盖行为和非首次覆盖行为 $FirRating_{i,j-1}$ 和 $Non\_FirRating_{i,j-1}$ 用来作为 $FirRating_{i,j}$ 和 $Non\_FirRating_{i,j}$ 的工具变量，使用 2SLS 方法对模型（5.37）进行回归估计，以控制可能存在的内生性问题。根据前文所述，所定义的首次覆盖包括券商研究所近期推荐而之前较长一段时间未被覆盖的股票，且删除了 IPO 不满一年的个股样本，使得上一期首次覆盖指标与当期首次覆盖指标具有相关性，满足工具变量的要求。

4. 基于 2SLS 模型的实证结果

表 5-28 的第一列至第三列分别列示了模型（5.37）全样本、大公司样本和小公司样本的 2SLS 回归结果，回归结果均使用稳健标准误以解决可能出现的异方差问题，第一阶段回归中的弱 IV 检验统计量均大于 10，在一定程度上说明工具变量的选择是合适的。模型 2SLS 的回归结果基本与单方程相同，进一步证明了假设 3 和假设 4。

表 5-28　　　　　　　　模型（5.37）的 2SLS 回归结果

变量	全样本 SYN	大公司 SYN	小公司 SYN
FirRating	-0.065 *** （-5.44）	-0.090 *** （-4.91）	-0.068 *** （-4.40）
Non_FirRating	0.122 *** （15.81）	0.097 *** （8.16）	0.135 *** （13.33）
Chng	-8.142 *** （-16.95）	-8.892 *** （-8.96）	-8.676 *** （-15.55）
InstTrd	-0.213 *** （-7.75）	-0.088 *** （-3.28）	-1.334 *** （-14.72）
Stdv	-0.060 * （-1.82）	-0.194 *** （-3.08）	-0.044 （-1.10）
ROE	-0.003 （-0.37）	-0.067 （-1.52）	-0.003 （-0.44）
OCF	-0.011 *** （-3.43）	-0.011 *** （-3.57）	0.005 （0.38）

变量	全样本 SYN	大公司 SYN	小公司 SYN
Lev	-0.022 *** (-4.57)	-0.395 *** (-7.55)	-0.009 * (-1.82)
lnTA	0.122 *** (18.94)	0.072 *** (5.90)	0.207 *** (15.83)
时间效应	控制	控制	控制
行业效应	控制	控制	控制
R^2	0.267	0.282	0.233
Wald Chi2	4880.38	2285.64	2309.18

注：①小括号里的数字为 t 值；②***、** 和 * 分别表示 1%、5% 和 10% 的显著水平。

5.3.4 分析师是否关注了公司基本面特质信息

公司特质信息集中有一类与公司基本面密切相关的重要信息——公司基本面特质信息。分析师对这一信息的关注程度体现了其研究的"价值化"程度。

5.3.4.1 关于分析师总体的检验

1. 回归设计

借鉴以往文献做法，我们用公司超预期盈余变化来代表基本面特质信息，并将其拆分为公司基本面特质信息（$F_{i,j+\tau}$）和行业基本面特质信息（$I_{i,j+\tau}$）。

$$F_{i,j+\tau} = \Delta FE_{i,j+\tau} - \Delta IE_{i,j+\tau} \tag{5.38}$$

$$I_{i,j+\tau} = \Delta IE_{i,j+\tau} - \Delta ME_{i,j+\tau} \tag{5.39}$$

其中，$\Delta FE_{i,j+\tau}$ 为公司 i 在 $j+\tau$ 年净利润相较于上年同期的变化值与公司年初市值之比。$\Delta IE_{i,j+\tau}$ 为公司 i 所在行业 I 内所有公司 $\Delta FE_{i,j+\tau}$ 的平均值。$\Delta ME_{i,j+\tau}$ 为市场内所有公司 $\Delta FE_{i,j+\tau}$ 的平均值。参考 Ayers 和 Freeman（1997）与 Piotroski 和 Roulstone（2004）等学者的做法，我们设计以下回归模型进行验证：

$$CAR_{i,j} = \alpha + \sum_{\tau=0}^{1} \lambda_\tau F_{i,j+\tau} + \sum_{\tau=0}^{1} \gamma_\tau I_{i,j+\tau} + \sum_{\tau=0}^{1} \mu_\tau Analyst_{i,j} \times F_{i,j+\tau} + \beta_1 Analyst_{i,j}$$
$$+ \beta_2 \ln TA_{i,j} + \beta_3 CAR_{i,j+1} + \sum_j \lambda_j Year_j + \varepsilon_{i,j} \tag{5.40}$$

模型（5.40）中的 $CAR_{i,j}$ 为个股 i 在第 j 年经过市场调整的月度超额收益率的累积值，加入下一期累积超额收益率 $CAR_{i,j+1}$ 是为了控制除未预期盈余变化外的其他可能未知因素，依然采用分析师研究强度 $Analyst_{i,j}$ 这一指标来刻画分析师信息挖掘行为。若公司层面和所处行业层面在当期和未来期的盈余出现超预期增长，这一变化反映至个股股价上，使个股出现正向超额收益，则 $F_{i,j+\tau}$ 和 $I_{i,j+\tau}$ 前的系数 λ_τ 和 γ_τ 应显著为正，反之则应显著为负。$Analyst_{i,j} \times F_{i,j+\tau}$ 为交叉项，其前面的系数 μ_τ 用来表示分析师对个股累积超额收益率反映公司基本面特质信息的影响，μ_0 表示当前期影响，μ_1 则表示未来期影响。若假设五成立，即 A 股分析师总体主要对公司当前期基本面特质信息进行了关注并挖掘，即能够促进这一信息反映在个股股价之中，μ_0 应显著为正，而 μ_1 可能为负或不显著。

2. 实证结果

模型（5.40）的回归结果列示在表 5 – 29 中。第一列为未加入分析师指标及其与未预期盈余变化之间交叉项的回归结果。可以看出，F_0 和 F_1 前的回归系数均在 1% 的水平上显著为正，说明当前期和未来期公司层面未预期盈余变化与个股累积超额收益率呈正相关关系，换言之在 A 股市场中，当前期和未来期公司基本面特质信息均能够促进个股股价实现累积超额收益；I_0 前的回归系数在 1% 的水平上显著为正，这说明当前期行业特质信息能促进个股股价实现累积超额收益。

表 5 – 29　　　　　　　　模型（5.40）的回归结果

变量	全样本 CAR	全样本 CAR	大公司 CAR	小公司 CAR
F_0	0.668 *** (15.05)	0.149 *** (2.67)	0.849 *** (8.22)	− 0.066 (− 1.01)
I_0	3.205 *** (8.34)	3.311 *** (8.92)	2.933 *** (5.62)	2.780 *** (5.54)
F_1	0.238 *** (4.81)	− 0.021 (− 0.34)	0.039 (0.44)	− 0.058 (− 0.70)
I_1	− 1.081 ** (− 2.43)	− 0.609 (− 1.45)	− 0.419 (− 0.74)	− 1.274 ** (− 2.16)
Analyst		0.034 *** (11.18)	0.000 (0.03)	0.045 *** (12.63)
AnalystF$_0$		0.431 *** (13.12)	0.252 *** (5.71)	0.418 *** (7.65)
AnalystF$_1$		0.209 *** (4.68)	0.178 *** (3.41)	0.304 *** (3.60)

续表

变量	全样本 CAR	全样本 CAR	大公司 CAR	小公司 CAR
lnTA	-0.057^{***} (-19.91)	-0.072^{***} (-24.50)	-0.015^{***} (-2.90)	-0.102^{***} (-15.95)
CAR_1	-0.112^{***} (-10.69)	-0.098^{***} (-9.98)	-0.107^{***} (-5.98)	-0.061^{***} (-5.16)
R^2	0.356	0.392	0.389	0.432

注：①小括号里的数字为 t 值；②***、** 和 * 分别表示1%、5% 和10% 的显著水平。

表 5-29 的第二列至第四列分别列示了模型（5.40）加入分析师指标及其与未预期盈余变化之间交叉项的全样本、大公司样本和小公司样本的回归结果。从全样本的回归结果来看，$AnalystF_0$ 前的回归系数 μ_0 为 0.431，在 1% 的水平上显著为正（t 值为 13.12），而 $AnalystF_1$ 前的回归系数 μ_1 为 0.209，虽然也在 1%的水平上显著为正，但 t 值仅为 4.68。这表明 A 股分析师总体能够促进个股累积超额收益率反映当前期和未来期公司基本面特质信息，说明 A 股分析师的研究达到一定的"价值化"程度。但是 A 股分析师对当前期未预期盈余变化反映在累积超额收益率中的促进作用更强、效果更显著。从而证明了假设 5，即从总体而言，A 股分析师主要关注了当前期公司基本面特质信息，这体现了 A 股分析师研究存在短视化的特点，可能的解释是 A 股市场的投资风格转变较快，投资者热衷于追逐市场热点，分析师的研究也受到影响。

从根据公司规模分组的样本回归来看，在进行大公司样本回归时，分析师与当前期公司未预期盈余变化之间交叉项 $AnalystF_0$ 前的回归系数 μ_0 为 0.252，在 1%的水平上显著为正（t 值为 5.71）；$AnalystF_1$ 前的回归系数 μ_1 为 0.178，在 1%的水平上显著为正（t 值为 3.41）；而在进行小公司样本回归时，$AnalystF_0$ 前的回归系数 μ_0 为 0.418，在 1%的水平上显著为正（t 值为 7.65），$AnalystF_1$ 前的回归系数 μ_1 为 0.304，在 1%的水平上显著为正（t 值为 3.60），两大系数的显著程度均高于大公司样本的回归结果。这说明相较于大公司，A 股分析师总体而言对小公司当前期和未来期基本面特质信息的挖掘能力更强。可能的原因是 A 股市场的投资风格长期以来偏好成长股，A 股分析师受这一风格的影响，存在研究选择的偏好，因此其对小公司基本面的研究挖掘更加深入。这一研究结论也为进一步规范 A 股分析师的研究行为提供了依据。

5.3.4.2　关于分析师声誉的细分检验

1. 回归设计

参考 5.3.3 的研究方法，本节沿用星级分析师研究强度指标 $Star\_Analyst_{i,j}$ 和非星级分析师研究强度指标 $Non\_Star\_Analyst_{i,j}$ 来分别刻画这两类分析师的信息挖掘行为。在模型（5.40）的基础上，我们加入这两大指标，设计了模型（5.41）。

$$
\begin{aligned}
CAR_{i,j} = {} & \alpha + \sum_{\tau=0}^{1} \lambda_\tau F_{i,j+\tau} + \sum_{\tau=0}^{1} \gamma_\tau I_{i,j+\tau} + \beta_1 Star\_Analyst_{i,j} + \beta_2 Non\_Star\_Analyst_{i,j} \\
& + \sum_{\tau=0}^{1} \mu_\tau Star\_Analyst_{i,j} \times F_{i,j+\tau} + \sum_{\tau=0}^{1} \eta_\tau Non\_Star\_Analyst_{i,j} \times F_{i,j+\tau} \\
& + \beta_3 \ln TA_{i,j} + \beta_4 CAR_{i,j+1} + \sum_j \lambda_j Year_j + \varepsilon_{i,j}
\end{aligned}
\tag{5.41}
$$

模型（5.41）中系数 μ_τ 和 η_τ 分别用来衡量星级分析师和非星级分析师对个股累积超额收益率反映公司基本面特质信息的影响。如果相较于非星级分析师，星级分析师挖掘公司基本面特质信息的能力更强，则应有系数 μ_τ 显著为正，且其显著程度应高于系数 η_τ。反之，如果非星级分析师对公司基本面特质信息的关注更多，则应有系数 η_τ 的显著程度高于系数 μ_τ。

2. 实证结果

模型（5.41）的回归结果列示在表 5-30 中。第一列至第三列分别列示了全样本、大公司样本和小公司样本的回归结果。从全样本的回归结果来看，星级分析师与未预期盈余变化之间交叉项 $Star\_AnalystF_0$ 前的系数 μ_0 在 1% 的水平上显著为负，$Star\_AnalystF_1$ 前的系数 μ_1 则不显著，说明星级分析师并没有起到促进个股累积超额收益率反映公司未预期盈余变化的作用。而非星级分析师与未预期盈余变化之间交叉项 $Non\_Star\_AnalystF_\tau$ 前的系数 η_0 和 η_1 均在 1% 的水平上显著为正，其 t 值分别为 11.51 和 3.17，这一结果与分析师总体回归结果基本一致，说明非星级分析师能够促进当前期和未来期公司未预期盈余变化反映在个股累积超额收益率中，即非星级分析师关注了当前期和未来期公司基本面特质信息。这一结果说明从总体而言，星级分析师对公司基本面特质信息关注不足。

表 5 – 30 模型 (5.41) 的回归结果

变量	全样本 CAR	大公司 CAR	小公司 CAR
F_0	0.206 *** (3.75)	0.852 *** (8.43)	0.004 (0.06)
I_0	3.655 *** (9.59)	2.929 *** (5.59)	3.387 *** (6.58)
F_1	0.031 (0.48)	0.086 (0.98)	0.008 (0.09)
I_1	– 0.804 * (– 1.82)	– 0.360 (– 0.63)	– 1.433 ** (– 2.25)
Star_Analyst	0.008 (1.26)	– 0.005 (– 0.57)	0.020 ** (2.41)
Non_Star_Analyst	0.029 *** (6.89)	0.005 (0.72)	0.036 *** (6.77)
Star_AnalystF_0	– 0.328 *** (– 3.92)	0.079 (0.82)	– 1.266 *** (– 8.19)
Star_AnalystF_1	0.068 (0.64)	0.249 ** (2.42)	0.015 (0.06)
Non_Star_AnalystF_0	0.680 *** (11.51)	0.238 *** (3.16)	0.984 *** (11.45)
Non_Star_AnalystF_1	0.202 *** (3.17)	0.076 (1.10)	0.363 *** (2.98)
lnTA	– 0.070 *** (– 22.55)	– 0.016 *** (– 2.96)	– 0.093 *** (– 13.78)
CAR_1	– 0.104 *** (– 10.01)	– 0.109 *** (– 6.07)	– 0.068 *** (– 5.31)
R^2	0.371	0.390	0.399

注：①小括号里的数字为 t 值；②*** 、** 和 * 分别表示 1%、5% 和 10% 的显著水平。

从分组回归样本来看，在进行大公司样本回归时，Star_AnalystF_1 前的系数 μ_1 为 0.249，在 5% 的水平上显著（t 值为 2.42），而 Star_AnalystF_0 前的系数 μ_0 则不显著，说明星级分析师对于未来期公司基本面特质信息进行了关注，体现了星级分析师对于大公司研究的前瞻性；而同时 Non_Star_AnalystF_0 前的系数 η_0

为 0.238，在 1% 的水平上显著（t 值为 3.16），而 Non_Star_AnalystF$_1$ 前的系数 η_1 不显著，说明非星级分析师主要关注了大公司的当前期基本面特质信息。而在进行小公司样本回归时，其回归结果与全样本基本一致，说明非星级分析师对于小公司当前期和未来期基本面特质信息的挖掘能力强于星级分析师。

本节关于分析师声誉细分检验的研究结果对当前 A 股星级分析师的评选标准的合理性提出了质疑，尽管星级分析师在对大公司的研究上体现出一定的前瞻性，但相较于非星级分析师而言，其对公司基本面特质信息的挖掘能力并没有展现出与其声誉相符的优势。

5.3.4.3　关于分析师报告类型的细分检验

1. 回归设计

参考上述研究设计，本节沿用第 3 章中的首次覆盖指标 FirRating$_{i,j}$ 和非首次覆盖指标 Non_FirRating$_{i,j}$ 来分别刻画这两类分析师报告类型。在模型（5.40）的基础上，我们加入这两大指标，设计了模型（5.42）。

$$CAR_{i,j} = \alpha + \sum_{\tau=0}^{1} \lambda_\tau F_{i,j+\tau} + \sum_{\tau=0}^{1} \gamma_\tau I_{i,j+\tau} + \beta_1 FirRating_{i,j} + \beta_2 Non\_FirRating_{i,j}$$
$$+ \sum_{\tau=0}^{1} \mu_\tau FirRating_{i,j} \times F_{i,j+\tau} + \sum_{\tau=0}^{1} \eta_\tau Non\_FirRating_{i,j} \times F_{i,j+\tau}$$
$$+ \beta_3 \ln TA_{i,j} + \beta_4 CAR_{i,j+1} + \sum_j \lambda_j Year_j + \varepsilon_{i,j} \qquad (5.42)$$

模型（5.42）中系数 μ_τ 和 η_τ 分别用来衡量分析师首次覆盖行为和非首次覆盖行为对个股累积超额收益率反映公司基本面特质信息的影响。如果相较于非首次覆盖行为，首次覆盖行为对公司基本面特质信息的关注更多，则应有系数 μ_τ 显著为正，且其显著程度应高于系数 η_τ。反之，如果非首次覆盖行为对公司基本面特质信息的关注更多，则应有系数 η_τ 的显著程度高于系数 μ_τ。

2. 实证结果

表 5-31 的第一列至第三列分别列示了模型（5.42）全样本、大公司样本和小公司样本的回归结果。分析师首次覆盖行为与未来期公司未预期盈余变化间交叉项 FirRatingF$_1$ 前的系数 μ_1 为 0.544，在 1% 的水平上显著（t 值为 3.80），而与当前期的交叉项 FirRatingF$_0$ 前的系数 μ_0 不显著，说明 A 股分析师首次覆盖行为具有一定前瞻性，主要关注了未来期公司基本面特质信息；非首次覆盖行为的回归结果恰恰相反，Non_FirRatingF$_0$ 前的系数 η_0 为 0.390，在 1% 的水平上显著（t 值为 6.98），而 Non_FirRatingF$_1$ 前的系数 η_1 则不显著，说明 A 股析师非首次覆盖行为主要关注了当前期公司基本面特质信息。

表 5 - 31　　　　　　　　　模型（5.42）的回归结果

变量	全样本 CAR	大公司 CAR	小公司 CAR
F_0	0.290 *** （5.42）	0.878 *** （8.78）	0.132 ** （2.06）
I_0	3.425 *** （9.02）	2.837 *** （5.43）	3.337 *** （6.49）
F_1	0.078 （1.24）	0.073 （0.83）	0.095 （1.12）
I_1	- 0.702 （- 1.59）	- 0.342 （- 0.60）	- 1.572 ** （- 2.47）
FirRating	0.101 *** （12.32）	0.058 *** （4.87）	0.129 *** （12.01）
Non_FirRating	- 0.004 （- 0.94）	- 0.015 *** （- 2.65）	- 0.006 （- 1.16）
FirRatingF_0	0.062 （0.54）	- 0.044 （- 0.32）	0.034 （0.19）
FirRatingF_1	0.544 *** （3.80）	0.247 （1.43）	0.603 *** （2.69）
Non_FirRatingF_0	0.390 *** （6.98）	0.258 *** （4.09）	0.427 *** （4.19）
Non_FirRatingF_1	0.048 （0.85）	0.126 ** （1.99）	- 0.005 （- 0.04）
lnTA	- 0.062 *** （- 19.52）	- 0.009 * （- 1.67）	- 0.090 *** （- 13.31）
CAR_1	- 0.105 *** （- 10.11）	- 0.107 *** （- 5.97）	- 0.070 *** （- 5.48）
R^2	0.375	0.393	0.401

注：①小括号里的数字为 t 值；②*** 、** 和 * 分别表示 1%、5% 和 10% 的显著水平。

　　小公司样本的回归结果与全样本基本一致，FirRatingF_1 前的系数 μ_1 为 0.603，在 1% 的水平上显著（t 值为 2.69），Non_FirRatingF_0 前的系数 η_0 为 0.427，在 1% 的水平上显著（t 值为 4.19），说明 A 股分析师对小公司的首次覆盖行为主要关注了未来期公司基本面特质信息，而对小公司的非首次覆盖行为主要关注了当前期公司基本面特质信息。大公司样本的回归结果则有所不同，FirRatingF$_\tau$ 前的系数 μ_0 和 μ_1 均不显著，而 Non_FirRatingF$_\tau$ 前的系数 η_0 和 η_1 分别在 1% 和 5% 的水平上显著，说明与非首次覆盖行为相比，A 股分析师对大公司的首次覆盖行为并没有挖掘到更多的公司基本面特质信息。

　　本节关于分析师报告类型细分检验的研究结果为投资者正确认识 A 股分析师的首次覆盖报告提供了借鉴。A 股分析师的首次覆盖行为总体而言具有一定的前瞻性，主要关注了未来期公司基本面特质信息，这一特性在对小公司的检验结果中依然显著，而在对大公司的检验结果中则并不显著。A 股分析师的非首次覆盖报告则主要关注了当前期公司基本面特质信息，这一特点在对所有样本的回归结果中均显著。

第6章 证券分析师荐股行为异化及其背后机制挖掘

继第3章对于证券分析师发布研究报告质量的评价、第4章检验证券分析师发布报告行为的市场效应、第5章对于分析师荐股的信息效率检验后，可得出证券分析师荐股存在异化的结论，然而其行为异化产生的机制和原因尚未讨论。本章将进一步剖析中国证券分析师发布研究行为异化出现的深层原因。6.1节从分析师的利益冲突角度，研究证券分析师盈余预测偏差产生的原因，确定影响因素并进行实证检验；6.2节则是将焦点集中于投资者情绪对于分析师盈利预测的影响；6.3节将回归分析师个体本身，对于分析师荐股行为背后的机制进行挖掘。

6.1 分析师的利益冲突与盈余预测偏差

6.1.1 研究假设

依据证券分析师研究报告发布的行为特征，为了能够有效度量证券市场中机构投资者、证券公司、管理层和分析师盈余预测偏差之间的关系，按照分析师个体策略行为函数，利用中国市场数据验证卖方分析师进行盈余预测时产生偏差的几个方面的利益冲突。关于分析师的盈余预测偏差可能的影响因素，以及由其推测的研究假设包括如下几个部分：

（1）分析师自身声誉。国外早有关于此问题的研究，Stickel（1992）曾研究过分析师的声誉机制与其盈余预测准确性之间的关系，结果显示，声誉水平较高的分析师群体具备发布更加准确的盈余预测能力，而且这种能力具备一定的持续性。声誉机制约束分析师的行为，促使他们进行一个偏差尽量小的预测，相比于非"新财富"分析师，"新财富"榜上有名的分析师群体所发布的预测结果更加贴近预测对象的内在价值。其次，分析师声誉值越高，其发布的报告对其他分析师和市场的影响更大，其更有能力排除其他利益冲突干扰，发布与实际水平偏差较小的预测数据。由此推出假设1：市场上声誉越高的分析师所发布的盈余预测偏差程度越低。

（2）主承销关系。如果参与盈余预测的分析师所供职的券商是其所预测的上市公司的主承销商，那么分析师将有动机对预测对象进行偏乐观的预期，以期内部支持其所属单位的经纪业务，维护公司投行关系，所以，与上市公司存在主承销关系的分析师在对该公司进行盈余预测时，倾向于作出偏乐观程度更高的预测。由此得到我们的假设 2：如果分析师与其所追踪预测的上市公司之间存在主承销关系，那么其盈余预测的偏乐观程度更高。

（3）与机构投资者之间的关系。分析师报告发出后影响到的主要群体是投资者，而机构投资者在市场中所占地位明显，分析师的行为将通过市场传递影响到机构投资者的收益；同时，分析师每年的"新财富"名单评选需要机构投资者的票选，将影响到分析师自身的奖金收入，因此这两方是相互影响相互制约的。对分析师而言，为了在"新财富"的票选中获得更多的支持，一定程度上会有意发布偏乐观预测，维护投资者利益。对机构持股比例较高的公司来说，对其进行跟踪的分析师数量较多，信息披露相对公开透明，分析师所公布的这些公司的盈余预测结果偏差相对较小。因此，提出假设 3：在控制部分变量的条件下，被预测公司的机构投资者持股比例越高，分析师对其盈余预测的偏乐观程度越大。

（4）在分析师预测过程中，作出预测时刻与预测期之间的时间长短也对整个模型的结果产生一定的影响。一般来说，预测时间间隔越长，这一期限内的市场环境不确定性就越高，分析师所面临的利益冲突就更加强烈，各种复杂的利益关系更容易推动分析师预测产生偏差，因此我们提出假设 4：在其他条件一致的情况下，分析师的预测期限越长，各因素对分析师盈余预测偏差产生的影响力越大。

6.1.2　样本数据

在本章节实证研究中，以 2009 年 1 月 1 日到 2013 年 12 月 31 日所有 A 股市场上的公司数据和分析师预测结果为原始数据，在此基础上，进一步剔除分析师预测数据缺失样本，以及自变量和控制变量的部分缺失数据，最终得到来自 157920 组分析师预测的有效数据。研究中所有涉及的数据均来自于 Wind 数据库、CSMAR 数据库以及朝阳永续数据库。

6.1.3　模型及变量定义

本节的实证模型构建一个如（6.1）式的多元线性回归方程来定量研究分析师盈余预测偏差与分析师个人声誉、主承销商关系和机构投资者持股比例之间的关系。

$$Bias = \alpha + \beta_1 Reputation + \beta_2 Underwriter + \beta_3 Fund + \beta_4 Following + \beta_5 Horizon$$
$$+ \beta_6 Size + \beta_7 ROE + \beta_8 STDROE + \varepsilon \tag{6.1}$$

首先，分别解释一下模型中的自变量和因变量：（1）Bias 用来衡量分析师盈余预测偏差程度。它是参照 Huberts 和 Fuller（1995）相对准确度公式：$Bias = \dfrac{(forecast - actual) \times 100}{|actual| + 0.5}$，定义为公司在第 t 期对第 $t+1$ 期 EPS 的预测值与 $t+1$ 期公司 EPS 实际值之差，再除以实际值的一个调整值。这个调整值通常会以实际盈余收益的绝对值加上 0.5，如上式所示。（2）Reputation 用来衡量分析师个人名誉水平。记录的标准是在分析师预测报告发布当期是否入选本年度"新财富"最佳分析师前五名排行榜，若入选则该变量取值为 1，否则取值为 0。（3）Underwriter 是测度分析师所属券商与他所预测对象是否存在承销关系。如果在分析师对 j 公司的预测报告发布当期，他所供职的券商刚好也是 j 公司的主承销商，则该变量取值为 1（存在一家上市公司由多家券商承销的情况，只要所属单位在多家承销商之列，则也取 1），否则取值为 0。（4）Fund 是衡量上市公司在被预测当期的机构持股比例，取每一预测报告发布期期末的机构持股百分比。上面（2）、（3）、（4）这三个变量均属于核心自变量。

除了上面两种变量之外，还应当引入若干控制变量，用以说明所预测公司的信息公开量和盈余水平：（1）Following 是指在同一时期，针对同一家上市公司进行预测的机构数，我们使用被预测对象在被预测时间的前两年内受到的关注机构数的季度平均值来计量。一般来说，一家公司的追踪人数越多，其信息公开透明度就越高，信息不对称性降低，对分析师的盈余预测判断精确度有有利影响，盈余预测偏差倾向于缩小。（2）Horizon 是一个表示分析师预测时间间隔的指标，是指分析师作出预测结果的时刻，到其预测的时刻之间的时间长短，一般来说，时间间隔越短，市场上的信息公开程度就越高，分析师预测结果的分散性越小，且逐步向真实价值集中。（3）Size 表示企业规模，是以上市公司在某一时期期末时刻的总市值进行度量，Brown、Richardson 和 Schwager（1987）研究表明分析师预测精确度与公司规模正相关。（4）Eames 和 Glover（2003）发现分析师盈余预测偏差还和上市公司的盈利能力有关系，分析师对公司盈利能力越强的公司预测偏差越低。由此，我们选取公司在预测报告发布期期末的 ROE 数值作为公司盈利能力的衡量标准。（5）分析师盈余预测偏差也可能会受到预测对象的不确定性的影响，也就是该指标的波动幅度，一般情况下，指标波动性越大，预测对象不确定性越高，预测的难度增加，分析师盈余预测的准确度越低，产生偏差的概率越大。对此，我们采用上市公司五年内 ROE 的标准差表示这一变量。

6.1.4　实证结果及分析

6.1.4.1　初步实证结果

首先，我们使用从 2009 年开始到 2012 年为止，所有分析师所发布的公司下一年（第二年）的盈余预测数据进行实证。上面所提到的各个变量的描述性统计如表 6 - 1 所示。

表 6 - 1　　　　　　　　预测下一年盈余的变量描述性统计

	变量	样本数目	平均值	标准差	最小值	最大值
自变量	分析师盈余预测偏差	157920	0.52	0.72	- 1.35	28.04
解释变量	声誉机制	157920	0.21	0.4104	0	1
	主承销关系	157920	0.03	0.17	0	1
	机构持股（%）	157920	50.68	23.50	0.0005	114.22
控制变量	追踪机构数	157920	12.24	6.93	1	34.75
	预测时长（天）	157920	544.67	95.92	365	730.00
	公司规模（亿元）	157920	390.31	1421.91	7.31	25293.50
	ROE	157920	14.75	17.62	- 5480.90	159.97
	ROE 标准差	157920	9.42	16.32	0.01	4660.05

由表 6 - 1 可知，在全部的 157920 个合格样本中，盈余预测由在"新财富"最佳分析师评选中上榜的分析师发布的数量约占总数的 21.44%，达到 33858 个数据；由主承销商分析师发布的盈余预测约 4462 个，只占总量的 2.83%；分析师盈余预测偏差 Bias 的样本均值为 0.5151，明显为正，具备乐观预测的倾向；上市公司的机构持股比例（Fund）均值为 50.67% 左右，相比前几年有所上升，机构与上市公司之间的关系更加紧密、更加复杂，这可能会对分析师的预测准确性造成更大的干扰。

表 6 - 2 显示了各个变量的相关系数矩阵。

表 6 - 2　　　　　　　　预测下一年盈余的相关系数矩阵

	盈余预测偏差	声誉机制	主承销关系	机构持股（%）	追踪机构数	预测时长（天）	公司规模（亿元）	ROE	ROE 标准差
盈余预测偏差	1	0.013	0.016	- 0.168	- 0.179	0.214	- 0.112	- 0.035	0.105
声誉	0.013	1	0.036	0.049	0.043	0.022	0.010	0.020	- 0.004

续表

	盈余预测偏差	声誉机制	主承销关系	机构持股（%）	追踪机构数	预测时长（天）	公司规模（亿元）	ROE	ROE标准差
主承销关系	0.016	0.036	1	−0.016	−0.010	0.002	−0.014	−0.010	0.010
机构持股（%）	−0.168	0.049	−0.016	1	0.401	−0.043	0.173	0.156	−0.099
追踪机构数	−0.179	0.043	−0.010	0.401	1	−0.039	0.230	0.247	−0.055
预测时长（天）	0.214	0.022	0.002	−0.043	−0.039	1	−0.007	−0.017	−0.002
公司规模（亿元）	−0.112	0.010	−0.014	0.173	0.230	−0.007	1	0.057	−0.047
ROE	−0.035	0.020	−0.010	0.156	0.247	−0.017	0.057	1	−0.584
ROE标准差	0.105	−0.004	0.010	−0.099	−0.055	−0.002	−0.047	−0.584	1

从表6-2中可以初步看出，分析师盈余预测偏乐观程度（Bias）与主承销商关系（Underwriter）之间呈正相关关系，但与分析师声誉（Reputation）和机构持股比例（Fund）之间呈负相关关系。此外，盈余预测偏乐观程度（Bias）与上市公司追踪人数（Following）和上市公司市值水平（Size）呈负相关关系，与预测时间间隔（Horizon）、公司净资产收益率（ROE）和上市公司资产收益率波动率（STDROE）呈正相关关系。

表6-3和表6-4是对本章节模型的回归结果，F检验的P值为0，模型总体的统计是显著的，R^2为10.37%，模型的拟合度尚可。从各个自变量的角度分析，第一，分析师声誉（Reputation）的回归系数显著性在1%以内，显著为正，这表明："新财富最佳分析师"的盈余预测偏乐观程度并不比其他分析师低，这一结果与假设1预测相反，也就是说，即使是享有较高声誉的分析师，也会为了维系与上市公司管理层关系或者其他利益关系而发布过度乐观的盈余预测结果，这一行为可能还会比不具备高声誉的分析师更加明显。可能的原因是，"新财富"分析师本身与公司管理层的关系比一般分析师更加复杂，外界对其的关注度可能会导致其他利益冲突因素的相关度更加紧密，这一层关系对分析师行为的影响程度超过了分析师自身声誉机制所起的驱动作用。第二，分析师与上市公司的主承销关系（Underwriter）的回归系数为0.045，显著性较

高，说明具有主承销关系的分析师所作盈余预测分析结果偏高，即如果分析师所在券商是其所预测公司的主承销商，那么其盈余预测的偏乐观程度更高。这与我们所提出的假设2的结果相符合。第三，投资者关系对分析师盈余预测行为确实存在显著的影响，但相关性为负，这表明投资者机构持股比例越高，反而会导致分析师盈余预测的偏乐观程度越低，这与我们的假设3也是不相吻合的。此外，上市公司追踪机构数（Following）、预测时间期限（Horizon）、公司市值（Size）、公司的ROE、公司ROE的标准差（STDROE）等控制变量对分析师发布的预测结果都具有显著的影响。其中，盈余预测偏差与公司追踪机构数呈负相关关系，追踪机构数量越多，公司受到关注度越高，市场公开信息也就越多，私人信息存在的空间减少，预测产生偏差的可能性和偏差程度就越小；分析师预测偏差程度与预测时间的期限呈正相关关系，预测对象时间间隔越久，市场公开信息越少，分析师的私人信息价值越大，这种情况下，预测的偏差也就越明显；分析师盈余预测偏差与公司市值大小呈负相关关系，与公司的ROE大小和ROE标准差呈正相关关系。

表6-3　　　　　　　　预测下一年模型回归汇总结果

R^2	调整 R^2	F	Prob > F	标准估计的误差
0.1037	0.1037	2284.24	0.0000	0.67921

表6-4　　　　　　　　预测下一年盈余偏差影响因素回归结果

变量		系数	标准误	t	p > | t |	[95% Conf. Interval]	
解释变量	声誉机制	0.03086	0.00418	7.39	0.000	0.02268	0.03905
	主承销关系	0.04508	0.01032	4.37	0.000	0.02484	0.06531
	机构持股（%）	-0.00294	0.00008	-36.72	0.000	-0.00310	-0.00278
控制变量	追踪机构数	-0.01417	0.00028	-50.30	0.000	-0.01473	-0.01362
	预测时长（天）	0.00154	0.00002	86.15	0.000	0.00150	0.00157
	公司规模（亿元）	-0.00003	1.24E-6	-24.92	0.000	-0.00003	-0.00003
	ROE	0.00436	0.00012	35.19	0.000	0.00412	0.00461
	ROE标准差	0.00652	0.00013	50.11	0.000	0.00627	0.00678
	_cons	-0.12142	0.01111	-10.93	0.000	-0.14319	-0.09964

6.1.4.2　分组分析

接下来，我们将对几个关键变量进行分组分析，将本实证中所涉及的样本数据分别按照分析师是否入选"新财富"前五名、预测对象与分析师之间是否存在主承销关系，以及机构持股比例的高、中、低进行分组，分别比较改变量在影响分析师盈余预测偏差过程中的表现是否显著。表6-5显示的是分组后数据的基本情况。

表6-5　　　　　　　　　　　　　分组及数据概况

分组变量	分组	盈余预测偏差均值	组间差异均值（上—下）	有效样本数
声誉机制	是"新财富"分析师	0.5318	0.1659	33812
	非"新财富"分析师	0.3659		
主承销关系	存在	0.5809	0.2117	4448
	不存在	0.3692		
机构持股比例	低	0.6052	0.1802	78942
	高	0.4250		

首先，按照分析师是否是"新财富最佳分析师"中的成员进行分组配对。我们将157920组样本数据按照是否是"新财富"分析师这一声誉机制因素，选取在相同时间段内（同年度）对同一只股票进行盈余预测估计的不同分析师所发布的数据进行分组和配对，一共得到33812组有效数据。其中，由"新财富"分析师预测得出的盈余偏差的均值为0.5318，而自身声誉水平较低的分析师所得出的盈余预测偏差均值为0.3659，两者之间存在一定差异，差值的平均值为0.1659。对该差值进行t检验，结果如表6-6所示。可以看到，mean > 0这一备选假设的P值很小，说明这一分组结果产生的盈余预测偏差均值的差异在1%的置信区间内都是显著的，且为正。也就是说，在其他变量得到控制的情况下，声誉较高的分析师（"新财富最佳分析师"前五名）相对一般的分析师而言，更加容易发布偏乐观程度更高的盈余预测报告，这一结论与我们的假设1相反，但是和前文的分析结果是一致的，分析师虽然被声誉机制所束缚，但由声誉机制间接带来的其他方面的利益冲突却更加的敏感，导致其产生与假设不符合的情况。

表6-6　　　　　　　　　　　各解释变量分组差值的t检验结果

	差额	配对组数	平均值	标准误	标准差	t	Pr（T>t）
声誉机制	高—低	33813	0.16588	0.00250	0.45978	66.3421	0.0000
主承销关系	存在—不存在	4449	0.21167	0.00780	0.51994	27.1547	0.0000
机构持股	低—高	78943	0.18022	0.00361	1.01591	49.8789	0.0000

其次，按照证券分析师所在的券商与分析师所追踪的上市公司之间是否存

在主承销关系对全部的样本数据进行分组配对。与上一情况类似，我们选取在同一时间段内，不同分析师对同一只股票研究分析所得到的盈余预测产生的偏差作为子样本，进行一一配对，最终得到4448组有效数据。对数据进行简单的统计可以看到，与被追踪上市公司存在经纪业务关系的证券分析师，其四年内盈余预测偏差均值为0.5809，而相对来说比较独立于主承销关系的分析师盈余预测偏差为0.3692，两者存在一定差距。经过进一步的t检验可以看到，按照该因素进行分组比较后，得到的被影响因素之间的差额在1%的范围内是显著为正的，表明存在主承销关系的证券分析师的盈余预测偏差要显著高于不存在此关系的分析师，也即主承销关系对证券分析师的盈余预测偏差会产生偏乐观的影响。这与假设2以及前面的分析和结论是一样的，分析师受到经纪业务方面利益冲突的驱使，偏向于发布乐观的盈余预测结果。

最后，按照被追踪上市公司的机构持股比例来对样本数据进行分组，由于机构持股比例的变化范围较宽，包含样本量较大，我们用比较直观简便的方法，将机构持股比例按照大小进行排序，分成高、低两组进行比较，最终得到78942组有效数据。数据显示，从机构持股比例处于高位的一组分析师盈余预测偏差均值为0.4250，而机构持股比例低的一组分析师盈余预测偏差均值为0.6052，两者差值的平均值为0.1802，机构持股比例高的公司在被分析师追踪预测时，相比持股比例较高的公司会偏向于发布更低的盈余预测结果。通过对两组数据之间差异的t检验，结果显示，该关系在1%的区间内是显著的，这与上面我们的分析结果是一致的。但是无论是高机构持股比例组还是低的机构持股比例组，他们的盈余预测偏差都是显著为正的，这说明，在目前我国的证券市场上，对于机构持股比例更高的股票来说，分析师的盈余预测也会偏乐观，但是乐观程度却有所收敛，在投资者关系极其紧密的时候，分析师也许有意识和动力回归到更加真实的预测结果，而不愿发布欺骗整个市场的研究报告以迎合投资者。

从另一个角度来看，将上面进行实证所用到的数据分时间段来讨论，共四年，每年的实证结果显示（见表6-7）：从2009年到2012年，该模型对实际数据的拟合程度不断增加，R^2由2009年的5.51%，到2010年的8.60%，再到后面两年的10%以上，这表明近几年来，本章节提出的模型越来越符合中国资本市场的实际情况。

表 6 - 7 分年限回归结果差异

时间段	R²	p > | t |		
		Reputation	Underwriter	Fund
2009 年测 2010 年	0.0551	0.004	0.844	0.000
2010 年测 2011 年	0.0860	0.000	0.000	0.000
2011 年测 2012 年	0.1493	0.003	0.054	0.000
2012 年测 2013 年	0.1154	0.526	0.765	0.000

四年数据回归的 t 值如表 6 - 7 所示，其他的控制变量的 t 值均小于 0.01，显著性较高。就声誉机制而言，前三年的回归系数在 1% 以内显著，而第四年的系数 t 值并不显著；主承销关系变量系数的显著性不高，2009 年和 2010 年都不显著，这一结果意味着该因素所导致的利益冲突关系在淡化，可能的原因是随着上市公司融资需求的不断扩大，其承销需求也在不断扩张，公司与券商之间的主承销关系变得不如从前持续稳定，同一家上市公司在一段时间内会由于各种原因更换其主承销商，而券商对此也具备充分的预期，为此，承销关系在卖方证券分析师的盈余预测过程中起到的偏离拉动作用减弱；机构持股比例系数的显著性一直很高，每年均在 1% 范围内显著。

6.1.4.3 预测期限长短差异的影响

使用从 2010 年开始到 2013 年为止，所有分析师所发布的公司当年（第一年）的盈余预测数据（经筛选后余 179579 组数据）进行实证。各个变量的描述性统计如表 6 - 8 所示。

表 6 - 8 预测当年盈余的变量描述性统计

	变量	样本数目	平均值	标准差	最小值	最大值
自变量	分析师盈余预测偏差	179579	0.18	0.41	- 1.56	37.84
解释变量	声誉机制	179579	0.22	0.41	0	1
	主承销关系	179579	0.03	0.17	0	1
	机构持股（%）	179579	50.15	23.64	0	112.293
控制变量	追踪机构数	179579	12.29	6.71	1	34.75
	预测时长（天）	179579	182.90	96.90	0	364
	公司规模（亿元）	179579	341.93	1184.89	7.31	20535
	ROE	179579	14.20	16.66	- 5480.9	159.97
	ROE 标准差	179579	9.31	15.59	0.09	4660.05

由表 6 - 8 可知，在一年内的预测数据统计中，证券分析师的盈余预测偏差的均值为 0.175，小于预测期为一至两年的 0.515，同时盈余偏差数据的标准差也比一至两年期相关数据的标准差略小。这是受到预测时间缩短的影响，进行盈余预测所需信息的质和量都有所提高，预测偏差会相应减小，同时，不同分析师个人之间的信息差异度降低，均更加贴近公司盈余的真实值，因此同一时期的盈余预测偏差数据的标准差也有所降低。而三个主要考察的核心变量均值差别不大。

表 6 - 9   预测当年盈余的相关系数矩阵

	盈余预测偏差	声誉机制	主承销关系	机构持股（%）	追踪机构数	预测时长（天）	公司规模（亿元）	ROE	ROE标准差
盈余预测偏差	1	0.006	0.007	- 0.127	- 0.106	0.277	- 0.071	- 0.139	0.071
声誉	0.006	1	0.031	0.051	0.040	0.016	0.010	0.021	- 0.005
主承销关系	0.007	0.031	1	- 0.027	- 0.022	0.003	- 0.019	- 0.009	0.009
机构持股（%）	- 0.127	0.051	- 0.027	1	0.333	- 0.037	0.217	0.158	- 0.106
追踪机构数	- 0.106	0.040	- 0.022	0.333	1	0.009	0.255	0.233	- 0.063
预测时长（天）	0.277	0.016	0.003	- 0.037	0.009	1	0.002	- 0.015	- 0.004
公司规模（亿元）	- 0.071	0.010	- 0.019	0.217	0.255	0.002	1	0.075	- 0.057
ROE	- 0.139	0.021	- 0.009	0.158	0.233	- 0.015	0.075	1	- 0.585
ROE标准差	0.071	- 0.005	0.009	- 0.106	- 0.063	- 0.004	- 0.057	- 0.585	1

从表 6 - 9 可以看出：在缩短了盈余预测的时间间隔后，分析师盈余预测偏乐观程度（Bias）与主承销商关系（Underwriter）、分析师声誉（Reputation）以及机构持股比例（Fund）之间的正负相关关系依旧不变。

同样对一年期以内的盈余预测数据进行回归，结果如表 6 - 10 所示。模型整体显著，R^2 为 10.82%，模型的拟合程度依然适用。具体来看每个变量的回归效果，首先，从回归系数的显著性来看，缩短了预测期限的盈余预测数据对各个因素的回归中，主承销关系这一因素的回归系数并不显著，这也就是说，随着预测时间的缩短，分析师对所预测对象的主承销商是否与自身所处券商存在经纪业务关系并没有表现出明显的利益偏差。其次，从核心变量的回归系数来看，较短期限内的盈余预测过程中，证券分析师自身声誉因素的回归系数为0.0102，仅为长期盈余预测的回归系数0.0451的四分之一，短期预测中所得到的机构持股比例因素和上市公司追踪机构数的回归系数均为长期预测情况下的一半。最后，短期预测条件下的预测期限间隔因素、公司市值因素以及上市公司 ROE 等变量的回归系数与长期预测相比均有所减小。总体来看，当证券分析师的预测期限从两年下降为一年时，该模型的拟合程度均可，但短期回归模型中各变量的系数均变小，这是因为随着时间间隔的缩短，各个因素给分析师预测行为带来的不确定性下降，其中的利益推动机制受到一定限制，导致其对分析师盈余预测偏差结果的影响力减弱，对应系数变小。这与我们所提出的假设4相符合。

表 6 – 10　　　　　　　　　　预测当年模型回归汇总结果

R^2	调整 R^2	F	Prob > F	标准估计的误差
0.1082	0.1081	2722.58	0.0000	0.38207

表 6 – 11　　　　　　　　　预测当年盈余偏差影响因素回归结果

	变量	系数	标准误	t	p > | t |	[95% Conf. Interval]	
解释变量	声誉机制	0.01024	0.00218	4.70	0.000	0.00597	0.01450
	主承销关系	0.00242	0.00523	0.46	0.645	− 0.00785	0.01267
	机构持股（%）	− 0.00132	0.00004	− 32.01	0.000	− 0.00140	− 0.00124
控制变量	追踪机构数	− 0.00294	0.00015	− 19.71	0.000	− 0.00323	− 0.00265
	预测时长（天）	0.00114	9.32E − 6	122.13	0.000	0.00112	0.00116
	公司规模（亿元）	− 0.00001	7.96E − 7	− 14.51	0.000	− 0.00001	− 9.99E − 6
	ROE	− 0.00277	0.00007	− 40.25	0.000	− 0.00291	− 0.00264
	ROE 标准差	− 0.00021	0.00007	− 2.91	0.004	− 0.00035	− 0.00007
	_cons	0.11237	0.00323	34.78	0.000	0.10604	0.11870

6.1.4.4　总结

根据上面多元统计的结果，我们作如下分析和解释：

第一，声誉机制对分析师盈余预测偏差的影响在1%的显著性水平下显著为正，这说明在2009—2013年声誉较高的分析师在各种利益关系的旋涡中也不能保持独立，他们在发布盈余预测的时候亦不能保持谨慎的态度以保持声誉的市场影响力，甚至，享有较高声誉分析师的盈余预测偏乐观程度会高于一般的分析师。这是因为"新财富分析师"的利益冲突关系相对来说更加复杂，可能与公司高管和投资者之间的关系更加紧密，这导致他们在其他方面的利益冲突影响程度大过声誉机制推动的盈余预测行为偏差方向。

第二，承销关系对分析师盈余预测偏差的影响在 1% 的显著性水平下也是显著的，这表明在 2009—2013 年证券分析师所在券商是否是所预测公司的主承销商对该分析师对公司盈余预测偏差具有显著的影响，存在承销关系的分析师盈余预测的正偏差就较高，其盈余预测的偏乐观程度更高。

第三，机构持股比例对分析师盈余预测偏差的影响在 1% 的显著性水平下是显著的，并且系数为负。这说明在 2009—2014 年机构持股的比例会影响分析师对公司盈余的预测，并且机构持股比例增加 1%，分析师盈余预测偏差乐观程度下降 0.17%。这一结果与我们此前预测猜想的结论有一定出入，假设中在机构持股比例上升的情况下，证券分析师会尝试维护良好的投资者关系，为了不对投资者所持有的股票价格及收益率造成不利影响，会尽量避免发布利空预测，此时分析师的盈余预测偏差会有所扩大。我们猜测，面对被机构持有的股票时，仅在一定范围内分析师有动机为了迎合投资者而发布偏乐观的预测报告，但是当机构持股比例超过了一定程度而非常高的时候，分析师反而会比较有意识地发布更加真实的研究报告，重视自己的职业本质。

第四，长短期预测期限会对分析师盈余预测偏差影响因素的分析结果造成一定差异。如果分析师作出预测时刻到被预测时刻之间的时间间隔较长，那么模型中的各因素变量对分析师预测行为产生的决策作用加强，影响因素变化的敏感度增加；反之，如果分析师预测期限比较短，市场公开信息较多，私人信息量的减少会导致分析师预测偏差可能性降低，各变量的影响力会有所减小。

第五，对控制变量的解释如下：公司追踪机构数、分析师盈余预测期限、公司市值、公司的 ROE 以及公司 ROE 的标准差等控制变量对分析师盈余预测都具有显著的影响。其中，机构追踪数增加 1%，分析师盈余预测的偏差减小 1.42%；预测期限增加 1%，分析师盈余预测的偏差增加 0.15%；ROE 增加 1%，分析师盈余预测的偏差增加 0.44%；ROE 的标准差增加 1%，分析师盈余预测的偏差增加 1.41%。

6.2 投资者情绪对分析师盈利预测偏差的影响

6.2.1 盈利预测偏差定义与描述性统计

6.2.1.1 定义与样本选择

本部分所使用的分析师一致盈利预期数据均来自于朝阳永续数据库，朝阳永续是国内权威的提供分析师盈利预测数据的服务商。一致盈利预期指的是市场上所有对同一家上市公司进行过跟踪研究的分析师们作出的盈利预测数据的平均值，通常能够反映市场整体对一家上市公司未来盈利水平的预测值。

本部分构造的盈利预测偏差模型如下：

$$FB_{i,t} = FEPS_{i,t} - EPS_{i,T+1} \tag{6.2}$$

$$FE_{i,t} = |\ FEPS_{i,t} - EPS_{i,T+1}\ | \tag{6.3}$$

模型中各变量的含义为：

$EPS_{i,T+1}$ 为第 $t+1$ 年时股票 i 的实际 EPS 值，数据来源为各家公司的年报；

$FEPS_{i,t}$ 为市场在第 t 年 t 月时作出的对股票 i 在第 $t+1$ 年的 EPS 一致预测值，数据来源为朝阳永续数据库；

$FB_{i,t}$ 为分析师对股票 i 的 EPS 预测偏差，$FE_{i,t}$ 则是以绝对值形式表示的分析师盈利预测值偏离其实际值的绝对程度。

本部分选取的有关分析师盈利预测数据的样本时间区间为 2007 年 1 月至 2013 年 12 月，为月度数据，即分析师在每一年（2007—2013 年）的各个月份对下一年（2008—2014 年）的 A 股市场上市公司的盈利水平作出预测；与此相对应，选取的上市公司实际盈利数据的样本时间区间为 2008 年至 2014 年，为年报中公布的数据。此外，在对样本数据进行处理时，为了避免异常值的影响，本节对样本进行了缩尾处理，即将数据有缺失或是 $|(FEPS_{i,t} - EPS_{i,T+1})/EPS_{i,T+1}| > 2)$ 的公司从样本中予以剔除。

6.2.1.2 描述性统计

描述性统计的结果显示，2007 年平均有 7.6 家预测机构对 A 股市场的同一家上市公司作出过盈利预测，2008 年这一数字增加到了近 9 家，2009 年的预测机构平均关注度数据继续上升，2010 年有所下降。之后的几年间，除了 2012 年机构的平均关注度有所降低外，其余几年的数据均呈现稳步上升的势态，说明近几年分析师对 A 股市场上市公司盈利水平的预测正在形成集群效应。从有关每股收益的统计数据来看，各年度 A 股市场上市公司实际每股收益的均值均低于市场的一致盈利预期值，即盈利预测偏差均为正值，因此从描述性统计的角度可以简单地看出市场中的分析师在作盈利预测时总体呈现乐观性倾向。从盈利预测偏差的绝对值 FE 的角度来看，2008 年分析师的盈利预测偏差达到最大值，主要源于 2007 年时 A 股市场经历了最大规模的牛市，分析师在市场高涨情绪的推动下对次年的盈利水平过分高估，而随后爆发的国际金融危机中股市大跌，导致这一年分析师的盈利预测出现了很大偏误。尤其是 2011 年之后，分析师的盈利预测偏差值也都保持在了一个相对较高的水平。

表 6 – 12　　　　　　　　　　描述性统计结果

年份	2007				2008			
	NUM	EPS	FEPS	FE		NUM	EPS	FEPS	FE
均值	7.6	0.47	0.51	0.04	均值	8.7	0.39	0.60	0.21
中值	5	0.36	0.41	0.05	中值	6	0.31	0.50	0.19
样本量	873	873	873	—	样本量	718	718	718	—
年份	2009				2010			
	NUM	EPS	FEPS	FE		NUM	EPS	FEPS	FE
均值	9.7	0.42	0.47	0.05	均值	8.95	0.55	0.63	0.08
中值	7	0.32	0.38	0.06	中值	7	0.43	0.53	0.1
样本量	965	965	965	—	样本量	1140	1140	1140	—
年份	2011				2012			
	NUM	EPS	FEPS	FE		NUM	EPS	FEPS	FE
均值	9	0.54	0.70	0.16	均值	8.7	0.46	0.60	0.14
中值	7	0.44	0.60	0.16	中值	6	0.37	0.51	0.14
样本量	1259	1259	1259	—	样本量	1387	1387	1387	—
年份	2013				2014			
	NUM	EPS	FEPS	FE		NUM	EPS	FEPS	FE
均值	9.2	0.53	0.70	0.17	均值	9.6	0.60	0.80	0.20
中值	6	0.47	0.61	0.14	中值	7	0.51	0.65	0.14
样本量	1458	1458	1458	—	样本量	1523	1523	1523	—

数据来源：朝阳永续数据库，上市公司年报。

6.2.2　投资者情绪代理变量的选择

投资者情绪无法直接进行测度，但这并不意味着找不到在一段时期内能够有效反映投资者情绪的代理变量。本节接下来将先讨论涉及投资者情绪度量的一般性问题，并且对市场中已经在使用的一些情绪代理变量进行描述。然后本节将尝试构建一个投资者情绪综合指标，该综合指标是对以上所提及的众多情绪代理变量经过筛选之后的整合。

Baker 和 Wurgler（2006）认为"投资者情绪带来的外生性冲击会导致一系列的连锁反应，而在连锁反应的每一个环节该冲击基本上都能被观测到。"在一次连锁事件反应中，外生性冲击将首先在投资者信心中体现出来，有关投资者信心的情况可以通过市场调查得到。随后这些投资者信心的变动将在能够被直接观测到的证券交易行为中体现出来，而交易中存在的诸多套利机会表明来自投资者需求端的变化导致了证券被错误定价，错误定价可以通过市净率、市盈率等能够反映证券基本面价值的指标进行观测。这类错误定价随后可能会被拥有内幕信息的人所利用，比如公司高管，然后公司会进行财务结构的调整，比如实施定增、公司债发行等一些重大事件活动。

然而我们必须考虑到的是，以上连锁事件反应中的每一个环节还会受到许多其他因素的影响。比如在进行投资者信心市场调查时，由于投资者的实际想法和他们在接受调查时提供给调查者的观点之间可能存在偏差，所以对于市场调查的结果我们也应该保持一定程度的怀疑。此外，公司也可能因为许多其他的原因调整其财务结构，比如公司的基本面发生了变化，而非仅仅源于公司层面的套利动机。

基于以上的考虑可以看出为了构建一个能够充分反映投资者情绪的指标，最为实际可行的做法其实是将各个不完善的度量指标结合起来。通过对以上的一次连锁事件反应中各个环节的深入分析，可以初步提炼出一些用来测度投资者情绪的代理指标。

6.2.2.1　国外的投资者情绪代理指标论述

国外的研究文献中用到的代理指标主要包括：投资者信心市场调查；投资者心情；散户投资者的交易行为；共同基金的资金流量；市场交易量；支付股利股票的股利溢价；封闭式基金折价；期权的隐含波动率；IPO 的首日回报率；内幕交易以及所有新发行证券中权益份额的市值占比等。本节接下来也将对这些情绪代理变量进行权衡并从中作出进一步的选择。

1. 投资者信心调查

Brown 和 Cliff（2005）在预测市场收益时使用的是投资者信心的调查数据；虽然在密歇根大学消费者信心指数构建过程中参与投票的消费者并没有被直接问到他们对于证券价格的看法，然而消费者信心指数还是与证券市场指数的变化高度相关。

2. 投资者心情

以往的一些文献曾经创造性地将股票价格与人类情绪的外生性变化联系起来。Kamstra、Kramer 和 Levi（2003）发现市场收益普遍在秋冬两季更低，而秋冬两季由于日照时间下降容易引发抑郁症，他们认为此类季节性情绪紊乱是导致市场收益不理想的重要原因。为了论证他们的结论，Kamstra、Kramer 和 Levi（2003）将地区按照不同的经纬度进行了划分，并且分别进行了研究。Edmans、Garcia 和 Norli（2007）则使用了国际足球赛事的结果作为衡量心情变化的变量，他们发现重大足球赛事中的失利国在第二天的市场收益通常会不理想，尤其是主要被散户所持有的公司的股票收益。

3. 散户投资者的交易行为

散户群体通常缺乏投资经验，他们相比专业的投资机构更容易受到情绪的影响。Greenwood 和 Nagel（2009）发现当互联网泡沫处于高点时，相比年长的投资者，年轻的投资者更容易在此时买入股票；Barber、Odean 和 Zhu（2006）发现从微观层面的交易数据分析来看，散户群体通常会一致地买入或卖出股票。

4. 共同基金的资金流向

有关共同基金投资者如何在其所持有的不同基金间进行资金分配的数据非常容易获得。Brown、Goetzmann、Hiraki、Shiraishi 和 Watanabe（2003）提出可以基于共同基金投资者的资金流向来构造反映投资者情绪的指标，例如基金投资者如何在"安全的"政府债券型基金以及"高风险的"成长性股票型基金之间转换其投资资金量；Frazzini 和 Lamont（2006）使用共同基金的资金流向数据作为情绪代理指标，发现当持有某一特定股票的共同基金经历了大量的资金流入后，该只股票随后的市场表现将会相当不理想。

5. 市场交易量/流动性

市场交易量，或称为流动性可以被视为投资者情绪的一个代理变量。Baker 和 Stein（2004）注意到如果卖空的成本比持有多头头寸或对多头头寸进行平仓的成本更高，并且投资者对于未来股票价格的上涨持乐观态度，则他们更有可能进行交易，从而增加市场的流动性。换手率作为能够反映市场流动性的直观变量，是交易量和流通总股数的比率。

6. 股利溢价

与债券相类似，支付股利的股票带给投资者的可预测的收入流是该类证券"安全性"的显著体现。以往的研究表明，股利溢价也是和投资者情绪相关的一个指标。根据 Baker 和 Wurgler（2004）对股利溢价的研究，当股利溢价存在时，公司更倾向于支付股利；当出现股利折价时，公司支付股利的倾向会更弱，即当决定是否支付股利时，公司所表现出来的是为了迎合投资者是否追求投资

"安全性"的情绪。

7. 封闭式基金折价

以往的国外文献中，Zweig（1973）、Neal 和 Wheatley（1998）在其研究中均得出过如下的结论：当散户持有封闭式基金的大多数份额时，封闭式基金的折价率就可以作为一个情绪指数。当散户对市场持悲观态度时，折价率上升；当散户对市场持乐观态度时，则封闭式基金折价率下降。

8. 期权的隐含波动率

通常可以将诸如 BS 公式等期权定价模型进行转化，使期权价格成为隐含波动率的函数。Whaley（2000）在其文章中讨论了自 1986 年以来的市场波动率指数变化情况，该时段包括了 1987 年 10 月美国股市大崩盘事件以及 1998 年 LTCM 公司破产危机。

9. IPO 的首日回报率

首次公开发行的股票通常会在第一个交易日获得显著收益，对于这种现象，几乎找不到一种不把投资者情绪包括在内进行解释的理论。然而 IPO 首日回报率的高低本身也与该股票的首次公开发行量以及其他不涉及该股票基本面的情绪代理变量相关。

10. 内幕交易

由于信息的不对称性，公司高管相比外部投资者拥有更多的关于公司真实价值的信息，因此在不考虑合法性的前提下，高管的个人投资决策行为也会在一定程度上反映出他们对于公司是否存在错误定价的看法。如果是市场中的投资者情绪导致了公司被错误定价，则内幕交易者的交易行为实际上也包含了情绪成分，Seyhun（1998）在其文章中就论述了如何通过内幕交易者的交易行为来预测股票收益。

11. 所有新发行证券中权益份额的市值占比

Baker 和 Wurgler（2000）提出所有新发行证券中权益份额的市值占比越高，则公司股票的收益表现越差；并且认为这种模式实际上也反映了公司成功通过调整其财务杠杆降低了总的资本成本。该模式也是源于整个公司被"错误定价"这一现象的管理层反应，也可以说是一种公司层面的套利行为。

通过对以往国外相关文献的研究，目前共论述了 11 个国外文献中经常用于测度投资者情绪的主要代理指标。

Baker 和 Wurgler（2006）在其研究中使用了六个投资者情绪代理指标来构建投资者情绪综合指数：以纽交所的股票换手率测度的市场交易量/流动性指标、股利溢价、封闭式基金折价率、IPO 的首日回报率、一段时间内进行 IPO 的新股数量、所有新发行证券中权益份额的市值占比。他们所选取的这六个代理变量虽然能够很好地反映投资者情绪的变化，但是其中的一些变量也包含了与投资者情绪无关的成分。例如对于封闭式基金折价率这一指标，如果在某段时期大多数个人投资者变得更加偏好开放式基金，则封闭式基金折价数据就不能够有效反映投资者整体对于市场的看法；此外，近年来债券市场的演变也使权益份额的市值占比这一指标的有用性降低。

除此之外，还应看到的是一些情绪代理变量在某种程度上还包含了宏观经济因素。为了将这些经济基本面因素予以剔除，Baker和Wurgler（2006）将每一个代理变量对一系列选定的宏观经济指标进行回归，回归的残差即为宏观经济效应被剔除之后的情绪代理变量。经过研究发现，这六个新的情绪代理指标中，与投资者情绪水平呈正相关关系的指标是股票换手率、一段时间内进行IPO的新股数量、IPO的首日回报率以及所有新发行证券中权益份额的市值占比；与投资者情绪水平呈负相关关系的指标是封闭式基金折价率和股利溢价。

6.2.2.2　国内的投资者情绪代理指标论述

徐浩萍、杨国超（2013）在其文章中对投资者情绪给出了最新的定义，认为投资者情绪是投资者对未来作出的一种预期，而且这种预期无法通过基本面分析来获得。涉及投资者情绪的度量方法这一领域，国内学者也进行了大量的研究，主要研究成果如下。

闫伟、杨春鹏（2011）所做的研究较为系统，他们认为所有度量投资者情绪的指标可以划分为三种类型：第一类是直接度量指标，即通过直接调查市场中投资者对未来前景走势的观点看法等来获取相关的信息和数据，然后经过进一步处理即可得到能够反映投资者情绪变化的指标；第二类是间接度量指标，即投资者情绪可以通过资本市场中的各类变量间接得到反映；第三类是其他指标，比如季节、天气等，季节因素会影响投资者心情这一结论在国外股市中已经得到了证实。

国内使用的能够直接度量投资者情绪的常用指标包括：黄德龙等（2009）在其研究中使用的新浪多空指数；易志高等（2009）选择的消费者信心指数以及媒体上经常使用的央视看盘数据等。虽然直接度量指标简洁明了而且易于理解，但是黄德龙等（2009）认为直接度量指标的发布不具有连贯性从而使得数据的可得性差，此外由于缺乏统一的评价标准，指标的可比性也值得商榷；闫伟、杨春鹏（2011）从另一个角度指出了直接度量指标的缺陷，即投资者现在反馈给调查者的对未来市场的多空看法并不是代表投资者未来实际会发生的交易行为，两者可能存在很大的差异；由于直接度量指标存在的诸多缺陷，越来越多的学者转向了对间接度量指标的研究，间接度量指标又可进一步划分为单一度量指标和综合度量指标。

针对单一度量指标的研究，刘红忠、张昉（2004）认为流动性越高则代表投资者情绪越高涨，因此选用流动性指标来刻画投资者情绪。此外，国内常用的单一指标还包括市值账面价值比、IPO首日回报率以及市净率等。单一指标虽然在一定程度上可以反映市场中的投资者情绪，但是由于包含的信息比较片面所以常常出现很大的偏差，指标具有不稳定性，因此之后国内的学者开始转向了对综合度量指标的研究。

易志高、茅宁（2009）在 Baker 和 Wurgler（2006）所构建的 BW 综合投资者情绪指标的基础上试图构建出适用于我国资本市场的综合度量指标，他们采用了新增开户数、成交量、消费者信心指数这三个新的变量，保留了 Baker 和 Wurgler 文献中原先的 IPO 首日回报率、封闭式基金折价率以及 IPO 的数目这三个指标，然后构造了新的投资者情绪综合指数，用到的方法主要是国外文献中构建 BW 指数时所使用的主成分分析法。此外，考虑到宏观经济基本面对综合度量指标可能的影响，作者还控制了一些有代表性的宏观经济变量，从而得到了最终的用来刻画国内资本市场投资者情绪的综合度量指标，而且实证检验发现投资者情绪与以上选用的六个变量均呈现显著正相关关系。

有关投资者情绪对资本市场的影响，国内学者也进行了相关的研究。杨阳、万迪昉（2010）的研究结果表明在牛市中对股票收益变化有显著影响的是投资者的悲观情绪，而熊市中对股票收益的波动有显著影响的主要是投资者的乐观情绪。王一茸、刘善存（2011）主要采用了央视看盘数据、封闭式基金折价率以及消费者信心指数这三个可以反映投资者情绪的指标进行了相关研究，得出的结论是投资者情绪不仅会显著地影响股票收益，而且能够帮助预测股票的未来收益。在对牛市和熊市分别进行了实证检验后发现投资者情绪对股票收益的这种影响力在牛市中要相对弱一些。张强、杨淑娥（2009），池丽旭、庄新田（2011）经过实证研究后也发现股票收益受到来自投资者情绪因素的显著影响，而且这种影响在乐观情绪下要表现得更加明显一些。蒋玉梅、王明照（2010）在其研究中发现投资者情绪对市盈率、市净率或是价格波动率等指标值较低的股票会产生较大的影响；方媛（2010）则研究了 A 股市场中不同行业板块的波动性受投资者情绪影响的相关情况；鲁训法、黎建强（2012）使用的投资者情绪代理指标是新增开户数，结果发现市场指数收益的变化率是导致投资者情绪变化的原因。

相对于上文总结论述的有关投资者情绪对股票收益的影响这一类研究文献，目前国内学者针对投资者情绪如何影响公司资本结构的研究则比较少。彭宇（2011）使用投资者情绪代理指标对公司的资产负债率指标进行了回归，研究发现投资者情绪高涨时，公司更倾向于使用权益融资手段，而在投资者情绪低落时公司更倾向于使用债务性融资手段。徐浩萍、杨国超（2013）则侧重研究了投资者情绪对公司利用发债进行融资的行为的影响，得出的研究结论是投资者情绪与公司发债进行融资的行为倾向呈正相关关系，主要是因为股市中的投资者情绪越高涨，公司债的发行利率越低，从而公司会更加倾向于通过发行债券进行融资。

6.2.2.3　情绪代理变量的筛选

目前中国资本市场中的投资者主体仍是大量的散户，由于缺乏专业性投资知识和经验的积累，散户在投资时不可避免地表现出非理性和盲从性，因此投资者情绪的直接度量指标如投资者信心调查数据、消费者信心指数等的主观性太强，且与投资者未来实际会发生的交易行为可能存在很大差异，所以还是选用资本市场中各类能够间接反映投资者情绪的代理变量较为合适。从数据的可得性和连续性角度考虑，目前中国资本市场尚无法提供系统性的涉及内幕交易、散户投资者的交易行为、期权隐含波动率以及共同基金的资金流向等方面的数据。此外，国外的很多学者在进行相关研究时都会使用 IPO 类的代理变量，如 IPO 首日回报率和 IPO 的数目，但是我国的新股发行曾中断过一段时间，因此本节暂时不选用 IPO 类的代理变量。

综合以上的各种因素考虑来看，本节在构建适合我国资本市场情况的投资者情绪综合指标时，将选用如下的三个情绪代理变量。

1. 换手率

以往的研究表明数量庞大的"噪声交易者"始终存在于资本市场中，只有当这些"噪声交易者"呈现乐观性投资情绪时，整个市场的流动性才会增强，因此可以用换手率作为投资者情绪的代理变量，因为换手率能够反映市场的流动性，高换手率即意味着乐观的投资者情绪。

本节采用的换手率计算公式是 $TURN_t = TV_t/AveMV_t$，$TURN_t$ 为第 t 期的上证综指月度换手率，TV_t 为第 t 期的上证综指月成交金额，$AveMV_t$ 为第 t 期上证综指月初和月末流通市值的平均值。

2. 封闭式基金折价率

很多研究文献中的模型都是围绕着投资者情绪和封闭式基金折价率的相关关系而建立的，Baker 和 Wurgler（2006）在其研究中也发现当市场中的投资者呈现乐观情绪时，封闭式基金折价率会收窄，而当市场普遍表现出悲观情绪时，封闭式基金折价率通常会放宽。因此封闭式基金折价率一向被认为是衡量投资者情绪的一个非常有用的指标。

本节封闭式基金折价率计算公式是$CEFD_{it} = |(NAV_{it} - P_{it})/NAV_{it}| \times 100\%$。公式中$CEFD_{it}$代表第$t$期封闭式基金$i$的折价率，$P_{it}$代表第$t$期基金$i$的市场价格，$NAV_{it}$代表第$t$期基金$i$的单位净值，使用的各数据均为月度数据，然后将算出的$CEFD_{it}$按照月度求取各基金的算术平均数后即得到最终的$CEFD_t$月数据。因为计算的是绝对值化后的折价率数据，因此当封闭式基金折价率数值变大时则意味着市场中的投资者情绪趋向于悲观，当折价率数值降低时则意味着投资者情绪表现为乐观倾向。

本节选用的是在2008年1月至2013年12月期间内处于未到期状态的封闭式基金，此外还剔除了基金规模小于20亿元人民币的创新型封闭式基金和小型封闭式基金，主要是出于控制规模对数据的影响的目的。经过筛选之后，共计有16只封闭式基金满足标准[1]。

3. 投资者开户增长率

由于交易所的新增开户数可以反映潜在的持观望态度的投资者对于证券需求的变化，当新增开户数增加时，通常表示的是投资者对市场前景走势看好，投资者情绪呈乐观倾向；而当新增开户数低迷时，往往代表市场中的投资者总体表现为悲观情绪，对市场看空。因此可以使用开户增长率这一代理变量来较为直观地反映投资者情绪。

本节采用的计算公式是$GROW_t = KH_t/CKH_{t-1}$，$GROW_t$为第t期的投资者开户增长率，KH_t为第t期的新增开户数，CKH_{t-1}为第$(t-1)$期末的投资者开户总数，使用的各数据均为月度数据。

表6-13 情绪代理变量的选取

变量名称	代表符号	定义	与市场中投资者情绪的关系
换手率	TURN	$TURN_t = \dfrac{TV_t}{AveMV_t}$	+
封闭式基金折价率	CEFD	$CEFD_{it} = \left\| \dfrac{NAV_{it} - P_{it}}{NAV_{it}} \right\| \times 100\%$	-
投资者开户增长率	GROW	$GROW_t = \dfrac{KH_t}{CKH_{t-1}}$	+

注：与市场中投资者情绪的关系这一列中，"+"代表该代理变量对市场中的投资者情绪有正向影响，"-"代表的是负向作用。

---

① 此处的基金规模数据来源于Wind数据库，是截至2014年末的规模。

6.2.2.4　构建投资者情绪综合指标

表 6-14 是有关本节所选定的三个情绪代理变量之间的相关性分析。从理论上来说三个代理变量之间并无必然的联系，因此统计意义上也不应出现显著相关性。但是实证检验的结果表明，三个变量两两之间均存在显著相关关系，即投资者情绪实际上是这三个表面上没有联系的代理变量的共同影响因素。

表 6-14　　　　　　　　　　　情绪代理变量相关性分析

	CEFD	GROW	TURN
CEFD	1		
GROW	0.5418 ***	1	
TURN	0.2094 **	0.2369 **	1

注：*** 代表 1% 的显著性水平，** 代表 5% 的显著性水平，* 代表 10% 的显著性水平。

考虑到情绪代理变量之间存在的显著相关关系，若直接进行回归会存在多重共线性问题，本节接下来计划采用 Baker 和 Wurgler（2006）在构建投资者情绪综合指数的过程中所用到的方法——主成分分析法。

本节首先对三个情绪代理变量进行标准化处理，其目的主要是为了实现不同量纲的变量之间的可比性。标准化的过程简单来说就是用变量的数据序列依次减去序列的均值后再除以序列的标准差，即可得到经过标准化处理的新的变量序列。然后对标准化处理后的情绪代理变量进行 ADF 单位根检验，检验结果表明三个代理变量的时间序列均不平稳；因此将全部的代理变量进行一阶差分之后再次进行 ADF 单位根检验，结果表明一阶差分之后的数据均拒绝了原假设，即序列平稳，因此接下来本节就将采用一阶差分后的情绪代理变量实施主成分分析法。

在构造投资者情绪综合指标的过程中，考虑到不同的情绪代理变量反映到市场中时可能会有领先或是滞后的问题，若是全部使用同期的变量会造成构建的综合指标可能无法有效反映市场情绪的变化。本节在参考了以往相关文献中的研究成果后，将使用以下两个步骤来构建最终的投资者情绪综合指标。

首先，对三个情绪代理变量的同期以及各自滞后一期的共六个变量数据序列实施主成分分析，提取出的主成分经合成得到 $\Delta Sent_6$。

其次，将第一步得到的 $\Delta Sent_6$ 与六个变量数据序列进行相关性分析，将与 $\Delta Sent_6$ 相关度最高的三个变量筛选出来后，对这三个变量再次实施主成分分析，提取出的主成分即可用于合成最终的投资者情绪综合指标 $\Delta Sent$。

根据主成分的提取原则，从结果中选择特征值大于 1 的主成分。表 6-15

显示的是第一步中的主成分分析结果，从中可以提取出三个主成分，分别是 PC_1、PC_2 与 PC_3，三者的累计贡献率达到了 70.73%。

表6－15 第一步的主成分分析结果

变量	PC_1	PC_2	PC_3	PC_4	PC_5	PC_6
$CEFD_t$	0.316306	－ 0.167762	0.661501	0.521595	0.330533	0.230019
$CEFD_{t-1}$	－ 0.057958	0.651120	－ 0.340585	0.605495	－ 0.087671	0.287011
$GROW_t$	0.514673	0.411096	0.254440	－ 0.009014	－ 0.350922	－ 0.614935
$GROW_{t-1}$	－ 0.515723	0.365646	0.213809	－ 0.026590	0.599801	－ 0.440624
$TURN_t$	0.447839	0.407148	－ 0.032289	－ 0.542956	0.419691	0.402103
$TURN_{t-1}$	－ 0.406416	0.281836	0.578724	－ 0.256369	－ 0.473301	0.361572
特征值	1.938363	1.246521	1.059008	0.838749	0.547586	0.369772
贡献率	0.3231	0.2078	0.1765	0.1398	0.0913	0.0616
累计贡献率	0.3231	0.5308	0.7073	0.8471	0.9384	1

第一步得到 $\Delta Sent_6 = (0.3231 \times PC_1 + 0.2078 \times PC_2 + 0.1765 \times PC_3) / 0.7073$（以各主成分的方差贡献率为权数进行加权计算）。

第二步中首先通过相关性分析，筛选出与第一步得到的 $\Delta Sent_6$ 相关度最高的三个变量 $CEFD_{t-1}$、$GROW_t$、$TURN_t$，且都具有基于 5% 水平下的显著相关关系，对这三个变量再次实施主成分分析。表6－16 显示的是第二步中主成分分析的结果，从中提取出的前两大主成分的累计贡献率达到了 83.57%。

表6－16 第二步的主成分分析结果

变量	PC_1	PC_2	PC_3
$CEFD_{t-1}$	0.231949	0.963033	0.136993
$GROW_t$	0.698616	－ 0.066929	－ 0.712360
$TURN_t$	0.676857	－ 0.260937	0.688314
特征值	1.507345	1.098044	0.512216
贡献率	0.483495	0.352208	0.164298
累计贡献率	0.483495	0.835702	1

最终的投资者情绪综合指标 $\Delta Sent = (0.4835 \times PC_1 + 0.3522 \times PC_2) / 0.8357$（同样以各主成分的方差贡献率为权数进行加权计算）。

由以上的分析过程来看，最终得到的投资者情绪综合指标 $\Delta Sent$ 实际上是各情绪代理变量经过一阶差分处理后的合成结果。而差分序列并不能有效地反映情绪变化整体趋势，所以本节将差分序列 ΔSent 进行了还原，得到了能够有效反映投资者情绪变化趋势的综合指标 Sent。

6.2.2.5 宏观经济和季节效应的剔除

基于以往的研究文献，投资者情绪也可能受到来自宏观经济和季节两方面因素的影响，因此必须剔除投资者情绪中的宏观经济和季节效应。以往的很多文献在进行此类处理时一般先将各个投资者情绪代理变量分别与选定的各宏观经济因子进行 OLS 回归，取回归之后的残差序列，然后将得到的各情绪代理变量的残差序列再次进行主成分分析，从而得到剔除掉宏观经济效应的最终的投资者情绪综合指数。

但是这种方法是有缺陷的，不仅繁琐而且由于各宏观经济变量之间相互影响，如果直接纳入 OLS 回归方程就违背了实施回归分析的"各回归变量要相互独立"的前提假设，因此本节对剔除投资者情绪中的宏观经济因素的方法进行了改进。

第一步，在以往研究的基础上，选定了生产者价格指数 PPI，宏观经济景气指数 MBCI，消费者价格指数 CPI 以及工业增加值当月同比 IAV 四个能够充分反映宏观经济环境的指标。基于数据处理方面的考虑，四个宏观经济指标均采用月度数据，数据来源为 Wind 数据库。

第二步，尝试构建一个宏观经济综合指数来体现宏观经济基本面的情况，构造方法主要是借鉴之前用于构造投资者情绪综合指标时使用过的主成分分析法。得到宏观经济综合指数之后，将投资者情绪综合指标与宏观经济综合指数进行 OLS 回归，取回归后的残差序列，即可得到剔除掉宏观经济效应后的投资者情绪综合指标。

首先进行的 ADF 单位根检验显示四个宏观经济变量均满足序列平稳，因此可以不作处理直接用于主成分分析。步骤如下：

1. 对四个宏观经济指标的同期与各自滞后一期的共八个变量实施主成分分析法，提取出的主成分记为 HG_8。

2. 将 HG_8 与八个变量进行相关性分析，筛选出与 HG_8 相关度最高的四个变量再次进行主成分分析，提取出主成分并合成最终的宏观经济综合指数 HG。

表 6–17　　　　　　　宏观经济变量相关性分析

	MBCI	PPI	CPI	IAV
MBCI	1			
PPI	0.8888***	1		

续表

	MBCI	PPI	CPI	IAV
CPI	0.7349 ***	0.8521 ***	1	
IAV	0.7256 ***	0.5317 ***	0.4333 ***	1

注：*** 代表1%的显著性水平，** 代表5%的显著性水平，* 代表10%的显著性水平。

根据主成分的提取原则，选择特征值大于1的主成分，所以由表6－18提取出主成分PC_1和PC_2，两者的累计方差贡献率达到了91.37%。

$$HG_8 = (0.7645 \times PC_1 + 0.1492 \times PC_2)/0.9137$$

表6－18　　　　　构造宏观经济综合指数的初步主成分分析结果

变量	PC_1	PC_2	PC_3	PC_4	PC_5	PC_6	PC_7	PC_8
CPI_t	0.341555	-0.401504	0.481269	0.001782	0.09472	0.680939	-0.114952	-0.068166
CPI_{t-1}	0.356779	-0.310077	0.478558	-0.02629	-0.373323	-0.613761	0.159019	0.074102
IAV_t	0.310247	0.496778	0.13616	0.792566	-0.071605	0.055499	0.04431	-0.009306
IAV_{t-1}	0.273182	0.602732	0.359437	-0.504401	0.412179	-0.084626	0.025324	0.027867
$MBCI_t$	0.390621	0.042427	-0.357196	-0.189699	-0.213373	0.17026	0.623867	-0.467241
$MBCI_{t-1}$	0.379416	0.183199	-0.298489	-0.24605	-0.52987	0.18442	-0.382884	0.459862
PPI_t	0.368289	-0.279222	-0.324101	0.133643	0.537629	-0.096748	0.26165	0.544638
PPI_{t-1}	0.391138	-0.138727	-0.264389	0.048344	0.247596	-0.277521	-0.595503	-0.512427
特征值	6.116165	1.193642	0.350886	0.174324	0.118019	0.024798	0.01547	0.006696
贡献率	0.7645	0.1492	0.0439	0.0218	0.0148	0.0031	0.0019	0.0008
累计贡献率	0.7645	0.9137	0.9576	0.9794	0.9941	0.9972	0.9992	1

将HG_8与八个变量进行相关性分析之后，发现相关度最高的四个变量是PPI_{t-1}、$MBCI_t$、CPI_{t-1}、IAV_t，且都具有基于5%水平下的显著相关关系。对这四个变量再次进行主成分分析后，由表6－19的结果仅需要提取第一主成分PC_1，最终合成的宏观经济综合指数$HG = 0.8143 \times PC_1/0.8143$。剔除掉投资者情绪中的宏观经济效应之后，接下来在剔除可能存在的季节效应时使用X12方法，即可得到剔除掉宏观经济和季节双重因素后的投资者情绪综合指标 Fsentiment。

表6－19　　　　　构造宏观经济综合指数的最终主成分分析结果

Variable	PC_1	PC_2	PC_3	PC_4
IAV_t	0.437153	0.831146	0.332565	0.086568
$MBCI_t$	0.534512	-0.001328	-0.527381	-0.660428

续表

Variable	PC_1	PC_2	PC_3	PC_4
CPI_{t-1}	0.487435	− 0.515557	0.687748	− 0.153659
PPI_{t-1}	0.534416	− 0.208317	− 0.371851	0.729884
特征值	3.257173	0.51633	0.185875	0.040622
贡献率	0.8143	0.1291	0.0465	0.0102
累计贡献率	0.8143	0.9434	0.9898	1

6.2.3　投资者情绪对分析师盈利预测偏差的影响实证

6.2.3.1　ADF 检验

进行模型的回归之前首先需要考虑的是变量序列的平稳性问题，本节对分析师盈利预测偏差的绝对值（FE）、投资者情绪综合指标（Fsentiment）进行平稳性检验。ADF 单位根检验结果表明两者一阶差分之后的数据均拒绝了原假设，即序列平稳。两者均为一阶单整，再进一步使用 EG 两步法进行协整检验，检验结果表明两者 OLS 回归的残差序列平稳，两变量之间存在协整关系。

表 6 – 20　　　　　　　　　　　　　ADF 单位根检验结果

变量	t 统计量	Prob	是否平稳
ΔFE	− 5.304502	0.0000	平稳
ΔFsentiment	− 7.470927	0.0000	平稳

6.2.3.2　Granger 因果检验

本节所选取的样本时间区间是 2007 年 1 月至 2014 年 12 月，在此期间中国的 A 股市场起伏很大。当市场经历牛市时，投资者情绪的高昂在一定程度上会推动分析师对上市公司未来的盈利水平作出过分乐观的估计；而 2008 年国际金融危机的到来，股市大跌，投资者情绪陷入低迷状态，受这种市场情绪的影响，分析师对上市公司的盈利前景普遍持悲观态度。因此对于投资者情绪与分析师盈利预测偏差两者之间的相关关系，本节计划做进一步的考察，即可以通过 Granger 因果检验来分析出是投资者情绪影响了分析师盈利预测偏差，还是分析师盈利预测偏差引发了投资者情绪，或者两者是互为因果的关系。

由 Granger 因果检验的结果来看，分析师盈利预测偏差和投资者情绪整体上是互为因果的关系。牛市时投资者情绪高涨，大量的资金涌入资本市场，推动股价上涨，从而一定程度上也引致分析师在进行盈利预测时呈现出乐观倾向，其随后发布的大量乐观性盈利预测报告反过来也会进一步推动投资者情绪的持续高涨；熊市时股市出现大幅下跌，投资者的情绪低迷，在这种市场情绪的带动下，分析师对后市也普遍不看好，其对上市公司未来盈利水平的调降又会进一步影响投资者的悲观情绪，使得投资者情绪持续陷入低谷期。

表 6 - 21　　　　　　　　　　Granger 因果检验结果

原假设 H_0	F 统计量	Prob	是否拒绝 H_0
ΔFE 不是 ΔFsentiment 的 Granger 原因	3.14267	0.0054	拒绝
ΔFsentiment 不是 ΔFE 的 Granger 原因	5.09474	0.0039	拒绝

6.2.3.3　投资者情绪和分析师盈利预测偏差的模型实证

1. 控制变量的选择

以往的众多研究文献均表明分析师的盈利预测偏差也受到来自公司层面的各类因素的影响，因此本节在进行回归分析时，计划在模型中加入与公司特质有关的变量作为回归模型的控制变量。

基于前人做出的相关研究，本节选定以下三个公司层面的控制变量：

首先是公司规模变量。Dowen（1989）经过研究发现分析师的盈利预测偏差受到来自上市公司规模因素的显著负向影响，公司的规模越大，分析师作出的盈利预测的精确度越高。本节对于公司规模变量取上市公司总资产的自然对数（用LnScale 表示）加入模型，取自然对数的目的主要是消除来自量纲的差异。

其次是反映公司成长速度的变量。以往的研究表明，上市公司的成长速度显著影响分析师的盈利预测偏差，通常认定两者为正相关关系，即对于高成长性公司来说，由于其盈余的波动性较大，导致分析师在进行盈利预测时的难度也增加，因此预测偏差会变大。本节对于成长速度变量计划取上市公司的股本增长百分比（用 Growth 表示）加入回归模型。

最后选择的是能够反映公司盈余可预测性的变量。Eames 和 Glover（2003）提出分析师的盈利预测偏差与上市公司盈余的可预测性为负相关关系。盈余的可预测性一般用公司的利润构成来反映，可以用经营性利润与利润总额比值的绝对值来表示。该绝对值越大，表明公司利润来源中来自经营性活动的占比越高，可以认为该公司盈余的可持续性越好，其未来盈利的确定性也越大，分析师作出的盈利预测的偏差也相应变小。本节对于公司盈余的可预测性变量同样采用经营性利润与利润总额比值的绝对值来表示，记为 PP。

2. 回归模型的建立

基于前文的分析，本节建立了如下的回归模型：

$$FE = \alpha + \beta_1 Fsentiment + \beta_2 \ln Scale + \beta_3 Growth + \beta_4 PP + \varepsilon \qquad (6.4)$$

其中，因变量 FE 代表的是分析师盈利预测偏差的绝对值；自变量 $Fsentiment$ 代表的是剔除宏观经济和季节双重因素后最终的投资者情绪综合指标；三个公司层面的控制变量分别为：$\ln Scale$ 是公司规模变量、$Growth$ 是公司成长速度变量、PP 是公司盈余可预测性变量。

表 6 – 22　　　　　　　　　　模型中各变量定义

变量名称	代表符号	定义
被解释变量		
分析师盈利预测偏差的绝对值	FE	以绝对值形式表示的分析师盈利预测值偏离其实际值的绝对程度
解释变量		
投资者情绪	$Fsentiment$	运用主成分分析法构建的剔除掉宏观经济和季节双重因素后的投资者情绪综合指标
控制变量		
公司规模	$\ln Scale$	上市公司总资产的自然对数
公司成长速度	$Growth$	上市公司的股本增长百分比
公司盈余可预测性	PP	经营性利润与利润总额比值的绝对值

3. 实证研究结果

本节将使用 Stata 计量软件进行回归分析。为了确定回归时采用固定效应模型更加合适，还是随机效应模型更加合适，本节首先对模型中的面板数据进行了 F 检验与 Hausman 检验。检验结果表明模型的固定效应不显著，但是 F 统计量和相应的 P 值均表明随机效应非常显著，因此本节将使用随机效应模型进行相关的回归分析。

表 6 – 23 是在回归模型中加入了公司层面的控制变量进行回归后的实证结果，可以看出投资者情绪综合指标的回归系数为正，且在 5% 的水平下显著，即投资者情绪确实显著影响了分析师的盈利预测偏差，当市场中的投资者情绪高涨时，大量资金涌入资本市场，推动股价上涨，分析师对后市看法也更为积极，在进行盈利预测时也呈现乐观倾向，从而导致盈利预测偏差的绝对值变大；当投资者情绪低迷、股市大跌时，会影响分析师对后市不看好，其对上市公司未来盈利水平的预测值也将调降，从而在一定程度上缩小了盈利预测偏差的绝对数值。

表6-23   实证检验结果

	因变量	自变量	控制变量		
	FE	Fsentiment	lnScale	Growth	PP
回归系数	—	0.041	-0.027	0.149	-0.124
t统计量	—	3.09	-2.66	6.43	-5.21
显著性	—	**	***	**	***
调整后 R^2	0.3219				

注: *** 代表1%的显著性水平, ** 代表5%的显著性水平, * 代表10%的显著性水平。

6.2.3.4 分组检验

为了进一步研究分析师在作出乐观性盈利预测与悲观性盈利预测时是否都受到来自投资者情绪因素的显著影响，本节将进行分组检验，即把分析师盈利预测偏差的方向也纳入考察范围。当预测偏差（FB）大于0时，可以视为乐观性盈利预测；当预测偏差（FB）小于0时，则看作分析师的悲观预期。

表6-25是分析师乐观预期的线性回归结果，从中可以看出投资者情绪综合指标的回归系数为正，且在1%的水平下显著；表6-25则是分析师悲观预期的线性回归结果，投资者情绪综合指标的回归系数也为正值，在5%的水平下显著。由此可以得出结论：分析师对于上市公司未来的盈利水平无论是作出乐观估计还是悲观预测，都不可避免地受到来自投资者情绪因素的显著影响。

表6-24   分组检验结果1（FB>0）

	因变量	自变量	控制变量		
	FB	Fsentiment	lnScale	Growth	PP
回归系数	—	0.062	-0.047	0.139	-0.229
t统计量	—	4.11	-2.15	6.58	-6.26
显著性	—	***	**	**	***
调整后 R^2	0.3426				

注: *** 代表1%的显著性水平, ** 代表5%的显著性水平, * 代表10%的显著性水平。

表6-25   分组检验结果2（FB<0）

	因变量	自变量	控制变量		
	FB	Fsentiment	lnScale	Growth	PP
回归系数	—	0.033	0.022	0.010	0.138
t统计量	—	3.23	1.81	0.98	4.83

续表

	因变量	自变量	控制变量		
显著性	—	**	*		***
调整后 R^2	0.1785				

注：*** 代表1%的显著性水平，** 代表5%的显著性水平，* 代表10%的显著性水平。

此外从两组线性回归的控制变量回归结果的比较来看，两组之间也存在异同：首先公司规模变量对分析师的乐观与悲观预测均产生了显著影响，而且公司规模越大，分析师在进行盈利预测时的精确度也越高，主要是因为大公司信息披露的渠道和公司治理机制更加完善，披露的信息质量也更高；其次盈余的可预测性变量也同时对分析师的乐观与悲观预期产生了显著影响，主要是因为对于可预测性差的公司来说，其利润来源中来自经营性活动的占比较小，而类似固定资产处置或者资产重组等非经营性活动则进行得比较频繁，分析师很难作出精确的盈利预测；此外从回归结果的比较来看，公司成长速度变量仅对分析师的乐观性盈利预测有显著影响，而对分析师的悲观预期不存在显著影响，即分析师倾向于对那些发展态势良好，股本增长速度快的公司给予乐观盈利预测，从而放大了预测偏差。

6.2.3.5 稳健性检验

本节主要通过重新定义控制变量的方式对回归模型进行稳健性检验，前文的模型中所使用的控制变量是一组与公司特质有关的变量，分别是公司规模变量，盈余的可预测性变量以及公司的成长速度变量。在稳健性检验中，本节将改变前文中对上述三个变量的定义并以此作为新的控制变量。

前文中公司规模变量使用的是上市公司总资产的自然对数，在稳健性检验中将用上市公司营业收入的自然对数进行替换；盈余的可预测性变量在前文中的定义是经营性利润与利润总额比值的绝对值，此处则运用每股非经常性损益占每股收益比重的绝对值来进行利润构成的衡量；对于公司的成长速度变量，前文使用的是上市公司的股本增长百分比，稳健性检验中将采用公司的总资产增长百分比来进行相应的控制变量替换。

稳健性检验表明前文的回归结果并未受到影响，分析师的盈利预测偏差仍然受到来自投资者情绪因素的显著影响，而其他控制变量的回归结果也与前文基本一致，并未发生显著变化，由此说明本节通过实证分析得出的结论具有稳健性。

表 6 - 26 稳健性检验中模型各变量定义

变量名称	代表符号	定义
被解释变量		
分析师盈利预测偏差的绝对值	FE	以绝对值形式表示的分析师盈利预测值偏离其实际值的绝对程度
解释变量		
投资者情绪	$Fsentiment$	运用主成分分析法构建的剔除掉宏观经济和季节双重因素后的投资者情绪综合指标
控制变量		
公司规模	$lnIncome$	上市公司营业收入的自然对数
公司成长速度	$Growth^*$	上市公司的总资产增长百分比
公司盈余可预测性	PP^*	每股非经常性损益占每股收益比重的绝对值

表 6 - 27 稳健性检验结果

	因变量	自变量	控制变量		
	FE	$Fsentiment$	$lnIncome$	$Growth^*$	PP^*
回归系数	—	0.059	− 0.044	0.155	0.191
t 统计量	—	3.85	− 2.58	7.06	5.68
显著性		**	**	**	***
调整后 R^2	0.3124				

注：*** 代表1%的显著性水平，** 代表5%的显著性水平，* 代表10%的显著性水平。

6.3 分析师荐股行为背后机制挖掘

6.3.1 理论分析与研究假设

经验积累会影响证券分析师的预测准确度。干中学（Learning by doing, LBD）理论（Arrow，1962），即劳动生产率会随着经验积累而不断提高，已为理论分析和实证检验所支撑（Newell 和 Rosenbloom，1981；Lucas，1988；Foster 和 Rosenzweig，1995），而分析师行业也存在类似观测。Mikhail 等（1997）利用1980—1995 年的季度数据，在剔除其他因素影响的前提下，证实分析师在长期研究一家公司的情况下，其对于该公司盈利预测会愈发准确；李悦、王超（2011）

采用2005—2009年中国A股上市公司样本，得出分析师的相对预测准确度与其个人从业年数、对公司的跟进年数均存在正相关关系的结论。综合国内外相关理论与实证检验结论，提出假设1。

假设1：证券分析师预测准确度随经验积累而不断提高。

分析师个人能力禀赋差异对于分析师预测准确度有一定作用。分析师个人能力差异可能由多方面差异造成，包括先天因素（性别、家庭背景等）与后天影响（学历、工作经历等），各因素影响分析师预测准确度的作用是复杂的，出于简化研究与保证准确度的目的，拟选取分析师是否为"新财富"最佳分析师作为分析师个人能力禀赋差异的代理变量。李勇等（2015）的研究显示，与一般分析师相比，明星分析师的短期超额回报更高，而长期则出现反转，表明"新财富"最佳分析师与一般分析师的专业能力存在差异。李丽青（2012）通过相关实证数据检验，得出"新财富"最佳分析师盈利预测的准确性高于普通分析师。在控制其他因素的情况下，采用个人能力禀赋解释"新财富"最佳分析师与一般分析师的差异具有一定的合理性。根据李丽青（2012）的研究成果[①]，提出假设2。

假设2：与一般分析师相比，"新财富"最佳分析师预测准确度更高。

证券分析师预测准确度随着经验积累提高的可能解释有两种：其一，证券分析师随着经验积累，掌握了分析技能，"熟能生巧"，从而使得证券分析师预测愈发准确；其二，通过与某一公司打交道，证券分析师个人与该上市公司建立了良好的合作关系，"日久生情"，使得证券分析师在发布预测报告的过程中能够获得更多的信息，故证券分析师预测误差会不断降低。假设在预测准确度随经验积累而提高成立的前提下可能的解释有且仅有"熟能生巧"和"日久生情"两种，则可提出如下两个待检验假设。

假设3a：证券分析师预测准确度随经验累积而提高是因为"熟能生巧"。

假设3b：证券分析师预测准确度随经验累积而提高是因为"日久生情"。

而为了检验证券分析师究竟是由于"熟能生巧"还是"日久生情"而提高了预测准确度，假设在预测准确度随经验积累而提高成立的前提下可能的解释有且仅有"熟能生巧"和"日久生情"两种的情形下，仍需另外两个重要假设以进行实证检验。

假设4：证券分析师的分析技能具有可移植性，证券分析师能够将相关行业的研究经历，甚至非相关行业的研究经历举一反三、融会贯通。因此，证券分析师相关行业经历和非相关行业的研究经历对于证券分析师的预测准确度同样具有

---

① 李勇等（2015）选取分析师的推荐评级数据作为研究对象，而本节主要关注分析师的盈利预测数据，与李丽青（2012）的研究方法更具可比性，故假设2以李丽青（2012）的研究结论为基础。

正面影响。

假设5：证券分析师与其跟进公司间所建立的良好合作关系是以证券公司为基础的，即较大的证券公司建立了更高的声誉，为证券分析师获得信息等提供了更广阔的平台。

6.3.2 研究思路与变量选择

6.3.2.1 研究思路

基于上述研究假设，本节将依照如图6-1所示的研究思路展开。为了检验上述假设，需进行两步检验。

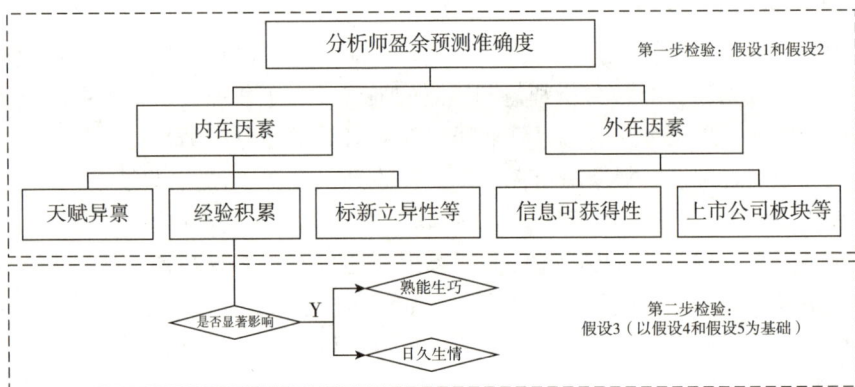

图6-1 研究思路

第一步检验：假设1和假设2。

本步检验主要以检验影响分析师盈利预测准确度的因素为中心，从内部因素和外部因素两个角度出发，重点关注"新财富"最佳分析师与一般分析师的差异（即"天赋异禀"，对应假设1）、经验积累对于分析师预测准确度的影响（对应假设2），并且在关注上述两个假设检验的同时，通过理论分析和参考既有文献，控制其他关键影响因素（如报告撰写参与人数、报告发布日距公告日远近、信息可获得性、上市公司所处板块等）。上述检验结果表明，证券分析师的预测准确度会随着经验积累而不断提高，而其背后的机制有待第二步检验。

第二步检验：假设3（以假设4和假设5为基础）。

在第一步检验得出的结论前提下，以假设4和假设5为基础，剖析证券分析师预测准确度随经验增长而提高究竟应归因于研究能力的提升（即"熟能生巧"），还是通过所在证券公司的平台与所跟进的公司建立了良好的合作关系（即"日久生情"），以了解证券分析师学习成长的机理。

6.3.2.2　变量选择

依据研究思路与相关数据的可获得性，选择相应的被解释变量（证券分析师预测准确度度量指标）和解释变量（影响证券分析师预测准确度的内在因素与外在因素）。

1. 证券分析师预测准确度度量指标

就证券分析师预测能力的研究，国外学者提出了一系列衡量分析师预测准确度（包括绝对准确度与相对准确度）的指标。为了考量这些分析师的预测结果，本节参考了米哈伊尔等所采用的度量证券分析师预测能力（准确度）的方法，即 $MAPE$（Mean Absolute Percentage Error）等于当年实际 EPS 与分析师预测 EPS 差值的绝对值除以股票价格（由于样本预测是以年度为周期，股票价格以当年最后一个交易日的收盘价为准）。之所以采用 $MAPE$ 作为本次衡量证券分析师预测准确度的指标，一方面是因为本次研究的核心在于衡量个体证券分析师预测准确度随时间变化情况，从而采用绝对度量指标优于相对度量指标，且计算更便捷；另一方面以价格作为平减因子，能够消除不同价格水平下预测偏离程度差异带来的影响。

证券分析师预测能力是与分析师个人相关的内在因素以及与个人无关的外在因素共同作用的结果。结合国内外相关文献的研究成果，综合考虑数据可获得性，拟在实证回归模型中包含两大类（即内在因素和外在因素）、12 个影响因子刻画证券分析师的预测能力。

2. 影响证券分析师预测准确度的内在因素

证券分析师个人经历对其预测准确度的影响是本研究所关注的焦点。证券分析师如下 7 个方面的特征可能会影响其预测准确度。

（1）证券分析师研究一家公司的经验。证券分析师在长期研究一家公司的情况下，越来越了解该家公司的情况，对于其财务状况、发展前景等的判断愈发准确，从而预测准确度可能有所提高。度量证券分析师研究一家公司的经验可采用发布关于该家公司报告的次数、跟进某家公司的月份数（以第一次发布该家公司研究报告起计算）等作为指标。

（2）证券分析师研究某一行业的经验。由于同一行业公司的财务状况、发展前景等在某种程度上具有相似性，Kadan 等（2012）研究表明，分析师在行业层面的研究能够提供除企业层面外的增量信息，结合分析师就公司以及公司所在行业所发布的报告进行投资更具价值。因此，相比于其他没有同一行业研究经验的分析师，具有该行业研究经历可能会使得其预测更为准确。可选指标有分析师之前发布特定行业研究报告的次数、跟进某行业的月份数（从第一次发布该行业公司的研究报告起计算）等。

（3）证券分析师研究经验。研究跟进一家上市公司并撰写研究报告的经验实际上具有一定的共通性，比起初出茅庐的证券分析师，已经在行业研究中崭露头角的分析师预测准确度可能更高。证券分析师的研究经验可采用发布公司研究报告的次数、累计入行月份数（以第一次发布研究报告起计算）等作为指标。

（4）证券分析师个人特质。分析师个人的内在能力使得相同的经验积累也会使得证券分析师预测准确度的进步程度、分析师学习的能力产生差异。为了刻画证券分析师个人特质对于证券分析师预测准确度的影响，拟采用证券分析师是否为"新财富"最佳分析师作为主要度量指标[1]，并控制分析师最高学历、分析师性别的影响。

（5）某一研究报告所参与撰写的分析师人数。许多分析报告由多人撰写而成，该预测结果并不仅仅反映单个人的预测能力，该类分析报告应当与其他由个人撰写的报告区分对待。合作所带来的协同效应可能会导致预测结果更为准确，但当合作人数过多时，出现"搭便车"现象的概率会大大增加，反而会导致团队工作积极性受挫，团队效率下降，故多人撰写影响预测准确度的方向可正可负，难以确定，有待检验。用于区分该类分析报告的变量可采用0—1示性变量（即多人撰写记为1，单人撰写记为0）、构造7个虚拟变量标示撰写人数（数据显示，撰写报告人数从1人到8人不等）或直接将撰写人数作为变量。

（6）报告发布日距公告日远近。当采用基本每股收益（EPS）作为预测准确度的刻画指标时，报告发布日距公告日越近，可获得信息越多（无论公开消息或是内幕消息），预测准确度理应越高。距公告日越远，出现意外事件的概率越高，预测准确性自然更难保障。可选取报告日距公告日天数作为控制变量。

（7）是否为标新立异的观点。分析师在预测过程中，往往会出现跟风随大流的倾向，从而使得盈利预测准确度并不能完全反映分析师个人的判断能力，可能仅仅是阅读参考文献的结果；同时，证券分析师有时看到竞争者调高或调低公司利润预测和股票评级对股价产生了金手指的影响，自己也会有压力"放他一炮""露个脸"（张化桥，2010）。故构造是否为标新立异观点这一变量，以证券分析师预测与同一时期其他证券分析师预测平均值间的差异作为证券分析师观点是否标新立异的标志，如若某一证券分析师预测结果与同期平均值间相差在正负两个标准差以上，则视为标新立异的观点，反之则为普通观点。

---

[1] 由于"新财富"分析师每年评选一次，存在蝉联与未蝉联的情况，此处为了简化起见，将蝉联与未蝉联"新财富"分析师的情况均一视同仁。

3. 影响证券分析师预测准确度的外在因素

在研究经验积累对于证券分析师预测准确度的同时，其他影响证券分析师预测准确度的外在因素应加以控制。

（1）信息可获得性。信息可获得性直接影响预测难度，继而影响预测准确度。可获得的信息越多，往往越有利于分析师作出预测。度量信息可获得性可采用同时跟进某一公司的分析师人数、同时期发布的某家公司研究报告份数等指标。同时跟进某一公司的分析师人数（研究报告份数）反映了市场对于该公司的关注程度，加之分析师在撰写研究报告过程中，往往会参考其他研究报告，以之作为信息可获得性的测度无可厚非。

（2）公司已上市时间。公司上市初期，盈利情况不稳定，股票价格波动相对较大，对于分析师来说预测相对较难。随着上市时间的不断推移，上市公司进入成熟期，预测其盈利状况可能愈发容易。

（3）上市公司规模。不同规模的上市公司的盈利能力、股票价格波动性不同，从而影响证券分析师预测准确度。上市公司规模可选用上市公司总资产来衡量。

（4）上市公司实际控制人性质。上市公司实际控制人性质会影响上市公司信息披露的透明度，从而影响分析师预测准确度。相对于非国有企业，国有企业的实际控制人对于上市公司信息披露的要求可能更为严苛，上市公司信息披露透明度更高，预测其盈利状况可能相对更简单。

（5）上市公司所处板块。由于各板块的差异，处于不同板块的上市公司信息披露要求不同、股票价格波动幅度不同，从而导致各板块上市公司的盈利预测难易程度有所差异，故应将其考虑作为影响证券分析师预测准确度的因素之一。

表 6-28 系统地总结概括了上述影响因素及其预计影响方向，其中可选指标将作为本次研究的变量。

表 6-28　　　　证券分析师预测准确度的影响因素及预计影响方向

影响因素	所属类别	可选指标及变量表示	预计影响[①]误差方向
个股研究经验	内在因素	发布关于该家公司报告的次数（REPEATT）、跟进某家公司的月份数（REPEATM）	—
主要个人特质	内在因素	是否为"新财富"最佳分析师（STAR）	—
其他个人特质	内在因素	分析师最高学历（EDU）、分析师性别（GENDER）	?

----

① 此处选择预计影响误差方向，与影响准确度方向相反，以便与后期实证结果对比。

续表

影响因素	所属类别	可选指标及变量表示	预计影响误差方向
行业研究经验	内在因素	发布特定行业研究报告的次数（$INDT$）、跟进某行业的月份数（$INDM$）	—
研究经验	内在因素	发布公司研究报告的次数（$GENT$）、累计入行月份数（$GENM$）	—
报告撰写参与人数	内在因素	0—1 示性变量（$COOR$）、7 个虚拟变量（$DUM1 \sim DUM7$）、撰写人数（$COORN$）	?
报告发布日距公告日远近	内在因素	报告日距公告日天数（$FCAGE$）	+
标新立异性	内在因素	是否为标新立异的观点（$SPECIAL$）	?
信息可获得性	外在因素	同时跟进某一公司的分析师人数（FOL）、同时期发布的某家公司研究报告份数（$FOLR$）	—
公司已上市时间	外在因素	上市公司已上市月份数（$LISTMONTH$）	—
上市公司规模	外在因素	上市公司总资产（$ASSET$）	?
上市公司实际控制人性质	外在因素	上市公司是否为国有企业（$STATEOWNED$）	—
上市公司所处板块	外在因素	上市公司所处板块（$BOARD$）	?

4. 变量筛选

从各解释变量间的相关系数来看，许多解释变量间相关关系过高，出于减少多重共线性的目的，将对解释变量进行筛选。步骤如下：

第一步：综合考虑 $MAPE$ 与各类研究经验之间的相关系数（包含 Spearman 和 Pearson 相关系数），拟选择个股研究经验作为分析师研究经验的代理变量来检验假设 1 和假设 2，而在检验假设 3 时加入行业研究经验变量。

第二步：对于分析个股研究经验的两种可选的代理变量：$REPEATT$ 和 $REPEATM$，由于存在分析师同一个月多次调整估值报告的可能，而在同一个月内，其经验提升和积累的效果相当有限，因此，采用跟进某家公司的月份数（$REPEATM$）作为分析师研究经验的代理变量似乎更为合理。

第三步：考虑到同时期发布的某家公司研究报告份数过多（$FOLR$）的情

况，可能会产生复杂的影响（正如参考文献过多时，往往并不会对于撰写论文产生正面影响，甚至可能会适得其反），此处选择同时跟进某一公司的分析师人数（*FOL*）作为信息可获得性的度量指标。

6.3.3 研究设计

6.3.3.1 样本数据及描述性统计

本次研究选取 2001—2013 年分析师的预测数据作为研究样本。其中分析师数据来源于国泰安数据库，上市公司数据取自 Wind 数据库，而"新财富"最佳分析师相关数据来源于《新财富》杂志官方网站。剔除在公告日之后发布预测结果、预测结果不可得、同一月内就某一上市公司多次发布预测结果以及 2014 年刚上市的公司样本后，样本涵盖 6245 位证券分析师的 585892 个估值结果。

样本 585892 个估值结果 *MAPE* 的简单统计特征如表 6 – 29 所示。各预测终止日 *MAPE* 的平均值除 2005 年外，均在 0.10 以下，但各年度预测准确度分布差异较大。受国际金融危机影响，使得分析师对 2008 年度的 *EPS* 预测偏差较大，最大偏差达 14.407，而对 2001 年 *EPS* 预测最大偏差仅为 0.574。对各预测终止日预测偏差的标准差也不尽相同，其中最大标准差为 2005 年的 0.276，2007 年波动最小，为 0.045。

表 6 – 29　　　　　　　　各预测年度 *MAPE* 统计特征

预测年度	*MAPE* 平均值	最大值	标准差
2001	0.043	0.574	0.113
2002	0.044	0.654	0.078
2003	0.059	2.554	0.145
2004	0.073	2.961	0.159
2005	0.103	5.788	0.276
2006	0.048	1.548	0.083
2007	0.014	4.683	0.045
2008	0.086	14.407	0.184
2009	0.035	3.619	0.056
2010	0.029	2.459	0.053
2011	0.048	1.814	0.064
2012	0.063	2.002	0.092
2013	0.049	4.889	0.085

根据变量筛选步骤后的主要变量的描述性统计结果如表6-30所示。

表6-30 主要变量描述性统计

变量	均值	中位数	标准差	最小值	最大值
MAPE	0.049	0.020	0.091	0	14.407
REPEATM	7.258	2	11.896	0	119
STAR	0.341	0	0.474	0	1
COORN	1.578	1	0.704	1	8
FCAGE	496.238	464	296.706	0	2 862
SPECIAL	0.054	0	0.227	0	1
FOL	25.392	24	15.123	1	91
LISTMONTH	90.463	84	65.914	0	277
ASSET	1.83e+11	5.07e+09	1.13e+12	949127.5	2.06e+13

6.3.3.2 实证模型

1. 经验积累、个人禀赋与分析师预测能力成长

为检验经验积累、个人禀赋对于证券分析师预测准确度的影响，采用如下方程（6.5）回归：

$$
\begin{aligned}
\log MAPE_{i,j,t} = {} & \alpha_0 + \alpha_1 \log REPEATM_{i,j,t} + \alpha_2 STAR_i + \alpha_3 EDU_i + \alpha_4 GENDER_i \\
& + \alpha_5 COORN_{i,j,t} + \alpha_6 FCAGE_{i,j,t} + \alpha_7 SPECIAL_{i,j,t} + \alpha_8 FOL_{j,t} \\
& + \alpha_9 LISTMONTH_{j,t} + \alpha_{10} \log ASSET_{j,t} + \alpha_{11} STATEOWNED_{j,t} \\
& + BOARDEFFECT_j + \varepsilon_{i,j,t}
\end{aligned} \tag{6.5}
$$

其中，$\log MAPE_{i,j,t}$表示在某一时间点t，分析师i对于公司j估值的$MAPE$取对数后的值；$\log REPEATM_{i,j,t}$表示在时间点t，分析师i已跟进公司j的月份数的对数值；$STAR_i$为示性变量，当分析师i为"新财富"最佳分析师时，$STAR_i = 1$，否则$STAR_i = 0$；EDU_i用于衡量分析师i的最高学历水平，包括$MBA/EBMA$、中专及中专以下、大专、本科、硕士研究生、博士研究生几类；$GENDER_i$为示性变量，当分析师i性别为男性时，$GENDER_i = 1$，否则$GENDER_i = 0$；$FOL_{j,t}$代表在时间点t跟进公司j的分析师数目；$COORN_{i,j,t}$代表分析师i在时点t所发布关于公司j的报告的合作者数目；$FCAGE_{i,j,t}$则是分析师i在时点t发布的关于j公司报告距离年报公告日的天数；$SPECIAL_{i,j,t}$为0—1虚拟变量，表示分析师i对于公司j的预测在时点t所在月份是否为标新立异的观点，如若确有创新之处，则$SPECIAL_{i,j,t} = 1$，反之，$SPECIAL_{i,j,t} = 0$；$LISTMONTH_{j,t}$代表上市公司j截至t时间点已上市的月份数；$\log ASSET_{j,t}$表示上市公司j在时间点t所在年份的总资产对数值；

$STATEOWNED_{j,t}$ 代表上市公司 j 在时点 t 的实际控制人性质是否为国有，$STATE\text{-}OWNED_{j,t}=1$ 代表国有企业，反之 $STATEOWNED_{j,t}=0$。$BOARDEFFECT_{j}$ 为控制的上市板块效应；$\varepsilon_{i,j,t}$ 为误差项，假设其服从均值为 0，方差为固定值的分布。若假设 1 成立，则系数 α_{1} 显著为负；若假设 2 成立，则系数 α_{2} 显著为负。

2. 证券分析师的预测准确度随经验累积提高原因

以假设 4、假设 5 为前提，在方程（6.5）的基础上，建立如下方程（6.6）检验证券分析师预测准确度随经验累积提高的原因和机制：

$$
\begin{aligned}
logMAPE_{i,j,t} = {} & \alpha_{0} + \alpha_{1}logREPEATM_{i,j,t} + \alpha_{2}logINDM_{i,j,t} + \alpha_{3}logNINDM_{i,j,t} \\
& + \alpha_{4}BIG20_{i} + \alpha_{5}STAR_{i} + \alpha_{6}EDU_{i} + \alpha_{7}GENDER_{i} + \alpha_{8}COORN_{i,j,t} \\
& + \alpha_{9}FCAGE_{i,j,t} + \alpha_{10}SPECIAL_{i,j,t} + \alpha_{11}FOL_{j,t} + \alpha_{12}LISTMONTH_{j,t} \\
& + \alpha_{13}logASSET_{j,t} + \alpha_{14}STATEOWNED_{j,t} + BOARDEFFECT_{j} + \varepsilon_{i,j,t}
\end{aligned}
$$

$$(6.6)$$

方程（6.6）中 $BIG20_{i}$ 表示证券分析师 i 所在证券公司是否为证券分析师人数排名前 20 位的大证券公司（排名以各证券公司分析师人数为基础），同时以证券分析师 i 在 t 时间点已跟进 j 上市公司所在行业月份数的对数 $logINDM_{i,j,t}$、证券分析师 i 在 t 时间点已跟进 j 上市公司所在行业外的其他行业月份数的对数 $logNINDM_{i,j,t}$ 作为证券分析师经验积累的代理变量。若假设 3a 成立，系数 α_{2}、α_{3} 应显著为负；若假设 3b 成立，系数 α_{4} 应显著为负。

6.3.4　实证结果

根据方程（6.5）的模型设计，并在回归过程中考虑到分析师跟进的公司所在行业的差异对于证券分析师的影响、控制其所在研究机构的差异，结果如表 6 – 31 所示。

表 6 – 31　　　　　　　　　　方程（6.5）回归结果

	（1）	（2）	（3）	（4）
$logREPEATM_{i,j,t}$	-0.0533^{***}	-0.0492^{***}	-0.0426^{***}	-0.0427^{***}
	（0.00263）	（0.00271）	（0.00250）	（0.00258）
$STAR_{i}$	0.0243^{***}	0.0855^{***}	0.0180^{***}	0.0434^{***}
	（0.00576）	（0.00793）	（0.00555）	（0.00764）
$EDU_{i}=$ 中专及中专以下	0.656^{***}	0.636^{***}	0.397^{**}	0.347^{**}
	（0.176）	（0.178）	（0.175）	（0.177）
$EDU_{i}=$ 大专	0.608^{***}	0.650^{***}	0.446^{***}	0.456^{***}
	（0.172）	（0.175）	（0.172）	（0.173）

续表

	（1）	（2）	（3）	（4）
$EDU_i = $ 本科	0.655 ***	0.641 ***	0.518 ***	0.486 ***
	（0.170）	（0.172）	（0.170）	（0.171）
$EDU_i = $ 硕士研究生	0.555 ***	0.533 ***	0.466 ***	0.440 **
	（0.170）	（0.172）	（0.170）	（0.171）
$EDU_i = $ 博士研究生	0.564 ***	0.550 ***	0.497 ***	0.477 ***
	（0.170）	（0.172）	（0.170）	（0.171）
$GENDER_i = MALE$	0.110 ***	0.103 ***	0.00300	0.00449
	（0.00603）	（0.00625）	（0.00590）	（0.00613）
$COORN_{i,j,t}$	− 0.0519 ***	− 0.0438 ***	− 0.0475 ***	− 0.0478 ***
	（0.00385）	（0.00417）	（0.00375）	（0.00407）
$FCAGE_{i,j,t}$	0.00295 ***	0.00293 ***	0.00296 ***	0.00293 ***
	（0.00000978）	（0.00000990）	（0.00000927）	（0.00000941）
$SPECIAL_{i,j,t}$	0.295 ***	0.284 ***	0.0909 ***	0.0891 ***
	（0.0134）	（0.0134）	（0.0135）	（0.0135）
$FOL_{i,t}$	− 0.0103 ***	− 0.0102 ***	− 0.00568 ***	− 0.00581 ***
	（0.000218）	（0.000220）	（0.000241）	（0.000243）
$LISTMONTH_{j,t}$	− 0.000382 ***	− 0.000383 ***	− 0.00000699	0.0000358
	（0.0000581）	（0.0000588）	（0.0000613）	（0.0000617）
$logASSET_{j,t}$	0.0947 ***	0.0956 ***	− 0.0414 ***	− 0.0406 ***
	（0.00195）	（0.00197）	（0.00321）	（0.00323）
$STATEOWNED_{j,t}$	− 0.0338 ***	− 0.0373 ***	− 0.101 ***	− 0.103 ***
	（0.00644）	（0.00644）	（0.00716）	（0.00717）
$ZHONGXIAOBAN$	0.0329 ***	0.0280 ***	− 0.0332 ***	− 0.0377 ***
	（0.0102）	（0.0103）	（0.0114）	（0.0114）
$ZHUBAN$	− 0.128 ***	− 0.127 ***	− 0.0391 ***	− 0.0479 ***
	（0.0131）	（0.0132）	（0.0143）	（0.0145）
$CONST$	− 7.770 ***	− 7.606 ***	− 4.717 ***	− 4.700 ***
	（0.174）	（0.190）	（0.185）	（0.199）
$INSTIEFFECT$	NO	YES	NO	YES
$INDUSTRYEFFECT$	NO	NO	YES	YES
No. of observations	240 485	240 485	240 485	240 485
R^2	0.299	0.304	0.374	0.378

注：①* 表示在 p < 10% 的水平上显著，** 表示在 p < 5% 的水平上显著，*** 表示在 p < 1% 的水平上显著。

②括号内为标准误。

表6.31 的（1）～（4）列均为基于（6.5）式的回归结果。其中，第（1）列未控制研究机构固定效应和行业固定效应，第（2）列控制了研究机构固定效应，未控制行业固定效应，第（3）列控制了行业固定效应，未控制研究机构固定效应，第（4）列同时控制了研究机构固定效应和行业固定效应。性别的基础对照组为男性，最高学历的基础对照组为 MBA/EMBA，上市板块的基础对照组为创业板。从回归模型来看，是否控制研究机构固定效应（和/或行业固定效应）对于模型的结果影响不大，各解释变量对于被解释变量的影响是稳定的，但同时控制研究机构固定效应和行业固定效应时，R^2 会提高 0.08 左右。从模型的系数来看，经验积累的确能够提高分析师预测的准确度，这与米哈伊尔等人的相关研究结论一致，并且符合干中学理论的相关结论。同时，跟进某家公司的人数越多，信息可获得性越强，分析师预测的精度越高。相比于女性分析师，男性分析师的预测准确度反而更低，但该效应在控制了行业效应的情况下并不显著。与最高学历为 MBA/EMBA 相比，最高学历为硕士研究生、博士研究生的分析师预测误差相对较低，而最高学历为本科的分析师预测误差较高。在控制了行业效应与研究机构效应的情况下，最高学历为中专及中专以下的分析师预测误差最低，这从某种意义上反映了学历对于分析师预测准确度的复杂影响。学历越高可能意味着分析师个人能力相对较高，但学历较低的分析师可能具有较老的资历和经验，可能更有利于分析师获得更为准确的预测结果。此外，报告合作人数越多、距离公告日越近，分析师预测越准确。公司上市时间越久，分析师预测越准确，但该观察在同时考虑研究机构固定效应和行业固定效应时并不显著。上市公司规模越大，分析师预测越准确，但在引入行业固定效应的情况下上市公司规模与分析师预测准确度间呈负相关关系。相比非国有企业，分析师对于国有企业盈余预测的准确度相对较高，在控制行业效应和研究机构效应的情况下，分析师对于主板上市公司的预测准确度更高，其次为中小板，对于创业板公司的盈余预测准确度最低，这在某种程度上反映了不同板块上市公司信息披露透明度与质量的差异。"新财富"最佳分析师较之于一般分析师并没有在预测准确度上显著升高，"新财富"最佳分析师反而显著弱于普通证券分析师的预测准确度，反映了我国现行"新财富"最佳分析师评选制度效率较低，并没有起到激励证券分析师能力提高的作用，这与李丽青的结论相反。同时，证券分析师标新立异的观点并不能准确预测上市公司 *EPS* 的未来走势，更为接近平均值的预测结果反而能够取得更小的预测误差，既反映了证券分析师在预测某一家公司的盈利过程中可获得的信息较为接近，也说明了证券分析师对于可获得信息的解读方式方法颇为类似。上述结果在1%水平上均显著。

根据方程（6.6）的模型设计，并在回归过程中考虑到分析师跟进的公司所在行业的差异对于证券分析师的影响、控制其所在研究机构的差异，回归结果如表6-32所示。

表6-32 方程（6.6）回归结果

	（1）	（2）	（3）	（4）
$logREPEATM_{i,j,t}$	-0.0904***	-0.0802***	-0.0847***	-0.0800***
	（0.00435）	（0.00415）	（0.00514）	（0.00415）
$logINDM_{i,j,t}$	0.0649***	0.0694***	0.0693***	0.0550***
	（0.00396）	（0.00391）	（0.00391）	（0.00484）
$logNINDM_{i,j,t}$	0.0295***	0.0230***	0.0229***	0.0230***
	（0.00402）	（0.00381）	（0.00381）	（0.00380）
$BIG20_j$	-0.0355***	-0.00388	-0.0253	-0.0590***
	（0.00849）	（0.00809）	（0.0167）	（0.0139）
$BIG20_j \times logREPEATM_{i,j,t}$			0.0104	
			（0.00705）	
$BIG20_j \times logINDM_{i,j,t}$				0.0314***
				（0.00626）
$STAR_i$	0.00170	0.00387	0.00393	0.00374
	（0.00889）	（0.00854）	（0.00854）	（0.00854）
EDU_i = 中专及中专以下	1.067***	0.513	0.508	0.504
	（0.313）	（0.317）	（0.317）	（0.317）
EDU_i = 大专	1.040***	0.625**	0.625**	0.626**
	（0.312）	（0.315）	（0.315）	（0.316）
EDU_i = 本科	1.028***	0.645**	0.643**	0.642**
	（0.309）	（0.313）	（0.313）	（0.313）
EDU_i = 硕士研究生	0.931***	0.591*	0.590*	0.588*
	（0.309）	（0.313）	（0.313）	（0.313）
EDU_i = 博士研究生	0.966***	0.605*	0.603*	0.599*
	（0.309）	（0.313）	（0.313）	（0.313）
$GENDER_i$ = MALE	0.102***	-0.00243	-0.00263	-0.00254
	（0.00882）	（0.00860）	（0.00860）	（0.00860）
$COORN_{i,j,t}$	-0.0367***	-0.0402***	-0.0401***	-0.0397***
	（0.00604）	（0.00586）	（0.00586）	（0.00586）
$FCAGE_{i,j,t}$	0.00271***	0.00274***	0.00274***	0.00274***
	（0.0000156）	（0.0000148）	（0.0000148）	（0.0000148）

续表

	（1）	（2）	（3）	（4）
$SPECIAL_{i,j,t}$	0. 277 *** （0. 0194）	0. 0748 *** （0. 0196）	0. 0747 *** （0. 0196）	0. 0738 *** （0. 0196）
$FOL_{i,t}$	− 0. 00997 *** （0. 000334）	− 0. 00367 *** （0. 000374）	− 0. 00366 *** （0. 000374）	− 0. 00366 *** （0. 000374）
$LISTMONTH_{j,t}$	− 0. 000500 *** （0. 0000922）	0. 0000262 （0. 0000994）	0. 0000261 （0. 0000994）	0. 0000299 （0. 0000994）
$logASSET_{j,t}$	0. 0831 *** （0. 00295）	− 0. 0316 *** （0. 00489）	− 0. 0316 *** （0. 00489）	− 0. 0314 *** （0. 00489）
$STATEOWNED_{j,t}$	− 0. 0280 *** （0. 00955）	− 0. 111 *** （0. 0110）	− 0. 111 *** （0. 0110）	− 0. 112 *** （0. 0110）
$ZHONGXIAOBAN$	0. 0663 *** （0. 0140）	− 0. 0385 ** （0. 0157）	− 0. 0387 ** （0. 0157）	− 0. 0392 ** （0. 0157）
$ZHUBAN$	− 0. 207 *** （0. 0187）	− 0. 155 *** （0. 0207）	− 0. 155 *** （0. 0207）	− 0. 156 *** （0. 0207）
$CONST$	− 7. 872 *** （0. 315）	− 5. 066 *** （0. 332）	− 5. 056 *** （0. 332）	− 5. 047 *** （0. 332）
$INDUSTRYEFFECT$	NO	YES	YES	YES
No. of observations	110 204	110 204	110 204	110 204
R^2	0. 294	0. 378	0. 379	0. 379

注：①* 表示在 $p < 10\%$ 的水平上显著，** 表示在 $p < 5\%$ 的水平上显著，*** 表示在 $p < 1\%$ 的水平上显著。

②括号内为标准误。

　　表 6 - 32 的（1）～（4）列均为基于（6.6）式的回归结果。性别的基础对照组为男性，最高学历的基础对照组为 MBA/EMBA，上市板块的基础对照组为创业板。表 6 - 32 显示，证券分析师的行业经验、非行业经验对于提高证券分析师的预测能力并无裨益，反而适得其反，证券分析师的行业经验、非行业经验使得证券分析师在预测某一上市公司的盈利能力方面甚至具有显著的负面影响，这说明证券分析师可能并未从经验积累中"熟能生巧"，即使是同一行业的上市公司的财务状况、盈利情况等同样大相径庭，将相关行业经验举一反三、融会贯通并非易事。同时，证券分析师如若受雇于大证券公司，在其他背景等类似的前提下，如若不考虑行业效应，其预测能力明显优于其他来自小证

券公司的证券分析师，从而某种程度上印证了证券分析师预测准确度随经验累积而提高是因为"日久生情"。进一步探析大证券公司的平台效应，通过在模型中加入交叉项，可发现是否依附于规模较大证券公司对于证券分析师个股层面经验积累而导致证券分析师预测能力提高并不具有显著的影响作用，而就职于规模较大的证券公司且具有一定相关行业积累的证券分析师在行业研究经验超过8个月时，其预测能力反而弱于小证券公司同等行业经验的分析师，这从某种角度印证了券商行业中常见的大证券公司分析师特别是表现优异的证券分析师往往在积累了一定经验之后跳槽到小证券公司的现象，该选择倾向无论从证券分析师个人能力发掘、价值实现，抑或是个人受重视程度角度，均是利益最大化的理性选择。

第7章 证券分析师监管政策实施与监管效应

通过观测第3—5章中对于分析师荐股行为的特征、有效性以及市场效应的实证检验结果,结合第6章对于我国证券分析师荐股行为异化及其背后机制的分析,可知我国证券分析师荐股行为亟待监管与规制。本章将从证券分析师荐股行为监管的必要性出发(见7.1节),比较中西方监管政策实施情况(见7.2节),并实证检验我国证券分析师监管现状(见7.3节),从理论分析和实证检验的角度反思我国证券分析师荐股行为监管的必要性与现状,为重构中国证券分析师荐股行为治理与监管体系提供研究支持。

7.1 证券分析师荐股行为监管政策的必要性

从证券分析师荐股行为特征来看,我国证券分析师荐股行为存在明显的乐观偏误和利益冲突倾向。从目前我国证券分析师行业现状来看,证券分析师在信息传递过程中并不能保持独立性,证券分析师存在明显的乐观倾向,"买入""增持"等评级往往见诸于分析师研报,"卖出""减持"等评级却屈指可数。从我国市场各统计日当日股票众数评级数目的分布来看(见表7-1),众数评级为"买入""增持"的股票数目远远高于"卖出""减持"评级。

表7-1　　　　　　各统计日股票众数评级数目分布

统计日	减持	卖出	中性	增持	买入	总计
2010/12/31	0	3	26	290	373	692
2011/12/31	0	0	29	294	293	616
2012/12/31	1	0	33	325	290	649
2013/12/31	0	0	23	312	340	675
2014/12/31	2	1	16	280	397	696
2015/12/31	0	1	26	277	562	866
2016/12/31	0	0	22	321	629	972
2017/12/31	0	0	11	222	502	735
合计	3	5	186	2321	3386	5901

数据来源:国泰安数据库。

　　证券分析师之所以存在明显的乐观偏误，一方面可能与分析师存在过度自信有关，另一方面可能是证券分析师的利益冲突行为所致。多种因素均可能导致证券分析师的利益冲突行为，进而导致分析师产生明显的乐观偏误，独立性难以保障。（1）投资银行业务引起的利益冲突。Cowen、Groysberg 和 Healy（2003）研究发现承销商所雇用的证券分析师所提供的研究报告往往比其他分析师更为乐观和偏颇，分析师通过发布乐观的报告迎合发行证券的公司，以招揽投行业务。Hong 等（2003）实证研究也证实了以上观点。原红旗、黄倩茹（2007）考察了承销业务对中国证券分析师独立性的影响，发现承销商的证券分析师出于促进股票承销、维护客户关系、争取下次承销机会等动机倾向发布乐观的盈余预测和股票评级。（2）经纪业务引起的利益冲突。经纪业务部门也是容易和证券研究产生利益冲突的部门。Hamid 和 Stulz（2007）研究发现，证券分析师在对经纪业务客户的股票进行评级时，往往会因为其拥有的信息优势而表现得过于乐观，所提供的研究报告往往存在有失独立性偏颇。Irvine（2004）研究发现为了增加所在机构的经纪业务量，证券分析师发布偏于乐观的研究报告有助于经纪业务交易量的增加。（3）客户资源偏好假说，认为上市公司客户资源和跟踪分析公司的压力，由此引发利益冲突行为。如 Lim（2001）研究发现证券分析师发布较为乐观的研究报告有利于他们接触所研究跟踪的上市公司管理层。此外，证券分析师的个人目的也是引发利益冲突行为的一个重要原因，Hong 和 Kubik（2003）发现倾向于发布乐观报告的分析师更容易跳槽到更好的投资银行，而 Trueman（1994）和 Hong 等（2000）分别从理论与实证角度探讨了分析师为了建立自己在证券业界的声誉而倾向于采取"羊群行为"策略，放弃自己的私人信息而跟从其他分析师的股票评级。胡娜等（2014）对中国股权市场投资背景下的证券分析师的独立性提出质疑。

　　从证券分析师荐股行为的影响来看，我国证券分析师荐股行为具有重要的信息含量与市场影响。朱红军等（2007）使用 2004—2005 年的数据进行研究，发现我国证券分析师的跟进行为能够降低股价的同步性，使其包含更多的公司特质信息。冯旭南等（2011）以 2005—2009 年沪深 A 股上市公司为样本进行研究，发现分析师跟进与股价同步性正相关，与朱红军等（2007）的结论相反。姜超（2013）发现我国分析师跟进行为能够增加股价信息含量，但认为分析师提供的公司特质信息主要来源于内幕信息。证券分析师在向市场参与者提供合理证券内在价值信息的同时，也在减弱资本市场的价格偏离，从而促进了市场的有效性（金雪军、蔡健琦，2003）。潘越、戴亦一和林超群（2011）认为，在我国投资者法律保护环境尚不完善的条件下，证券分析师作为一种有效的法律外替代机制，其对股票的关注大大降低了信息不透明对个股暴跌的风险。

王玉涛、王彦超（2012）对我国上市公司业绩预告披露形式、频率等特征对证券分析师跟踪数量、预测分析度和预测质量的影响实证研究发现，业绩预告信息对证券分析师价值评估行为和盈余预测质量具有重要的影响，分析师预测质量的提高有助于减少信息不对称和提高证券市场效率。

鉴于证券分析师荐股行为中存在的乐观偏误与利益冲突倾向，以及分析师荐股行为对于证券市场信息供给与市场运行效率的重要影响，加强证券分析师荐股行为监管势在必行。

7.2　中西方监管政策实施及其监管有效性

从中西方监管政策实施及其有效性的相关研究来看，目前围绕美国和欧盟分析师监管政策效应的研究较多，而国内由于市场发育程度不及发达资本市场，监管政策的实施时间也稍晚，实证研究较少，且主要围绕 2006 年制定的公平披露规则的实施效果展开，尚无文献对 2012 年颁布的分析师行业规范[①]的政策效应进行研究。

美国从 2000 年开始对分析师研究业务的监管进入"新制度"（New Regulations）时期，陆续颁布了《公平披露法案》（*Fair Disclosure Act*，2000）、《SOX 法案》（*Sarbanes Oxley Act*，2002）和《全球分析师和解协议》（*Global Analyst Settlement Agreement*，2003），奥巴马政府时期又颁布了《多德—弗兰克法案》（*Dodd – Frank Act*，2010），分别对上市公司在所有投资者中信息披露的公平性、研究报告中需进行利益冲突披露、隔离投资研究与投资银行业务和券商自营业务、限制银行参与自营交易提出了具体要求。监管部门和学界广泛关注政策实施对分析师预测的影响，更对前三个政策的效果进行了诸多验证。目前学界的研究结论主要集中在两个方向：一方认为分析师监管政策有效缓解了分析师面临的利益冲突问题，减小了盈利预测的乐观倾向，政策净效应将导致预测准确度提升；另一方认为公平的信息披露减少了分析师获取的内幕信息，最终导致其预测误差增大。Hovakimian 和 Saenyasiri（2010）研究了 FD 法案和 GS 协议两份文件的效应，相比 FD 法案后与上市公司关联分析师的乐观倾向显著降低，GS 协议更加显著地降低了所有关联和非关联分析师的平均预测误差，是比 FD 法案更有效的监管政策。E. Lee 等（2014）也认为监管政策在降低错误定价程度和提高市场效率方面是有效的，研究发现 2000—2003 年期间颁布的三个法案

---

① 指中国证券业协会在 2011 年 1 月 1 日出台的《发布研究报告暂行规定》，及 9 月 1 日进一步出台的前者的细则文件《证券分析师执业行为准则》与《发布证券研究报告执业规范》。

使得分析师无论在短期还是长期的预测准确率都有所提高，分析师可以更加独立和不受干扰地进行评级和预测，且这种影响在信息不确定性较高的公司中更为明显。Galanti S. 和 Vaubourg A. G. （2017）检验了法国实施《佣金分成协议》后的政策效应，发现固定分析师佣金的比例显著提高了分析师的独立性，降低了分析师的乐观倾向。此外，Herrmann、Hope 和 Thomas（2008），Kadan 等（2009）实证结果皆认为分析师监管政策有助于降低分析师乐观倾向、提高盈利预测准确性。而 Arya 等（2005）、Sidhu 等（2008）学者认为监管政策将导致流入市场的信息减少，不利于提高预测准确性，进而导致市场信息环境恶化。Dimitrov 等（2015）通过研究《多德—弗兰克法案》对分析师评级的影响，发现该法案并没有使分析师提供更准确和信息量更大的评级，反而为降低评级错误带来的法律风险给出了更多错误的警告信息。S. Keskek 等（2017）从分析师特质的角度解释了监管政策将导致预测准确度降低的原因，传统研究认为分析师经验、努力程度、经纪公司规模和明星分析师地位对预测准确度具有正面影响，作者认为这种影响实质来源于分析师在这些特质背后所获得的信息优势，而监管政策改变了市场信息环境，分析师特质所带来的隐藏信息减少，因而有经验的、大型券商的分析师及明星分析师预测准确度显著下降，且当公开信息的精确度较低时，分析师的预测准确性也会下降，即政策实施后原本具有信息优势的分析师的预测误差增大，预测准确性更加依赖于分析师依据公开信息产生私人信息的能力。

欧盟在 2007 年颁布了规范金融性质公司行为的法律框架文件《金融工具市场指令》（MiFID），2011 年在总结国际金融危机教训的基础上对 MiFID 进行了一次修订，并为保护投资者利益新制定了《反市场操作指令》（MAD）、《透明度指令》（TD），2018 年 1 月 3 日更为严格的金融监管法规《金融工具市场指令Ⅱ》（MiFIDⅡ）也正式实行，将为所有市场参与者提供更透明、高效、公平的环境。一系列的监管条例对金融市场内部各个系统都进行了规范和约束，也直接或间接地影响了分析师的预测行为。Dubois、Fresard 和 Dumontier（2014）基于实行 MAD 政策的 15 个欧洲国家的数据，发现 MAD 政策规定的强制执行和法律制裁大大减少了市场中乐观的投资建议，且这种现象在相关法律更加完善、执行更加严格的国家表现得更加明显。Jörg 和 Benno（2017）认为 MiFID 政策比 MAD 政策更加有效，前者的实施使得承销商分析师的短期盈利预测乐观程度下降，且无论从长期还是短期来看承销商与非承销商分析师的盈利预测趋于一致，他们认为这表明 MiFID 政策有效地减轻了利益冲突问题。也有学者认为欧盟已颁布的监管政策的影响范围和效果皆有限，Höfer 和 Oehler（2014）研究发现 MiFID 和 MAD 两大指令固然侧重减轻利益冲突问题，但就欧洲上市公司首次公开募股推荐水平的中位数水平来看，政策实施前后并没有发生显著变化，因而现有的政策对于建立一个更为成熟的投资者保护环境而言是远远不够的。

借鉴发达资本市场的政策经验并结合我国的市场环境，深交所和上交所在 2006 年也先后引入了公平信息披露规则。方军雄（2007）、白晓宇（2009）、王冬清和李杰（2013）等虽未对政策效果进行直接实证，但其研究皆认为上市公司信息披露政策越透明，分析师预测的准确度越高，然而政策实施最终是否会有利于提高信息披露的数量和质量未得到证实。孙刚（2014）研究发现公平信息披露监管政策显著提高了分析师对业务复杂程度高的上市公司的盈利预测准确度，但由于文章以公司并购重组费用来衡量业务复杂程度，故对于检验政策效果而言样本局限性较大。宋勇（2012）研究发现公平披露政策对不同市场预测有不同影响，政策实施后主板市场分析师预测的准确性降低，而中小板市场变化不大。刘少波、彭绣梅（2012）基于 2003—2009 年的分析师年度盈利预测数据研究发现，公平信息披露规则减少了分析师获得的隐藏信息，导致政策实施后预测准确度降低，且随着披露规则的完善和监管的加强，在更加有效的市场中，对股票价格变动趋势作出预测的难度将越来越大，分析师预测准确度将不断降低。谭跃等（2013）也认为，该政策使得分析师盈利预测的乐观偏差进一步增大，未提高预测准确性。

7.3　我国证券分析师监管政策效应与过度乐观预测偏差抑制

7.3.1　研究思路与假设提出

资本市场监管政策的制定、实施成本颇高，为考察针对证券分析师的政策措施的有效性，发达资本市场的监管部门和西方学者进行了大量研究，目前关于政策净效应的讨论主要集中在两个方向：一方认为分析师监管政策有效缓解了分析师面临的利益冲突问题，减小了盈利预测的乐观偏差，政策净效应导致预测准确度提升。Herrmann 等（2008）及 Kadan 等（2009）分别检验了 FD 法案和 GS 协议对美国跨国公司和全部公司收益预测的综合效应，发现监管政策减少了乐观推荐的频率和信息含量，分析师预测准确性提高；Galanti 和 Vaubourg（2017）检验了法国《佣金分成协议》（*Commission Sharing Agreements*，2007）的政策效应，也发现监管政策通过保证研究部门的分成收益缓解了利益冲突问题，显著提高了分析师的独立性，减弱了乐观预测动机。另一方认为监管政策将导致流入市场的信息减少，导致市场信息环境恶化。Arya 等（2005）认为在

FD 法案影响下，分析师将因获取的内幕信息减少而加重"羊群效应"，最终导致其平均预测误差增大；Sidhu 等（2008）也认为 FD 法案将因做市商的逆向选择分成而无法达到预期目标；Höfer 和 Oehler（2014）及 Dimitrov 等（2015）分别通过对美国《多德—弗兰克法案》及欧盟 MiFID、MAD 两大指令的研究发现，政策实施并没有使评级更准确和更具信息量，分析师反而为降低评级错误带来的法律风险而给出了更多错误的警告信息。

证券分析师过度乐观行为会对市场效率和中小投资者保护造成严重损害，而在中国新兴市场上，"佣金"导向的卖方分析师荐股存在天然的利益冲突动机，那么 2012 年实施的《证券分析师执业行为准则》（以下简称《准则》）和《发布证券研究报告执业规范》（以下简称《规范》）究竟是在更大程度上通过缓解利益冲突降低了分析师的乐观动机，还是更多地因为限制隐藏信息最终导致了预测准确性降低？为考察我国证券分析师监管政策的政策净效应，论证我国的证券监管政策能否抑制证券分析师过度乐观行为，提出如下研究假设。

假设 1：中国证券分析师行业监管政策有助于抑制分析师盈利预测的过度乐观倾向，提高预测准确性。

监管政策的有效程度随政策的监管强度、规定的处罚力度、内容的严密程度而不同。Pope（2003）以 22 个国家为样本，证明了针对信息披露会计规则的强执法与较高的分析师预测准确度有关。Hovakimian 和 Saenyasiri（2010）发现监管强度更大、覆盖面更广的 GS 协议比 FD 法案在分析师行为约束上更有效。Dubois 等（2014）基于实行 MAD 政策的 15 个欧洲国家的数据，发现 MAD 政策规定的强制执行和法律制裁大大减少了市场中乐观的投资建议，且这种现象在相关配套法律更加完善、政策执行更加严格的国家表现得更加明显。Jörg 和 Benno（2017）进一步研究认为内容更全面的 MiFID 政策比 MAD 政策更加有效。故基于假设 1 提出如下假设。

假设 2：分析师行业政策规范的监管强度影响政策抑制效果，处罚力度更强、执行更严格、政策要求更严密全面的政策规范对乐观偏差的抑制作用更强。

而面对同样监管强度的政策，不同的政策接受主体，因受其主体特征的影响，对政策实施的反馈效果也会有所差异；即使是同一分析师主体，在进行不同期限的预测时乐观程度也不尽相同，最终或许也会导致政策效果的差别。因而监管政策得以发挥作用的路径有多种，可能在一方面通过抑制部分分析师（明星或非明星分析师或二者兼而有之）的乐观倾向来改善信息环境，也可能在另一方面降低了分析师部分预测（长期或短期预测或二者兼而有之）的乐观偏差，最终达到提高分析师预测准确性的目的。

传统研究认为同样的监管环境下，分析师经验、努力程度、经纪公司规模和明星分析师地位对预测准确度具有正面影响，而 Keskek 等（2017）认为这种正面影响实质来源于分析师在这些特质背后所获得的信息优势，监管政策改变了市场信息环境，分析师特质所带来的隐藏信息减少，因而有经验的、大型券商的分析师及明星分析师预测准确度将显著下降。吴超鹏等（2013）研究发现明星分析师更有倾向提供有偏信息为其基金托市，相应也更容易受到政策的影响。但 Mohanram 和 Sunder（2006）发现在 FD 法案颁布后预测准确性降低的是非明星分析师，明星分析师受政策影响更小，这种政策效应差异是因为明星分析师能够依靠自身能力进行准确预测。所以我们选取卖方分析师是否具有明星分析师身份作为分析师主体特征的代表，对政策的主体效应提出如下假设。

假设 3（a）：中国证券分析师行业监管政策对于明星分析师和非明星分析师的乐观偏差都具有抑制效应，并对明星分析师有更强的抑制作用。

Srinidhi 等（2009）认为在政策约束下，上市公司会减少长期信息而增加近期信息的自愿性披露，故间接导致分析师远期盈余预测准确度下降，短期盈余预测准确度会上升。Lee 等（2014）研究发现美国在 2000—2003 年颁布实施的三个监管政策在降低错误定价程度和提高市场效率方面同时具有短期和长期预测的高抑制效应。Jörg 和 Benno（2017）也发现欧盟的 MiFID 政策无论从长期还是短期都有效地减轻了分析师的利益冲突问题，即 MiFID 对短期和长期预测的乐观偏差都具有抑制效应，并且对短期预测的抑制效果更加显著。结合我国卖方分析师的预测特征，对短期和长期预测的政策抑制效应提出如下假设。

假设 3（b）：2012 年的分析师行业监管政策对于分析师短期和长期盈利预测乐观偏差都具有抑制作用，并对长期预测有更强的抑制作用。

7.3.2　样本选择、指标构建与变量统计

7.3.2.1　样本选择

我们以分析师研究报告中对上市公司年度收益的预测偏差作为分析对象，这是因为研究报告中的预测 EPS 是作为个体及机构投资者都能够获得的来自专业从业者的公开信息，会在相当程度上影响投资者的收益预期和投资决策，同时也是分析师乐观倾向的重要体现，是政策实施重要的目的性指标，因而这一乐观偏差的变化可作为政策实施效果的直接反映。

本节从国泰安数据库（CSMAR）中提取 2008 年 1 月 1 日至 2017 年 12 月 31 日共 10 年的分析师预测及特征数据、上市公司的特征数据、宏观控制变量数据及上市公司年度平均股价数据，其中因与 2017 年的长期（12 个月以上）预测数据对比的实际收益尚未实现，故以监管细则施行年份 2012 年及其前后四年为窗口期，2017 年数据主要作为前 9 年窗口期数据的估计期纳入指标计算，

同时以 2011 年施行的《发布研究报告暂行规定》（以下简称《规定》）作为《准则》和《规范》监管效应的对比政策。为进行乐观偏差指标的计算，利用 Excel 进行原始数据整理，删除缺失预测每股收益、实际每股收益、年均股价这三项重要指标内容的数据，同时为减小计算误差，删除上市公司年报公布期后发布的及年报公布期内发布的预测误差为 0 的数据[①]，最终得到 228629 条完整包含核心指标的数据，利用 Stata 进行数据运算。

7.3.2.2 指标构建

借鉴 Hovakimian 和 Saenyasiri（2010，2014）的方法，利用预测每股收益与实际每股收益数据，按照公式（7.1）构建 *OPTIM* 指标刻画分析师盈余预测的平均乐观偏差，并用上一年股票均价对乐观偏差进行标准化，以保证偏差的变化是由于分析师预测的调整而非股价的变动导致。若 *OPTIM* > 0，即分析师平均预测每股收益高于实际每股收益，表示乐观倾向存在，此时乐观偏差 *OPTIM* 越大，即乐观倾向越严重，分析师预测准确性也越低。

$$OPTIM_{j,t,m} = 100(F_{j,t,m} - A_{j,t}) / P_{j,t-1}$$

$$F_{j,t,m} = \frac{1}{I_{j,t,m}} \sum_{i=1}^{I} F_{j,t,m,i} \tag{7.1}$$

$$F_{j,t,m,i} = \frac{1}{K_{j,t,m,i}} \sum_{k=1}^{K} F_{j,t,m,i,k}$$

其中，$F_{j,t,m,i,k}$ 为 t 年 m 月中分析师 i 对公司 j 作出的第 k 次盈利预测；$K_{j,t,m,i}$ 为 t 年 m 月中分析师 i 对公司 j 作出的预测次数；$F_{j,t,m,i}$ 为 t 年 m 月分析师 i 对公司 j 作出的平均盈利预测；$I_{j,t,m}$ 为 t 年 m 月中对公司 j 作出预测的分析师数量；$F_{j,t,m}$ 为 t 年 m 月中所有分析师对公司 j 作出的平均盈利预测；$A_{j,t}$ 为公司 j 在 t 年的实际每股收益；$P_{j,t-1}$ 为 $(t-1)$ 年公司 j 的股票均价。

7.3.2.3 变量统计

1. 变量定义及描述性统计

针对 2011 年 1 月 1 日出台的《规定》和 2012 年 9 月 1 日出台的《准则》与《规范》，研究主要政策变量是否对抑制分析师乐观倾向、规范分析师行为起到积极作用。以乐观偏差 *OPTIM* 作为被解释变量构建回归模型，其中核心的政策效应变量设置 *Policy*1 和 *Policy*2 分别为《规定》和《准则》与《规范》的虚拟变量。其设置规则为，若分析师预测发布时《规定》已出台，则 *Policy*1 取 1，否则取 0；若《准则》与《规范》已出台，则 *Policy*2 取 1，否则取 0。设置

---

① 我们认为这些"预测"是在实际 EPS 公布后作出的，往往是年报评论中对真实 EPS 的转述。

控制变量 *Tspan* 为研报预测发布的相对提前时间，以最晚的研报发布时间作为时间基点，最晚发布的预测提前时间为 1，提前一个月发布取值为 2，依此类推，获得研报预测相对提前时间，再进行月数的对数化得到 *Tspan*。行业控制变量（*Indcd*）依据中国证监会（CSRC）《上市公司行业分类指引》的六大行业分类进行划分，分析师分研究行业排名（*Rank*）依据每年"新财富"评比结果作为衡量，变量设置的具体规则如表 7 - 2 和表 7 - 3 所示。

表 7 - 2　　　　　　　　行业控制变量（*Indcd*）

行业分类	数据量	控制变量
金融	7436	- 3
公用事业	36542	- 2
房地产	13623	- 1
综合	5717	1
工业	151660	2
商业	13333	3
和行业分类缺失数据	318	0

表 7 - 3　　　　　分析师"新财富"分研究行业排名（*Rank*）

行业分类	数据量	虚拟变量
排名第一	11690	1
排名第二	8855	2
排名第三	9789	3
排名第四	5402	4
排名第五	6643	5
未上榜	186250	6

借鉴相关文献的回归指标，结合数据库中的指标统计质量和完整度，其他控制变量主要考虑宏观市场、上市公司及分析师自身三方面的特征因素。采用大多券商研报作为荐股参考的沪深 300 指数的月度涨跌幅（*Hs300*）反映资本市场波动，上市公司因素借鉴 Fama 三因子模型的思想，考虑账面市值比（*BM*）、公司市值（*Size*）因素，同时纳入上市公司被分析师关注度（*Anatt*），分析师特征因子除行业排名（*Rank*）外，采用分析师预测公司数量（*Follownum*）、工作经验（*Analystex*）控制不同因素对分析师乐观偏差的影响。各变量定义及描述性统计如表 7 - 4 所示，其中从 *OPTIM* 在政策施行前后的均值上看，*Policy*1 施行后偏差均值继续上升，直至 *Policy*2 的施行平均乐观偏差才有所降低。

表 7 - 4　　　　　　　　　　　　　**变量描述性统计**

变量	变量含义	平均值	平均值		
			2012.01.01《规定》颁布前	2011.01.01—2012.09.01 期间	2012.09.01《准则》《规范》颁布后
OPTIM	卖方分析师预测平均乐观偏差	2.7	2.59	4.43	1.96
Policy2	2012.09.01《证券分析师执业行为准则》《发布证券研究报告执业规范》颁布	—	0	0	1
Policy1	2011.01.01《发布研究报告暂行规定》颁布	—	0	1	1
市场因子					
Hs300	沪深 300 指数月均涨跌幅	0.0029	- 0.0096	- 0.013	0.017
上市公司特征因子					
Anaattention	上市公司被分析师关注度	13.82	16.06	14.38	12.34
BM	账面市值比	1.11	1.16	1.31	0.99
Companysize	上市公司市值取对数	20.81	20.58	20.73	20.96
分析师特征因子					
Followconum	分析师预测公司数量	19.73	15.39	26.93	18.5
Analystex	分析师工作经验（自发布第一份研报以来的季度数）	7.85	6.71	8.92	7.93
Rank	分析师排名	5.38	5.56	5.51	5.23
其他控制变量					
Tspan	研报预测相对提前月数取对数	3.45	3.48	3.51	3.4
Indcd	行业控制变量	1.05	1.06	1.1	1.02
观测量（N）					
228629			61560	53112	113957

表 7-5 按照预测发布的会计年度和提前月数对乐观偏差进行分类统计，跨年横向观察可看出，2012 年两项文件出台后不同年度同一提前时段区间内乐观偏差有所减小，年度平均偏差中位数也有所减小①；纵向来看每一年的数据，可直观发现预测提前时间越长，乐观偏差相对越大②。

表 7-5　　　　　　　　　　　　平均乐观倾向的描述性统计

提前月数	预测发布年度								
	2008 年	2009 年	2010 年	2011 年	2012 年	2013 年	2014 年	2015 年	2016 年
< -36	9.00	7.17	11.10	14.71	**15.86**	7.95	2.38	—	—
[-36, -33)	7.21	4.10	10.18	14.11	**10.34**	6.47	6.37	3.8	—
[-33, -30)	5.67	2.97	8.36	11.05	**7.26**	4.42	5.49	0.55	—
[-30, -27)	3.97	2.94	7.57	9.05	**5.47**	3.78	4.54	-0.4	—
[-27, -24)	2.35	2.74	7.67	7.49	**4.50**	3.50	4.11	-1.75	—
[-24, -21)	4.86	2.12	5.11	7.58	**5.92**	4.00	3.71	3.98	-0.6
[-21, -18)	4.69	1.09	2.97	6.74	**5.02**	3.46	2.85	3.42	-1.25
[-18, -15)	3.16	1.00	2.27	5.11	**3.21**	2.60	2.23	2.47	-1.32
[-15, -12)	1.69	0.88	2.19	3.89	**2.37**	2.16	1.87	1.68	-1.63
[-12, -9)	3.10	1.03	1.51	2.41	**2.89**	2.06	1.84	1.54	1.3
[-9, -6)	2.91	0.60	0.88	1.65	**2.43**	1.53	1.55	1.47	1.05
[-6, -3)	1.68	0.27	0.38	0.87	**1.09**	0.77	0.92	0.93	0.58
[-3, 0)	0.93	0.19	0.19	0.41	**0.41**	0.46	0.52	0.43	0.31
[0, 3]	0.28	0.27	0.15	0.05	**0.11**	0.16	0.31	0.23	0.13
>3	0.03	0.31	0.16	-0.03	**0.29**	-0.15	0.43	0.49	0.12
偏差中位数	1.59	0.53	1.37	2.37	**1.81**	1.31	1.26	0.82	0.25
平均偏差	3.02	1.28	3.29	4.77	**3.48**	2.42	2.46	2.1	1.75
平均预测 EPS	0.95	0.71	0.94	1.07	**0.95**	0.88	0.85	0.81	0.76
平均实际 EPS	0.53	0.54	0.55	0.53	**0.54**	0.52	0.48	0.47	0.48
股票回报率	-0.86	0.47	2.09	1.49	**1.73**	1.33	2.20	-0.91	0.37

---

①　受制于预测数据，2015—2016 年部分预测的平均乐观偏差仍待观察，部分统计结果无法直接与 2008—2014 年数据进行横向比较。

②　从 2014 年开始，出现针对上市公司 2017 年每股收益长期预测为负的乐观偏差，由原始数据分析原因可得，因受政策（供给侧结构性改革）影响，2017 年钢铁、化工等大宗商品价格上涨，相关上市公司股价随之上涨，强势扭亏为盈，导致前期的长期预测普遍低估，极大拉低乐观偏差，导致平均乐观偏差较小或显示为负。

2. 乐观偏差描述性统计

对市场整体的乐观倾向走势进行统计，不区分预测主体和预测提前时长，计算盈利预测数据的平均月度乐观偏差，可得到图 7-1 所示的乐观偏差走势，利用多项式趋势线高优度拟合出窗口期内的平均乐观偏差波动情况。折线图 7-1 显示，2008 年国际金融危机后，市场乐观情绪曾大幅受挫，后期随着国家"4 万亿"调控和经济整体形势的好转，市场信心重振，证券分析师乐观倾向显著增强，且上升势头未受到 2011 年《规定》实施的影响。而 2012 年分析师行业规范施行后，乐观偏差逐渐减小①，2012 年 9 月后的乐观偏差整体低于《准则》和《规范》施行之前，可直观得到证券分析师行业监管政策对乐观倾向起到了一定抑制作用的结论。

图 7-1　分析师平均乐观偏差走势

按照分析师特征中是否为明星分析师和预测提前时长是否长于一年（12 个月）进行分组，可分别观察明星分析师和非明星分析师平均乐观倾向的政策效应，及政策的抑制效果在短期和长期预测中是否会发生变化。

图 7-2（a）（b）曲线分别为"新财富"上榜的明星分析师及非明星分析师 2008 年 1 月至 2016 年 12 月的平均乐观偏差走势。两曲线对比可发现明星分析师的乐观偏差高于非明星分析师，单独看两组曲线的趋势线走向，同样可直观发现 2012 年监管政策实施后平均乐观偏差整体皆呈逐渐下降趋势，明星和非

---

① 因数据估计期至 2017 年的限制，2015 年发布的部分 24 个月以上、全部 36 个月以上的长期预测，及 2016 年发布的部分 12 个月以上、全部 24 个月以上的长期预测偏差不可得，由表 7-1 可得长期预测偏差通常大于短期预测，或导致图示平均预测偏差略小于实际偏差，因而 2015 年后折线图下行趋势不具有完全参考性。但分析前期年度数据可进行合理预测，2015 年后的长短期整体平均乐观偏差将与 2013 年、2014 年基本持平，因而仍可直观得到政策有效的结论。

明星分析师的平均预测值准确性都有所提高。

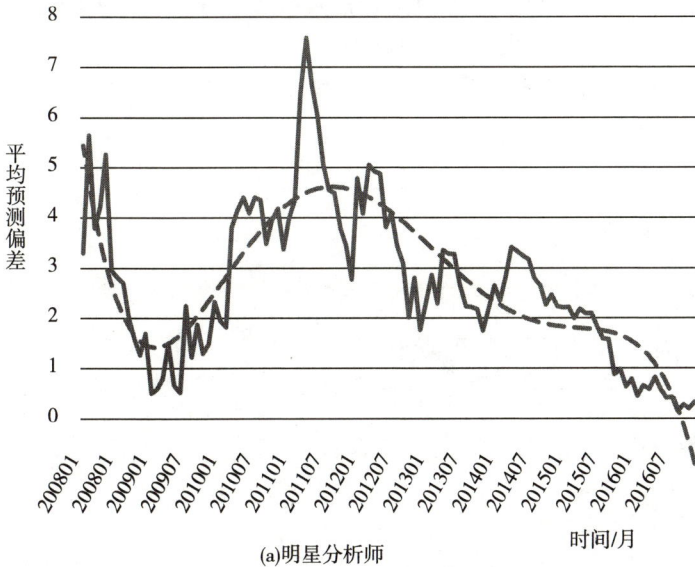

(a)明星分析师

———— 平均预测偏差　　- - - - 多项式拟合趋势线

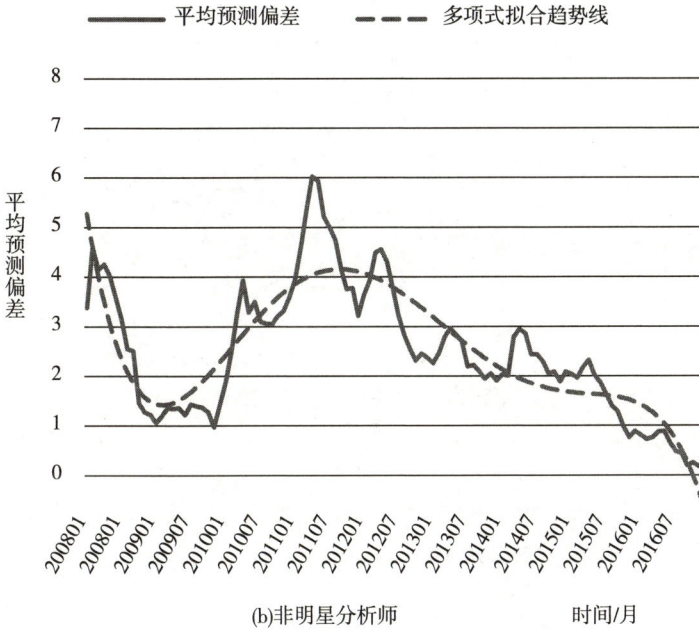

(b)非明星分析师

———— 平均预测偏差　　- - - - 多项式拟合趋势线

图 7 - 2　明星分析师和非明星分析师平均乐观偏差走势

图 7 - 3 (a) (b) 分别为 12 个月以内①的短期和 12 个月以上②的长期盈利预测的平均乐观偏差变动情况，两图对比可发现分析师的长期预测比短期更加乐观，即预测误差更大，由趋势线走势同样可得，2012 年政策施行后乐观倾向都得到了一定程度的抑制，其中长期预测反映出的政策效应更加显著。

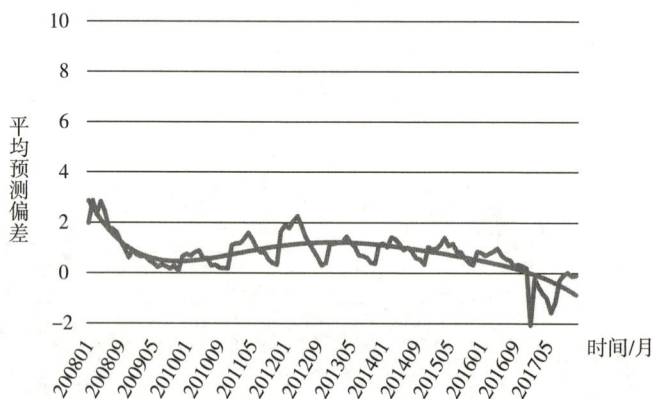

（a）12个月以内

—— 平均预测偏差　　- - - 多项式拟合趋势线

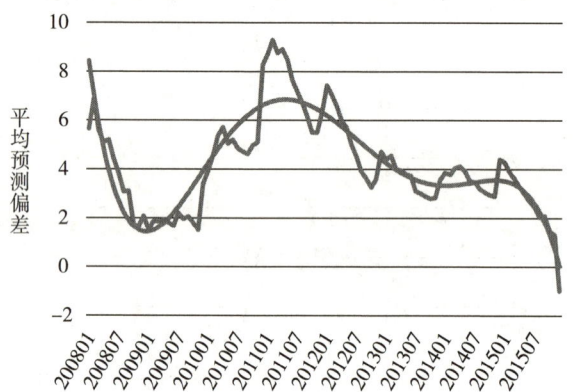

（b）12个月以上　　　　　时间/月

—— 平均预测偏差　　- - - 多项式拟合趋势线

图 7 - 3　分析师短期和长期预测平均乐观偏差走势

---

① 因窗口期内的短期预测数据均已实现，折线图（a）数据范围为 2008 年 1 月至 2017 年 12 月。

② 因部分数据长期预测未实现，折线图（b）数据范围为 2008 年 1 月至 2015 年 12 月。

7.3.3　实证检验与结果分析

7.3.3.1　监管政策有效性检验

为对数据进行更准确的考察以验证前文假设，借鉴 Hovakimian 和 Saenyasiri（2010，2014）、Cao 和 Kohlbeck（2011）等进行分析师行为分析的实证时考虑的影响因素，结合我国的实际，选取宏观、上市公司特征、分析师特征三方面的指标，建立如下实证模型。

$$OPTIM_{j,t,m} = \beta_1 \times Tspan_{j,t,m} + \beta_2 \times Indcd_{j,t,m} + \beta_3 \times Hs300_{j,t,m} + \beta_4 \times Policy2_{j,t,m}$$
$$+ \beta_5 \times Policy1_{j,t,m} + \beta_6 \times Anatt_{j,t} + \beta_7 \times BM_{j,t,m} + \beta_8 \times Follownum_{j,t}$$
$$+ \beta_9 \times Analystex_{j,t} + \beta_{10} \times Rank_{j,t} + \beta_{11} \times Size_{j,t,m} + \varepsilon_{j,t,m} \quad (7.2)$$

对假设 1 和假设 2 进行检验，以原则性监管文件《规定》（$Policy1$）作为《准则》和《规范》（$Policy2$）的对照政策，检验 $Policy2$ 的政策效应。其中，β_4 表示分析师监管细则对其预测乐观偏差的影响，若 $\beta_4 < 0$，则 $H1$ 成立；若 $|\beta_3| < |\beta_4|$ 或 β_3 非显著为负，则 $H2$ 成立。为防止多重共线性的影响，对数据整体进行逐步回归，回归结果如表 7-6 所示。

变量回归结果皆显著，其中核心变量的符号符合假设。《准则》和《规范》（$Policy2$）政策影响的回归结果（-0.81、-1.74、-1.87、-1.8、-1.84、-1.85、-1.87、-1.86）始终在 1% 的水平上显著为负，表明两份监管细则的施行使得乐观偏差减小，对分析师的乐观倾向起到了显著的抑制作用，验证了 Galanti S. 和 Vaubourg A. G.（2017）、Kadan 等（2009）、Herrmann 等（2008）关于分析师行业监管政策有效的结论。从分析师乐观倾向的动因来看，回归结果也侧面反映出监管政策的实施有效增强了分析师的独立性，降低了分析师在利益冲突下过度乐观的动机，同时分析师并未因政策约束下内幕消息的相应减少而降低预测准确性，证明我国卖方证券分析师着实具备进行准确预测的专业分析能力，或者，分析师在监管下仍有途径得到一定的私有信息，最终在监管政策的综合作用下得到预测准确性提升的结果。

相比之下，较早施行的原则性监管文件《规定》（$Policy1$）的回归系数虽然显著，但符号皆为正，在经济意义上即表现为，该政策的实施并没有对盈利预测乐观偏差的上涨势头起到遏制作用，没有显现出监管政策的有效性。研究 $Policy2$ 与 $Policy1$ 的内容和制定背景可以发现，作为《规定》的细化、落实版本，两项自律规则是在市场对《规定》充分反应的基础上制定的，吸收了大量《规定》实施后的市场反馈意见，并进一步借鉴国际监管经验，对《规定》中未作规定、但行业普遍反映亟需规范的问题提出了更加具体、细致、严格的规范要求，对诸多不符合行业规范的行为提出了有针对性的惩戒措施。实证结果印证了 Pope（2003）及 Dubois 等

表7-6   分析师平均乐观倾向政策效应回归结果

	(1)	(2)	(3)	(4)	(5)	(6)	(7)	(8)	(9)	(10)
Tspan	6.02***	5.82***	5.8***	5.64***	5.58***	5.71***	5.71***	5.71***	5.7***	5.7***
	(193.26)	(185.36)	(185.55)	(181.85)	(180.69)	(170.66)	(170.6)	(170.66)	(170.32)	(170.27)
Inded	0.15***	0.14***	0.14***	0.1***	0.17***	0.17***	0.17***	0.18***	0.18***	0.18***
	(25.40)	(24.86)	(24.66)	(16.77)	(28.35)	(27.51)	(27.5)	(27.65)	(27.68)	(27.68)
Hs300		-0.9***	-1.83***	-1.96***	-1.89***	-1.9***	-1.92***	-1.94***	-1.92***	-1.91***
		(-43.86)	(-71.61)	(-76.97)	(-74.47)	(-69.83)	(-70.06)	(-70.36)	(-69.62)	(-68.65)
Policy2			1.72***	1.64***	1.58***	1.57***	1.58***	1.58***	1.59***	1.59***
			(60.3)	(57.56)	(55.98)	(50.98)	(51.34)	(51.44)	(51.71)	(51.66)
Policy1				-0.05***	-0.06***	-0.07***	-0.07***	-0.07***	-0.07***	-0.07***
				(-58.5)	(-65.4)	(-64.79)	(-65.15)	(-65.18)	(-65.37)	(-65.37)
Anaattention					0.27***	0.26***	0.26***	0.26***	0.26***	0.26***
					(48.98)	(45.83)	(46.07)	(45.92)	(45.96)	(45.96)
BM						0.001***	0.002***	0.001***	0.002***	0.002***
						(2.87)	(3.89)	(3.1)	(3.67)	(3.7)
Followconum							-0.01***	-0.01***	-0.01***	-0.01***
							(-6.86)	(-7.02)	(-7.42)	(-7.44)
Analystex								-0.05***	-0.05***	-0.05***
								(-6.44)	(-6.66)	(-6.65)
Rank									-0.07***	-0.07***
									(-8.78)	(-8.96)
Companysize										-0.31**
										(-2.43)
Adj R²	0.1429	0.15	0.1633	0.1757	0.1842	0.1919	0.1920	0.1922	0.1928	0.1928
Num of obs	228629	228629	228629	228606	228606	197799	197799	197799	197762	197762

注：括号里的数字为t值，*、**、***分别代表在10%、5%、1%的程度上显著。

（2014）的结论，假设 2 成立，即监管政策体现出的监管强度关系到政策最后的抑制效果，处罚力度更大、要求更加严苛、更有可执行和操作性的两项自律规则也更有实效，能够真正对分析师的过度乐观产生约束，改善市场信息环境。而较早施行的《规定》内容偏向原则和纲领，无论是券商机构实际执行还是监管部门进行监管惩处，其具体落实的标准都很难把握，最终对市场主体的实际约束效果非常有限。因而虽有政策，但政策内容的可执行程度削弱了其制定之初所预设的监管强度，最终无法在市场中有效发挥作用。

回归结果中控制变量的符号也较符合预期。宏观影响因素方面，市场周期波动会对预测准确性产生影响，根据前景理论，股票市场处于牛市时，分析师会受市场情绪的影响，发布较高的股票收益预测，从而提高乐观偏差，但回归结果显示沪深 300 指数涨幅（$Hs300$）较高时分析师并非一味趁短期大盘走势继续推高股价，而是能够在指数下跌前给出相对冷静的警示，并在股市萎靡时出具提振市场信心的乐观预期，这与 Li T. （2017）的观点相悖，一定程度上显示出了我国卖方分析师的市场价值。同时，市值规模（$Size$）、账面市值比（BM）的回归结果也符合 Fama 三因子模型的结论，在 1% 显著性水平上系数 $\beta_7 > 0$ 且 $\beta_{11} < 0$，表明大盘蓝筹股由于体量大不宜被操纵，同时信息披露程度高，利于分析师进行公司基本面信息的研究分析，而较小规模的公司由于更加信息不对称，预测难度大且操纵成本低，高风险要求获得更高的期望收益，即更容易出现乐观偏差，因而上市公司的市值规模越小、账面市值比越高，分析师给出的乐观偏差也越大。而 $Anatt$ 在 1% 的水平上显著为负，表明分析师在预测受到较多关注的上市公司收益时，由于存在行研业内同行预测的约束，故减弱过度夸大收益预测的动机，其预测和预测修正的分散度也会减小，给出更加谨慎和准确的收益预测，这也与 Lang 和 Lundholm （1996）及 Jackson （2005）的结论相一致。Lim （2001）及张宗新和杨万成（2016）关于分析师市场影响的研究曾证明，行业研究经验越丰富的分析师研究水平越高，越有能力给出更加准确的收益预测，而当跟踪覆盖的公司数量较少时，分析师平均对每家上市公司投入的精力增多，也有利于给出更精确的预测，回归结果中 $Follownum$ 系数显著小于 0、$Analystex$ 显著大于 0，也可以验证跟踪上市公司数量越少、从业时间越长的分析师，给出偏差更小的收益预测的能力越强。而明星分析师往往面临更严重的利益冲突问题，更有动机给出误差更大的推荐（Jackson，2005），因而排名（$Rank$）越靠前的明星分析师的预测准确性不及非明星分析师。而 $Tspan$ 在 1% 水平上显著大于 0，表明预测提前公告日的时间越长，由于公司的基本面信息较少，股价走势越不好把握，偏差往往也越大，这与 Richardson 等（2012）认为分析师年初比年末更乐观的结论异曲同工，也与我们从图 7 - 3 中

观察得到的初步结论相一致。

7.3.3.2 不同影响因素下的政策有效性检验

政策有效发挥作用的途径可能有多种，一方面，监管政策能否抑制所有分析师的乐观倾向？另一方面，对分析师长期和短期预测的乐观偏差抑制效果又分别如何？为了对假设3的两个子假设进行检验，按分析师主体和预测时间长短进行分组，进行子样本组内回归检验，进行影响路径检验时剔除另一因素的影响，单独验证每一路径中的政策效应情况，结果如表7-7所示。

表7-7　　　　　　　　　　　分组检验回归结果

	按分析师分组		按预测时间分组		不分组
	明星分析师	非明星分析师	短期	长期	
Tspan	5.86 ***	5.66 ***	3.26 ***	9.41 ***	5.7 ***
	(69.63)	(155.66)	(72.38)	(74.64)	(170.27)
Indcd	0.18 ***	0.18 ***	0.06 ***	0.28 ***	0.18 ***
	(11.26)	(25.35)	(12.63)	(25.03)	(27.68)
Hs300	-2.05 ***	-1.89 ***	-0.42 ***	-2.94 ***	-1.91 ***
	(-28.35)	(-62.84)	(-19.17)	(-61.93)	(-68.65)
Policy2	1.49 ***	1.61 ***	0.42 ***	2.3 ***	1.59 ***
	(17.47)	(49.12)	(16.41)	(45.43)	(51.66)
Policy1	-0.07 ***	-0.07 ***	-0.02 ***	-0.1 ***	-0.07 ***
	(-27.61)	(-59.33)	(-30.81)	(-55.63)	(-65.37)
Anaattention	0.32 ***	0.25 ***	0.13 ***	0.35 ***	0.26 ***
	(22.21)	(40.07)	(30.81)	(36.65)	(45.96)
BM	0.009 ***	-0.001	-0.001 ***	0.004 ***	0.002 ***
	(8.57)	(-1.28)	(-2.67)	(4.38)	(3.7)
Followconum	-0.03 ***	-0.008 ***	0.002 *	-0.03 ***	-0.01 ***
	(-7.63)	(-4.69)	(1.7)	(-9.87)	(-7.44)
Analystex	—	—	-0.01 **	-0.09 ***	-0.05 ***
			(-2.42)	(-6.37)	(-6.65)
Rank	-0.1 ***	-0.06 ***	-0.08 ***	-0.01	-0.07 ***
	(-5.67)	(-7.16)	(-14.93)	(-0.6)	(-8.96)
Companysize	-0.04	-0.36 ***	-0.54 ***	-0.7	-0.31 **
	(-0.11)	(-2.66)	(-5.64)	(-0.29)	(-2.43)
Adj R²	0.1884	0.1947	0.078	0.1375	0.1928
Num of obs	35961	161801	93327	104435	197762

注：括号里的数字为t值，*、**、***分别代表在10%、5%、1%的程度上显著。

在按预测时间分组回归的结果中，同样可由 − 2.94 和 −0.42 的系数大小得到在长期和短期预测上的政策效应差异，与 Jörg 和 Benno（2017）认为政策在短期预测抑制效应上更显著的结论不同，我国市场环境中监管政策对于长期盈利预测的乐观偏差的抑制更有效，这与国内分析师长期预测偏差显著大幅高于短期预测偏差的市场现状有关。在按分析师分组的回归系数中，明星分析师组 Policy2 的抑制系数 −2.05 在 1% 的水平上显著，且绝对值要大于非明星分析师组 −1.89 的政策效应，即监管细则实施后，明星分析师的平均预测偏差降低了 2.05，而非明星分析师的偏差的修正程度为 1.89，略低于明星分析师组。这与 Keskek 等（2017）的实证结论相似，表明监管政策对明星分析师乐观偏差的抑制作用要略强于对非明星分析师的影响，但政策效果在不同群体中的差异较小，没有像在不同期限的预测中那样显著。

核心变量在分组回归中的结果与逐步回归基本相同，原则性的《规定》（Policy1）政策效应不明显，而后续监管细则（Policy2）对分析师盈利预测的乐观偏差起到了显著的抑制作用，这一结论在明星、非明星分析师预测及其短期和长期的预测中皆成立，即假设 1 和假设 2 在分组回归中依然成立。对其他控制变量而言，四个子样本的回归结果皆与整体回归结果相近。

7.3.4 稳健性检验

通过公式（7.1）计算出的乐观倾向 $OPTIM$ 指标，实际为所有分析师的平均月度乐观偏差，现改变被解释变量的取值方法，由分析师发布的盈利预测与上市公司实际收益直接得到分析师个人预测乐观偏差（$OPTIM\_ind$），不再对乐观偏差进行任何市场平均化处理。

$$OPTIM\_ind_{j,t,m,i,k} = 100(F_{j,t,m,i,k} - A_{j,t})/P_{j,t-1} \qquad (7.3)$$

其中，$F_{j,t,m,i,k}$ 为 t 年 m 月中分析师 i 对公司 j 作出的第 k 次盈利预测；$A_{j,t}$ 为公司 j 在 t 年的实际每股收益；$P_{j,t-1}$ 为 $t-1$ 年公司 j 股票均价。

为使研究结论更具有广泛的说服力，调整三类控制变量的回归因子。宏观市场因子采用规模以上工业增加值增长率（$Valueadd$）代替沪深 300 指数的涨跌幅；分析师特征因子只保留了曾作为分组依据的分析师排名（$Rank$），以便与前文进行对照；上市公司特征因子更换为上市公司在一个月度中被研究报告关注的次数（$Rptatt$），同时保留了对预测提前时长（$Tspan$）和行业分类（$Indcd$）的控制。

除了检验假设 1 和假设 2 的两项核心变量的政策效应，稳健性检验中增加了政策虚拟变量与控制变量（CV）的交叉项，且为使得政策变量的系数 β_1 和 β_2 具有经济含义，对交叉项进行中心化处理，交叉项 2 为（$Policy2 - \overline{Policy2}$）×

（$CV - \overline{CV}$），交叉项 1 为（$Policy1 - \overline{Policy1}$）× （$CV - \overline{CV}$），表 7 - 8 为稳健性检验各变量定义。

表 7 - 8　　　　　　　　　　稳健性检验变量描述性统计

变量	变量含义
OPTIM_individual	卖方分析师个人预测乐观偏差
Policy2	2012. 09. 01《证券分析师执业行为准则》《发布证券研究报告执业规范》颁布
Policy1	2011. 01. 01《发布研究报告暂行规定》颁布
交叉项 2	Policy2 与控制变量交叉项中心化
交叉项 1	Policy2 与控制变量交叉项中心化
Tspan	研报预测相对提前月数取对数
Indcd	行业控制变量
市场因子	
Valueadd	规模以上工业增加值增长率（%）
分析师特征因子	
Rank	分析师排名
上市公司特征因子	
Reportattention	上市公司被研究报告关注度

分别选取预测提前时长（$Tspan$）、分析师排名（$Rank$）和行业分类（$Indcd$）作为 CV 进行回归，分别检验监管细则（$Policy2$）和《规定》（$Policy1$）的政策效应在预测提前时长、分析师声誉和不同行业的影响下是否有所不同。比如，交叉项（$Policy2 - \overline{Policy2}$）×（$Tspan - \overline{Tspan}$）可对假设 3 的子假设 $H3$（b）进行稳健性检验，得到预测提前时长对政策效应的影响，当回归结果显示 β_1 和 β_3 皆显著为负，则代表预测提前时间拉长可增强监管细则的政策效应，即提前发布预测的时间越长，监管政策对分析师盈利预测乐观偏差的抑制作用越显著，但若在 β_1 显著为负时 β_3 显著为正，则代表预测提前时长越久，对政策效应的削弱作用越强，同理，CV 为分析师排名（$Rank$）时可对 $H3$（a）进行检验。同时也进行无交叉项和行业控制交叉项的对照检验，回归结果如表 7 - 9 所示。

表 7 – 9　　　　　　　　分析师乐观倾向政策效应稳健性检验结果

控制变量（CV）	（1）	（2）Tspan	（3）Rank	（4）Indcd
Policy2	− 1.25 ***	− 1.03 ***	− 1.25 ***	− 1.24 ***
	（− 39.5）	（− 32.63）	（− 39.56）	（− 39.28）
Policy1	1.87 ***	1.69 ***	1.87 ***	1.86 ***
	（62.52）	（56.25）	（61.97）	（62.19）
交叉项2	—	− 5.08 ***	0.05 ***	− 0.26 ***
		（− 62.97）	（1.32）	（− 17.55）
交叉项1		3.48 ***	0.002	0.29 ***
		（38.39）	（0.08）	（17.3）
Tspan	5.6 ***	5.58 ***	5.6 ***	5.6 ***
	（172.25）	（173.09）	（172.2）	（172.38）
Indcd	0.1 ***	0.1 ***	0.1 ***	0.1 ***
	（16.19）	（16.48）	（16.27）	（16.52）
Valueadd	0.16 ***	0.18 ***	0.16 ***	0.16 ***
	（39.49）	（45.09）	（39.32）	（39.54）
Rank	− 0.08 ***	− 0.08 ***	− 0.09 ***	− 0.08 ***
	（− 10.83）	（− 10.29）	（− 11.33）	（− 11.27）
Rptatt	− 0.02 ***	− 0.02 ***	− 0.02 ***	− 0.02 ***
	（− 53.63）	（− 54.07）	（− 53.67）	（− 53.69）
Adj R^2	0.1679	0.1821	0.168	0.1693
Num of obs	228606			

注：括号里的数字为 t 值，*、**、*** 分别代表在 10%、5%、1% 的程度上显著。

　　表 7 – 9 第一列为不包含交叉项的回归结果，后三列为分别选取不同的控制变量作为交叉项相乘因子的回归结果。四次回归中可以看到，β_1 皆在 1% 水平上显著为负，表明监管细则（Policy2）始终显著有效，而《规定》（Policy1）回归系数始终显著为正，表明该政策在任一情况下都没有表现出显著的乐观抑制作用。稳健性检验佐证了假设 1 和假设 2 在实证中得到的结论，即 2012 年施行的分析师行业监管政策对分析师乐观偏差具有显著抑制作用，且比监管力度较弱的《规定》政策效果更有效。

　　同时在回归（2）中，由 β_1（− 1.03）和 β_3（− 5.08）皆显著为负可得到假设 3（b）成立，即监管政策 Policy2 对于分析师长期盈利预测表现出的乐观倾向抑制作用更加显著。而回归（3）中 β_3（0.05）在 β_1（− 1.25）为负的情况下显著为正，则表明分析师排名的增大会削弱政策效应，即 *Policy*2 在抑制明星分析师预测乐观倾向上更有效，也与图 7 – 2 中直观观察到的情况及上文实证检验中得到的明星分析师的政策效应高于非明星分析师相一致，假设 3（a）同样成立。

第8章 中国证券分析师荐股行为治理 与监管体系重构

本书对中国证券分析师发布研究报告行为生成机理、影响因素及市场影响做了全面分析与研究，基于中国证券分析师荐股行为所暴露的问题，为了维护市场秩序、建立更为有效的资本市场、保护投资者尤其是中小投资者的利益，成为本研究的重要目标。本部分将针对中国证券分析师荐股行为的利益冲突问题，从中小投资者权益保护的视角寻求证券分析师利益冲突这一证券监管的世界性难题的破解路径。针对我国证券分析师所存在的问题，以建设健康、透明资本市场体系为导向，建立中国证券研究市场新秩序。从利益冲突规制、信息隔离、信息披露、声誉制度、监管体系重塑等方面，重构分析师荐股行为监管体系与利益冲突机制，提出重构证券分析师行为治理机制和重塑中国证券分析师行业秩序的政策建议。

8.1 利益冲突规制、信息隔离和强化信息披露制度建设

尽管国内外学者对证券分析师行为进行了大量研究，证券监管部门推行了系列监管政策，但依然无法有效解决证券分析师利益冲突难题。《全球研究分析师法案》是金融市场历史上重要的监管行为，其起因是利益冲突；然而纵观2008年美国的次贷危机，《研究部门与投资银行利益冲突调节全球一致意见》并没有达到预期政策效果。因此，从制度体系上，如何完善证券分析师利益冲突监管法律法规体系，从内在根源扼制利益冲突行为，仍是当前证券监管的重点工作。目前，有必要在现行证券分析师利益冲突监管法律法规的基础上，构建全方位多层次宽领域的监管法律体系，强化信息隔离制度和信息披露制度，从利益冲突内在根源和制度合规体系上彻底扼制证券分析师利益冲突行为，破解证券分析师利益冲突的"全球性难题"。

8.1.1 分析师利益冲突规制

国际证监会组织（IOSCO）在2003年9月发布的 *Report on Analyst Conflicts*

of Interest，明确提出证券分析师推荐股票行为引发的利益冲突值得关注，如何防范利益冲突和保护投资者已成为国际证券监管的新难题。近年来，中国证券市场不断暴露"研究报告门"事件，分析师行为面临"拷问"，甚至引发关于证券分析师行为功能的质疑，证券分析师利益冲突问题已成为"行业潜规则"和"公开的秘密"。为防范和杜绝证券分析师的利益冲突行为，有必要在开展业务过程中规制相关利益冲突行为，采取如下系列措施。

第一，审慎看待承销商分析师发布的研究报告。大量研究和文献表明，分析师倾向于推荐由其所在投资银行承销的股票，承销商分析师通常表现为过分乐观。鉴于承销商分析师存在过分乐观的趋势，在参考承销商分析报告的过程中，可通过如下三种途径"鉴别"分析师出具的研究报告的可信度。其一，可通过比较同时期承销商分析师与非承销商分析师的估值与预测结果，如若承销商分析师的预测结果与非承销商分析师相去甚远，则应考虑对承销商分析师的预测结果作些许向下调整。其二，对于承销商分析师非比寻常的预测结果，可通过研读报告，看其是否为该估值结果提供合理解释或可信度较高的证据。其三，对于某一承销商分析师的预测结果，可通过其之前预测和估值结果建立起对该分析师预测结果偏差的基线，以此作为对于其之后预测结果误差倾向的判断依据。

第二，适当控制证券公司经纪业务占比。由于分析师本身能够掌握更多的内部消息，如若证券公司经纪业务在证券公司营业额中占比过高，会导致证券公司为追逐利润而与部分上市公司达成"战略合作关系"，发布过高估值的研究报告，以抬高股价。因此，为了保证证券分析师的独立性，应当限制证券公司的经纪业务占比。

第三，将分析师个人职业生涯升迁与证券分析师发布研究报告质量相联系。由于数据跟踪等客观因素的限制，证券分析师的升迁调职往往与证券分析师研究报告质量并不挂钩，而与证券分析师是否是"新财富"分析师有关。然而，"新财富"分析师的选拔规则以及过程并不透明，从而导致分析师将注意力过分集中于与基金经理搞好关系上，而忽略了提高分析报告的质量。因此，为了使得证券分析师真正发挥其作用，利用其专业知识和判断能力协助建立健康有效的资本市场，应鼓励证券公司在考核分析师个人能力时，更关注分析师出具的分析报告质量而不是"新财富"分析师的头衔。

第四，减少分析师与预测的公司管理层深度接触的机会。由于分析师常常感情用事，为了维系与自己跟进的公司管理层的关系，即使公司的绩效并不理想，分析师仍会发布较为乐观的预期。若想保持证券分析师的独立性，应尽量降低分析师与其跟进的公司管理层深度接触的可能性，尤其是在所跟进公司出现意外波动或亏损引致股票价格陷入低迷的情况下，避免影响力较大的明星分析师与公司管理层接触，发布虚高预测，扰乱投资者和市场对于公司未来的正确判断。

第五，降低分析师泄露内幕消息的动机。虽然我国已有法律法规明令禁止证券从业人员参与证券投资，但大部分证券从业人员依旧利用自己职务之便获取内幕消息，并将内幕消息与亲朋好友分享，严重扰乱市场秩序。然而由于管理的困难性，很难采取合理有效的措施完全杜绝该类行为的发生。从各方面断绝证券分析师与其他人交流既不合理也不现实，设置能够使得证券分析师不泄露内幕消息的收益不低于泄露内幕消息的收益的激励机制或许是解决的唯一途径。

8.1.2　分析师信息隔离

由于证券公司职能的综合性，既从事经纪业务、提供投资咨询服务，同时也经营发行与承销业务，使得证券分析师不仅能够接触公司内部信息（墙内信息），而且能够了解投资者的想法（墙外信息）。同时接触多方面信息为证券公司提供了套利机会，证券公司可利用自身的信息优势，赚取利益甚至操纵市场（如光大证券"乌龙指"事件）。为了维护市场稳定，保护投资者利益，《证券公司信息隔离墙制度指引》（中证协发〔2015〕51 号，以下简称《指引》）对证券公司建立信息隔离墙制度予以规定，其中信息隔离墙制度指"证券公司为控制内幕信息及未公开信息的不当流动和使用而采取的一系列管理措施"。要达到规制证券分析师行为的目的，应当以《指引》为基础，采取如下措施。

第一，建立包含证监会、各证监局、证券业协会及证券交易所、证券公司合规部门、证券公司业务部门内控岗位在内的自上而下贯穿始终的监管系统。证监会作为外部监管的核心和最高层，理应发挥其在政策制定和处罚监督方面的作用，并将政策执行的具体权力下放至各证监局。各证监局在证监会的监督和指导下，贯彻证监会在隔离墙制度建设方面的规定，并根据地方实际情况，"因地制宜"建立适合本地的规章制度。证券业协会及证券交易所作为自律机构，对于隔离墙相关政策、规章制度的可行性及实施效果作出客观评价，为后续政策修订和完善提供参考。证券公司合规部门作为内部监管的主要责任部门，理应按照证监会和当地证监局的要求，在公司内部建立隔离墙制度，对于跨墙人员在跨墙期间的行为作出详尽的规定。证券公司业务部门内控岗位则在证券公司合规部门的要求下，积极推进隔离墙制度在证券公司内部的实施，并及时将制度实施情况向合规部门报告。

第二，建立包含业务环节、人员、信息等要素在内的全方位隔离制度。各业务环节间如若存在冲突和利益关联，应当分别设立独立部门操作业务；即便在设立独立部门的情况下，也应避免各部门间人员的交流，例如从空间上进行隔断，为不同部门设立不同的办公室、休息室，并且尽量避免各部门串门的情况出现等；为避免敏感信息的流动，可以在工作期间监控员工的网络浏览与操作情况，建立公司内部网络，实现敏感信息在不同部门之间的有效隔离。

8.1.3 分析师信息披露制度建设

鉴于证券分析师与其他利益主体之前存在利益冲突，为了保护各利益主体的权益，维护市场秩序，建立完备的信息披露制度至关重要。

从信息披露内容上，证券分析师应就自己与所跟进的公司之间的经济关系（包括债务关系、投资关系及薪酬关系等）和非经济关系（包括与跟进公司董事的私人关系、分析师亲属与跟进公司的关系等）予以披露，以帮助投资者了解证券分析师的独立性；证券分析师应告知自己与所供职的证券公司之间的经济关系（如债务关系、薪酬关系等），以使得外部报告使用者知悉证券分析师发布报告乐观倾向背后的动因；如若可能，证券分析师应当披露关联账户的持股情况，尤其是在证券分析师发布报告前后一段时间内的持股变动情况，有助于其他利益主体判断证券发布报告的可信程度。

从信息披露的周期上，应当采取定期披露与不定期披露相结合的方式。证券分析师与公司的关系等短期不易发生变化的利益关系，可以采取每季度或每半年披露一次的周期；经常波动的信息，例如关联账户的持股情况，可采取固定每周披露一次并在发布报告前后一段时期内重点披露相结合的方式。为了避免证券在固定披露期制度下的短期行为，可以采取不定期抽查，以了解相关信息的真实性。

8.2 分析师报告发布声誉制度建设

在证券分析师报告发布声誉制度建设方面，我国目前集中于"新财富"分析师评选的单一指标。为了帮助投资者了解证券分析师个人的真正实力，优化证券分析师行业竞争环境，可从如下六个方面入手。

一是树立理性化研究理念，以基本面信息挖掘为基础，发挥"新财富"明星分析师声誉效应，最终促使证券研究发挥引导市场价值投资的功能。分析师研究报告短期内受到分析师声誉影响，但其中长期投资价值仍然依赖于研究报告的财务信息含量。分析师要实现为客户挖掘具有长期投资价值的股票，必须提高其挖掘公司财务信息的能力。因此，不断提高分析师整体的财务分析水平和挖掘基本面信息的能力是我国证券分析师行业工作质量不断提高和在资本市场建立长期声誉的必要条件。

二是注重明星分析师的引导示范效应，发挥"新财富"最佳分析师声誉评选机制的正向激励作用。"新财富"最佳分析师作为卖方研究的"奥斯卡"，应当充分保证评选机制的公平、公正、公开，杜绝与证券研究无关的不正当拉票行为，促使"新财富"最佳分析师评选过程能够筛选出真正具有研究能力的分析师，成为分析师行业的标杆，形成分析师行业的良性竞争。

三是优化证券分析师考核评比制度，合理引导证券分析师行为。目前我国比较权威的分析师评级体系如"新财富""水晶球"都是根据机构投资者投票评选出最佳分析师，该体系主观性较强。同时，现有的"新财富"分析师评选过程透明度相对较低，并且与证券分析师个人的绩效关联度不大，尤其是在业绩表现相近的情况下，是否入选"新财富"分析师往往与证券分析师和基金经理的关系有关。此外，越来越多的"新财富"分析师以团队的形式参评，虽能够体现团队合作意识，但另一方面却为"搭便车"提供了便利，影响整个团队的工作积极性。因此，应从三种途径优化"新财富"分析师的评选制度：其一，增强"新财富"分析师评选制度的透明度，公布参选研究员（研究小组）的得分情况和评选方法；其二，强化业绩在"新财富"分析师评选过程中的权重，从而将分析师关注焦点和努力方向集中到行业研究上，形成良性竞争的环境；其三，在新财富分析评选过程中，在注重团队参评的同时鼓励个人参评，既鼓励团队合作，也避免团队因为某些不合作成员而影响整个团队绩效而使优秀的分析师个人被埋没。

四是建立其他考察证券分析师的评比制度。仅依靠"新财富"分析师评选制度并不能全面地度量证券分析师个人的能力，并且由于"新财富"分析师评比的名额有限，因此使得很多真正有能力的、初出茅庐的证券分析师无缘"新财富"榜单。为了鼓励证券分析师，调动其积极性，在保留"新财富"分析师评比的同时增加其他评比制度，从而使得证券分析师的声誉制度体系更为完整，也有助于证券分析师行业的良性发展。

在价值投资理念尚未深入的 A 股市场，机构投资者通常对短期收益较为重视而忽略长期投资价值，因而主观评选体系容易诱导分析师行为短期化。这一现象的后果是基金对其重仓参与的股票并未将声誉作为参考的变量，导致评选与实际操作脱节。我们认为应当建立一套将分析师财务预测质量和投资评级在短、中、长期投资价值同时纳入考核的量化评选体系，逐步取代主观评价体系，引导分析师提高财务分析水平和挖掘长期价值的能力。

五是建立公开的证券分析师历史表现数据库。证券分析师的声誉应建立在大众的监督下。由于历史数据和绩效的跟踪过程较为复杂，需要投入大量时间和精力，因此建立证券分析师历史表现的数据库一度被忽视。但证券分析师历史表现对于证券分析师声誉建立、外部投资者监督评价等至关重要，建立公开的证券分析师历史表现数据库是维护投资者利益、建立有效市场的必由之路。由于初期建立数据库成本较高，可采取付费服务形式或可采取免费查找、付费下载相结合的方式。只有建立公开的数据库，才能使得证券分析师绩效及评选过程不再是"黑箱"，证券分析师个人能力得到合理评价。

六是鼓励分析师研究报告具有标新立异的观点，惩戒跟风行为。在现行声誉制度下，由于"新财富"分析师的评选与证券分析师个人绩效的相关性并不高，导致证券分析师个人并不愿意将太多精力投入到撰写研究报告、提高个人预测准确度上，而是更注重与基金经理搞好关系等人情世故上，跟风行为盛行。为了建立良好的行业风气，应当鼓励标新立异的观点，并对于长期跟风的证券分析师予以惩戒。

8.3　分析师荐股行为监管体系重构

证券分析师在建设资本市场体系中承担着重要职能和使命，应积极引导证券分析师挖掘前瞻性基本面信息，减少中国证券市场信息非对称性，提高市场透明度和提升证券市场效率，减少证券市场内幕交易信息，保护中小投资者投资权益。发挥各监管主体在监督证券分析师行为上的作用对于分析师行为治理至关重要。在监督证券分析师行为过程中，证监会等政府机构、基金经理、分析师上层主管以及分析师个人等主体都至关重要。

第一，充分发挥各类行为主体对分析师的监管或管理作用，建立良好的证券研究行业新秩序。证监会、证交所等监管主体，应当就证券分析师的行为予以全面的规制，针对其关联账户的异动实时监控，尤其是在证券分析师发布报告的前后一段时间进行重点监控。对于可能出现内幕交易的各个环节进行严格审查，如若审查过程中发现违规行为，应严惩不贷，以儆效尤。基金经理作为"新财富"分析师评选的重要影响力量，其作为独立于证券分析师的主体对于证券分析师的监管作用同样至关重要。基金经理应该保持其在"新财富"分析师评选中的独立性，在评选前后尽量减少与证券分析师私下接触的机会，以保持对于证券分析师个人能力的客观判断，对于主动提出与自己私下接触的证券分析师，应委婉拒绝并规劝其改正此种"走后门"的行为。分析师主管作为分析师的上级领导，应充分发挥监督作用。一方面，应当对分析师进行事前教育，向证券分析师灌输相关法律法规，以帮助其树立正确的意识；另一方面，分析师上层主管应当注重观察分析师行为，对于其可能产生的逾矩行为予以纠正。此外，分析师个人也应建立良好的竞争与合作关系。在平时工作时形成互相监督的氛围，发现同事有违反规定的倾向或行为应及时提醒，如若其依旧一意孤行，应上报上级；同时，也应在互相监督的环境中自觉规制自身的行为，并在互相监督的环境下与同事积极合作，发挥集体智慧，以创造更优秀的业绩。

第二，加强证券研究监管法律法规制度建设，强化研究报告发布和合规性建设，严惩违规违法行为。加大证券分析师利益冲突的监管力度，提高违法违规法律成本，强化法律法规的震慑效应。严惩分析师勾结机构投资者与上市公司"信息合谋"，进行非法"内幕交易行为"。完善司法程序，加强对涉及利益冲突问题的证券分析师、证券经营机构、上市公司与相关责任人的追责和赔偿机制。监管部门应当进一步贯彻对于分析师发布研报的合规性、客观性、专业性以及审慎性的要求，确保分析师研报观点有理有据，杜绝言过其实、夸大其词的误导性陈述，避免分析师向市场传递误导性信息，导致投资者形成错误预期。监管部门应加强证券分析师的研报监管，当严惩分析师研报追求所谓的"声誉"而忽略"研值"本末倒置的行为，对于未经事先充分调研而发布的研报严肃处理，引导证券分析师关注研究工作本身，发挥分析师真正的价值。

第三，加强利益冲突监管，强化中小投资者权益保护。加强"佣金"导向的卖方分析师荐股行为监管，完善券商内部"中国墙"（Chinese Wall）部门信息隔离机制，严防分析师的利益冲突。同时，不断优化分析师行业的监督和激励机制，通过激励约束机制构建消除卖方分析师的"过度乐观"的利益冲突诱因，从机制设计方面抑制卖方分析师过度乐观的行为动机，引导证券分析师审慎荐股，严禁对中小投资者进行错误信息诱导。

第四，以审慎监管为准则，合理引导理性荐股行为，引导证券分析师回归证券研究本质。高效的证券监管政策效应需要"硬制度"与"软环境"相结合，证券分析师市场的"软环境"需要通过行业自律组织和职业自律守则培育独立诚信、谨慎客观、勤勉尽职、公平公正的行业道德环境，不断优化证券研究行业新秩序；同时，倡导关注上市公司内在价值的证券研究，通过引导证券分析师审慎荐股，优化投资市场的信息供给环境，提升证券市场有效信息供给和市场效率。

参考文献

[1] 蔡庆丰，杨侃. 信息提前泄露、知情交易与投资者保护——对证券研究业"潜规则"的实证检验与治理探讨 [J]. 财贸经济，2012（5）.

[2] 蔡庆丰，杨侃，林剑波. 羊群行为的叠加及其市场影响——基于证券分析师与机构投资者行为的实证研究 [J]. 中国工业经济，2011（12）.

[3] 曹胜，朱红军. 王婆贩瓜：券商自营业务与分析师乐观性 [J]. 管理世界，2011（7）.

[4] 曾颖，陆正飞. 信息披露质量与股权融资成本 [J]. 经济研究，2006（2）.

[5] 陈艳. 证券公司研究机构发展现状及转型分析 [J]. 中国证券，2012（11）.

[6] 池丽旭，庄新田. 我国投资者情绪对股票收益影响——基于面板数据的研究 [J]. 管理评论，2011（6）.

[7] 丁方飞，张宇青. 基于佣金收入动机的机构投资者盈利预测偏差与股票交易量研究 [J]. 金融研究，2012（2）.

[8] 方军雄. 我国上市公司信息披露透明度与证券分析师预测 [J]. 金融研究，2007（6）.

[9] 冯体一，杨大楷，沈秋实. 分析师预测及评级的影响因素研究——基于券商利益和信息优势的视角 [J]. 投资研究，2013（12）.

[10] 顾乃康，陈辉. 股票流动性、股价信息含量与企业投资决策 [J]. 管理科学，2010（1）.

[11] 郭杰，洪洁瑛. 中国证券分析师盈余预测有效性研究 [J]. 经济研究，2009（11）.

[12] 胡娜等. 股权投资背景下券商独立性研究——基于证券分析师研究报告的视角 [J]. 财经科学，2014（1）.

[13] 胡奕明，金洪飞. 证券分析师关注自己的声誉吗？ [J]. 世界经济，2006（2）.

[14] 黄德龙，文风华，杨晓光. 投资者情绪指数及中国股市的实证 [J]. 系统科学与数学，2009（1）.

［15］黄燕铭．证券分析师盈利预测偏差动因研究［D］．上海财经大学硕士学位论文．

［16］姜超．证券分析师、内幕消息与资本市场效率——基于中国 A 股股价中公司特质信息含量的经验证据［J］．经济学季刊，2013（1）．

［17］蒋琰，陆正飞．公司治理与股权融资成本——单一与综合机制的治理效应研究［J］．数量经济技术经济研究，2009（2）．

［18］蒋玉梅，王明照．投资者情绪与股票收益，总体效应与横截面效应的实证研究［J］．南开管理评论，2010（3）．

［19］金雪军，蔡健琦．证券分析师行为及其市场影响［J］．证券市场导报，2003（8）．

［20］李春涛，宋敏，张璇．分析师跟踪与企业盈余管理——来自中国上市公司的证据［J］．金融研究，2014（7）．

［21］李春涛，赵一，徐欣，李青原．按下葫芦浮起瓢：分析师跟踪与盈余管理途径选择［J］．金融研究，2016（4）．

［22］李春涛，张璇．分析师与股票价格同步性的实证研究［J］．经济与管理评论，2011（1）．

［23］李丹蒙，叶建芳，叶敏慧．分析师跟进对上市公司盈余管理方式的影响研究［J］．外国经济与管理，2015（1）．

［24］李丽青．《新财富》评选的最佳分析师可信吗？——基于盈利预测准确度和预测修正市场反应的经验证据［J］．投资研究，2012（7）．

［25］李勇，王莉，王满仓．明星分析师的推荐评级更具价值吗？——基于媒体关注的视角［J］．投资研究，2015（5）．

［26］林义相，王昕．证券投资咨询行业市场功能之立法思考和监管建议［J］．天津法学，2011（4）．

［27］刘红忠，张昉．投资者情绪与上市公司投资——行为金融角度的实证分析［J］．复旦学报：社会科学版，2004（5）．

［28］刘永泽，高嵩．信息披露质量，分析师行业专长与预测准确性——来自我国深市 A 股的经验证据［J］．会计研究，2011（12）．

［29］鲁训法，黎建强．中国股市指数与投资者情绪指数的相互关系［J］．系统工程理论与实践，2012（3）．

［30］陆琳，彭娟．我国证券分析师信息供给效率研究——基于分析师跟进及股价同步性的经验研究［J］．科学技术与工程，2012（5）．

［31］罗琦，王悦歌．真实盈余管理与权益资本成本——基于公司成长性差异的分析［J］．金融研究，2015（5）．

[32] 潘越，戴亦一，刘思超．我国承销商利用分析师报告托市了吗？[J]．经济研究，2011（3）．

[33] 潘越，戴亦一，林超群．信息不透明、分析师关注与个股暴跌风险 [J]．金融研究，2011（9）．

[34] 彭宇．投资者情绪，SEO市场择机与资本结构 [J]．时代金融，2011（18）．

[35] 邱世远．关于迎合行为与分析师偏差的声誉博弈分析 [J]．中国经济问题，2008（3）．

[36] 沈艺峰，肖珉，黄娟娟．中小投资者法律保护与公司权益资本成本 [J]．经济研究，2005（6）．

[37] 司徒大年．证券分析师的角色、责任和独立性 [J]．证券市场导报，2002（6）．

[38] 王攀娜，罗宏．放松卖空管制对分析师预测行为的影响——来自中国准自然实验的证据 [J]．金融研究，2017（11）．

[39] 王伟峰，何镇福．证券分析师研究报告对股价的影响——兼论分析师的行业生态 [J]．上海金融，2012（3）．

[40] 王一茸，刘善存．投资者情绪与股票收益：牛熊市对比及中美比较 [J]．北京航空航天大学学报：社会科学版，2011（1）．

[41] 王宇熹，洪剑峭，肖峻．顶级券商的明星分析师荐股评级更有价值么——基于券商声誉、分析师声誉的实证研究 [J]．管理科学学报，2012（3）．

[42] 王玉涛，王彦超．业绩预告信息对分析师预测行为有影响吗？[J]．金融研究，2012（6）．

[43] 吴超鹏，郑方镳，杨世杰．证券分析师的盈余预测和股票评级是否具有独立性？[J]．经济学季刊，2013（3）．

[44] 吴偎立，张峥，乔坤元．信息质量，市场评价与激励有效性——基于《新财富》最佳分析师评选的证据 [J]．经济学（季刊），2016（1）．

[45] 伍燕然，潘可，胡松明，张婕．行业分析师盈余预测偏差的新解释 [J]．经济研究，2012（4）．

[46] 肖萌．《新财富》能够带来财富吗？——声誉视角下分析师评级的市场反应研究 [J]．会计与经济研究，2015（5）．

[47] 萧松华，肖志源．声誉机制与证券分析师的利益冲突行为研究 [J]．南方金融，2009（12）．

[48] 谢震，熊金武．分析师关注与盈余管理：对中国上市公司的分析

[J]. 财贸研究, 2014 (2).

[49] 徐浩萍, 杨国超. 股票市场投资者情绪的跨市场效应——对债券融资成本影响的研究 [J]. 财经研究, 2013 (2).

[50] 徐欣, 唐清泉. 财务分析师跟踪与企业 R&D 活动 —— 来自中国证券市场的研究 [J]. 金融研究, 2010 (12).

[51] 许年行, 江轩宇, 伊志宏, 徐信忠. 分析师利益冲突、乐观偏差与股价崩盘风险 [J]. 经济研究, 2012 (7).

[52] 闫伟, 杨春鹏. 金融市场中投资者情绪研究进展 [J]. 华南理工大学学报 (社会科学版), 2011 (3).

[53] 杨艳林. 让"无形的手"制约券商分析师不当得利 [N]. 中国证券报, 2013 -01 -23.

[54] 杨阳, 万迪昉. 不同市态下投资者情绪与股市收益, 收益波动的异化现象——基于上证股市的实证分析 [J]. 系统工程, 2010 (1).

[55] 伊志宏, 江轩宇. 明星 VS 非明星: 分析师评级调整与信息属性 [J]. 经济理论与经济管理, 2013 (10).

[56] 易志高, 茅宁. 中国股市投资者情绪测量研究: CICSI 的构建 [J]. 金融研究, 2009 (11).

[57] 游家兴, 邱世远, 刘淳. 证券分析师预测"变脸"行为研究——基于分析师声誉的博弈模型与实证检验 [J]. 管理科学学报, 2013 (6).

[58] 于忠泊, 田高良, 齐保垒, 等. 媒体关注的公司治理机制: 基于盈余管理视角的考察 [J]. 管理世界, 2011 (9).

[59] 袁放建, 冯琪, 韩丹. 内部控制鉴证、终极控制人性质与权益资本成本——基于沪市 A 股的经验证据 [J]. 审计与经济研究, 2013 (4).

[60] 袁振超, 张路. 分析师现金流预测影响应计质量吗? ——基于我国 A 股市场的经验证据 [J]. 投资研究, 2013 (10).

[61] 原红旗, 黄倩如. 承销商分析师与非承销商分析师预测评级比较研究 [J]. 中国会计评论, 2007 (3).

[62] 岳衡, 林小驰. 证券分析师 VS 统计模型: 证券分析师盈余预测的相对准确性及其决定因素 [J]. 会计研究, 2008 (8).

[63] 张纯, 吕伟. 信息环境 、融资约束与现金股利 [J]. 金融研究, 2009 (7).

[64] 张化桥. 一个证券分析师的醒悟 [M]. 北京: 中信出版社, 2011.

[65] 张强, 杨淑娥. 噪声交易, 投资者情绪波动与股票收益 [J]. 系统工程理论与实践, 2009 (3).

［66］张宗新，杨通旻. 盲目炒作还是慧眼识珠？——基于中国证券投资基金信息挖掘行为的实证分析［J］. 经济研究，2013（7）.

［67］张宗新，杨万成. 声誉模式抑或信息模式：中国证券分析师如何影响市场？［J］. 经济研究，2016（9）.

［68］张宗新，姚佩怡. 天赋异禀、"熟能生巧"还是"日久生情"？——基于中国证券分析师预测能力的经验证据［J］. 经济理论与经济管理，2017（7）.

［69］张宗新，姚佩怡. 标新立异，"风险厌恶"还是"精益求精"？——明星分析师发布研报观点导向的实证研究［J］. 证券市场导报，2018（1）.

［70］赵宇龙. 会计盈余披露的信息含量——来自上海股市的经验证据［J］. 经济研究，1998（7）.

［71］朱红军，何贤杰. 中国的证券分析师能够提高资本市场效率吗？——基于股价同步性和股价信息含量的经验证据［J］. 金融研究，2007（2）.

［72］Agrawal, A., & Chen, M. A. (2008). Do analyst conflicts matter? Evidence from stock recommendations. *The journal of Law and Economics*, 51 (3), 503 – 537.

［73］Alford, A. W., & Berger, P. G. (1999). A simultaneous equations analysis of forecast accuracy, analyst following, and trading volume. *Journal of Accounting, Auditing & Finance*, 14 (3), 219 – 240.

［74］Alford, A. W., & Berger, P. G. (1999). A simultaneous equations analysis of forecast accuracy, analyst following, and trading volume. *Journal of Accounting, Auditing & Finance*, 14 (3), 219 – 240.

［75］Mauri, A. J., Lin, J., & De Figueiredo, J. N. (2013). The influence of strategic patterns of internationalization on the accuracy and bias of earnings forecasts by financial analysts. *International Business Review*, 22 (4), 725 – 735.

［76］Arya, A., Glover, J., Mittendorf, B., & Narayanamoorthy, G. (2005). Unintended consequences of regulating disclosures: The case of Regulation Fair Disclosure. *Journal of Accounting and Public Policy*, 24 (3), 243 – 252.

［77］Arya, A., & Mittendorf, B. (2007). The interaction among disclosure, competition between firms, and analyst following. *Journal of Accounting and Economics*, 43 (2 – 3), 321 – 339.

［78］Baker, M., & Stein, J. C. (2004). Market liquidity as a sentiment indicator. *Journal of Financial Markets*, 7 (3), 271 – 299.

［79］Baker, M., & Wurgler, J. (2004). Appearing and disappearing dividends: The link to catering incentives. *Journal of Financial Economics*, 73 （2）, 271 – 288.

［80］ Baker, M. , & Wurgler, J. （2006） . Investor sentiment and the cross - section of stock returns. *Journal of Finance*, 61 （4）, 1645 – 1680.

［81］ Ball, R. , & Brown, P. （1968） . An empirical evaluation of accounting income numbers. *Journal of accounting research*, 159 – 178.

［82］ Ball, R. , Kothari, S. P. , & Robin, A. （2000） . The effect of international institutional factors on properties of accounting earnings. *Journal of accounting and economics*, 29 （1）, 1 – 51.

［83］ Ball, R. , & Brown, P. （1968） . An empirical evaluation of accounting income numbers. *Journal of accounting research*, 159 – 178.

［84］ Barber B. M. , Odean T. , Zhu N. （2006） . Do noise traders move markets? . *EFA 2006 Zurich meetings paper.*

［85］ Barber, B. M. , Lehavy, R. , McNichols, M. , & Trueman, B. （2006） . Buys, holds, and sells: The distribution of investment banks' stock ratings and the implications for the profitability of analysts' recommendations. *Journal of accounting and Economics*, 41 （1）, 87 – 117.

［86］ Barber, B. M. , Lehavy, R. , & Trueman, B. （2010） . Ratings changes, ratings levels, and the predictive value of analysts' recommendations. *Financial Management*, 39 （2）, 533 – 553.

［87］ Barth, M. E. , Kasznik, R. , & McNichols, M. F. （2001） . Analyst coverage and intangible assets. *Journal of accounting research*, 39 （1）, 1 – 34.

［88］ Beckers S. , M. Steliaros and A. Thomson. （2004） . Bias in European Analysts' Earning Forecast. *Financial Analysts Journal*, 2, 74 – 85.

［89］ Bernard, V. L. , & Thomas, J. K. （1989） . Post – earnings – announcement drift: delayed price response or risk premium? . *Journal of Accounting research*, 1 – 36.

［90］ Bhushan, R. （1989） . Firm characteristics and analyst following. *Journal of Accounting and Economics*, 11 （2 – 3）, 255 – 274.

［91］ Bonini, S. , Zanetti, L. , Bianchini, R. , & Salvi, A. （2010） . Target price accuracy in equity research. *Journal of Business Finance & Accounting*, 37 （9 - 10）, 1177 – 1217.

［92］ Bonner, S. E. , Hugon, A. , & Walther, B. R. （2007） . Investor reaction to celebrity analysts: The case of earnings forecast revisions. *Journal of Accounting*

Research, 45 (3), 481 – 513.

[93] Bowen, R. M., Chen, X., & Cheng, Q. (2008). Analyst coverage and the cost of raising equity capital: Evidence from underpricing of seasoned equity offerings. *Contemporary Accounting Research*, 25 (3), 657 – 700.

[94] Brown, L. D., & Chen, D. M. (1990). How Good Is the All – America Research Team in Forecasting Earnings?. *Journal of Business Forecasting*, 9 (4), 14.

[95] Brown, L. D., Richardson, G. D., & Schwager, S. J. (1987). An information interpretation of financial analyst superiority in forecasting earnings. *Journal of Accounting Research*, 49 – 67.

[96] Bushman, R. M., & Smith, A. J. (2001). Financial accounting information and corporate governance. *Journal of accounting and Economics*, 32 (1 – 3), 237 – 333.

[97] Cao, J., & Kohlbeck, M. J. (2011). Analyst quality, optimistic bias, and reactions to major news. *Journal of Accounting Auditing & Finance*, 26 (3), 502 – 526.

[98] Chan, K., & Hameed, A. (2006). Stock price synchronicity and analyst coverage in emerging markets. *Journal of Financial Economics*, 80 (1), 115 – 147.

[99] Chen, T., Harford, J., & Lin, C. (2015). Do analysts matter for governance? evidence from natural experiments. *Journal of Financial Economics*, 115 (2), 383 – 410.

[100] Clement, M. B. (1999). Analyst forecast accuracy: do ability, resources, and portfolio complexity matter?. *Journal of Accounting & Economics*, 27 (3), 285 – 303.

[101] Cohen D. A., Dey A., Lys T. Z. (2008). Real and Accrual – Based Earnings Management in the Pre – and Post – Sarbanes – Oxley Periods. *The Accounting Review*, 83 (3): 757 – 87.

[102] Cowen, A., Groysberg, B., & Healy, P. M. (2003). Which types of analyst firms make more optimistic forecasts?. *Social Science Electronic Publishing*, 41.

[103] Crawford, S., Roulstone, D., & So, E. (2012). Analyst initiations of coverage and stock return synchronicity. *Accounting Review*, 87 (5), 1527 – 1553.

[104] Crockett, A., T. Harris and F. S. Mishkin. (2004). 'Conflicts of

Interest in the Financial Services Industry: What Should We Do About Them?. London: Centre for Economic Policy Research.

[105] Das, S. , Levine, C. B. , & Sivaramakrishnan, K. (1998) . Earnings predictability and bias in analysts' earnings forecasts. *Accounting Review*, 73 (2), 277 – 294.

[106] Davies Peter Lloyd, & Michael Canes. (1978) . Stock prices and the publication of second – hand information. *Journal of Business*, 51 (1), 43 – 56.

[107] Bondt, W. F. M. D. , & Thaler, R. H. (1990) . Do security analysts overreact? . *American Economic Review*, 80 (2), 52 – 57.

[108] Dechow, P. M. , Hutton, A. P. , & Sloan, R. G. (2000) . The relation between analysts' forecasts of long - term earnings growth and stock price performance following equity offerings. *Contemporary Accounting Research*, 17 (1), 1 – 32.

[109] Degeorge, F. , Ding, Y. , Jeanjean, T. , & Stolowy, H. (2013) . Analyst coverage, earnings management and financial development: an international study. *Journal of Accounting & Public Policy*, 32 (1), 1 – 25.

[110] Derrien, F. , & Kecskés, A. (2013) . The real effects of financial shocks: evidence from exogenous changes in analyst coverage. *Journal of Finance*, 68 (4), 1407 – 1440.

[111] Dimitrov, V. , Palia, D. , & Tang, L. (2015) . Impact of the dodd – frank act on credit ratings. *Journal of Financial Economics*, 115 (3), 505 – 520.

[112] Dubois, M. , Fresard, L. , & Dumontier, P. (2014) . Regulating conflicts of interest: The effect of sanctions and enforcement. *Review of Finance*, 18 (18), 489 – 526.

[113] Durnev, A. , Morck, R. , Yeung, B. , & Zarowin, P. (2003) . Does greater firm – specific return variation mean more or less informed stock pricing?. *Journal of Accounting Research*, 41 (5), 797 – 836.

[114] Easley, D. , Kiefer, N. M. , O'Hara, M. , & Paperman, J. B. (2012). Liquidity, information, and infrequently traded stocks. *Journal of Finance*, 51 (4), 1405 – 1436.

[115] Easterwood, J. C. , & Nutt, S. R. (1999) . Inefficiency in analysts' earnings forecasts: Systematic misreaction or systematic optimism? . *Journal of Finance*, 54 (5), 1777 – 1797.

[116] Edmans, A. , García, D. , & ØYVIND NORLI. (2007) . Sports senti-

ment and stock returns. *Journal of Finance*, 62 (4), 1967 – 1998.

[117] Edwards, F. (1979). Comment on "Implications of Growing Institutionalization of the Stock Market". *Contemporary Studies of Economic and Financial Analysis*, 197 – 202.

[118] Emery, D. R., & Li, X. (2009). Are the wall street analyst rankings popularity contests?. *Journal of Financial & Quantitative Analysis*, 44 (2), 411 – 437.

[119] Epps, T. W., & Epps, M. L. (1976). The stochastic dependence of security price changes and transaction volumes: Implications for the mixture – of – distributions hypothesis. *Econometrica*, 44 (2), 305 – 321.

[120] Ertimur, Y., Mayew, W. J., & Stubben, S. R. (2011). Analyst reputation and the issuance of disaggregated earnings forecasts to i/b/e/s. *Review of Accounting Studies*, 16 (1), 29 – 58.

[121] Fama, E. F., Fisher, L., Jensen, M. C., & Roll, R. (1969). The adjustment of stock prices to new information. *International Economic Review*, 10 (1), 1 – 21.

[122] Fang L. H., Yasuda A. (2014). Are stars' opinions worth more? The relation between analyst reputation and recommendation values. *Journal of Financial Services Research*, 46 (3): 235 – 269.

[123] Fang, L., & Yasuda, A. (2010). The effectiveness of reputation as a disciplinary mechanism in sell – side research. *Review of Financial Studies*, 23 (1), 465.

[124] Francis, J., & Philbrick, D. (1993). Analysts' decisions as products of a multi – task environment. *Journal of Accounting Research*, 31 (2), 216 – 230.

[125] Lamont, O., & Frazzini, A. (2007). The earnings announcement premium andtrading volume. *Social Science Electronic Publishing*.

[126] Galanti, S., & Vaubourg, A. G. (2017). Optimism bias in financial analysts' earnings forecasts: Do commissions sharing agreements reduce conflicts of interest?. *Economic Modelling*.

[127] Greenwood, R., & Nagel, S. (2009). Inexperienced investors and bubbles. *Journal of Financial Economics*, 93 (2), 239 – 258.

[128] Groysberg, B., Healy, P. M., &Maber, D. A. (2011). What drives sell – side analyst compensation at high – status investment banks?. *Journal of Accounting Research*, 49 (4), 969 – 1000.

［129］ Gu, Z. , Li, Z. , & Yang, Y. G. (2013) . Monitors or predators: The influence of institutional investors on sell – side analysts. *Accounting Review*, 88 (1), 137 – 169.

［130］ Hameed, A. , Kang, W. , & Viswanathan, S. (2010) . Stock market declines and liquidity. *Journal of Finance*, 65 (1), 257 – 293.

［131］ Mehran, H. , & Stulz, R. M. (2007) . The economics of conflicts of interest in financial institutions. *Journal of Financial Economics*, 85 (2), 267 – 296.

［132］ Handa, P. , & Linn, S. C. (1993) . Arbitrage pricing with estimation risk. *Journal of Financial & Quantitative Analysis*, 28 (1), 81 – 100.

［133］ Healy, P. M. , & Palepu, K. G. (2001) . Information asymmetry, corporate disclosure, and the capital markets: A review of the empirical disclosure literature. *Journal of Accounting & Economics*, 31 (1 – 3), 405 – 440.

［134］ Hope, O. K. , Herrmann, D. , & Thomas, W. B. (2008) . International diversification and forecast optimism: the effects of reg fd. *Accounting Horizons*, 22 (2), 179 – 197.

［135］ Höfer, A. , & Oehler, A. (2014) . Analyst recommendations and regulation: Scopes for european policy makers to enhance investor protection. *International Advances in Economic Research*, 20 (4), 369 – 384.

［136］ Hong, H. , & Kubik, J. D. (2003) . Analyzing the analysts: Career concerns and biased earnings forecasts. *Journal of Finance*, 58 (1), 313 – 351.

［137］ Hong, H. , Kubik, J. D. , &Solomon, A. (2000) . Security analysts' career concerns and herding of earnings forecasts. *Rand Journal of Economics*, 31 (1), 121 – 144.

［138］ Hong, Y. , Huseynov, F. , & Zhang, W. (2014) . Earnings management and analyst following: A simultaneous equations analysis. *Financial Management*, 43 (2), 355 – 390.

［139］ Hovakimian, A. , & Saenyasiri, E. (2010) . Conflicts of interest and analyst behavior: evidence from recent changes in regulation. *Financial Analysts Journal*, 66 (4), 96 – 107.

［140］ Hovakimian, A. , & Saenyasiri, E. (2014) . Us analyst regulation and the earnings forecast bias around the world. *European Financial Management*, 20 (3), 435 – 461.

［141］ IOSCO, 2003. Report on Analyst Conflicts of Interest, *The Technical Committee of The International Organization of Securities Commissions*, 2003, sep.

［142］Irvine, P. J. (2004). Analysts' forecasts and brokerage – firm trading. *Accounting Review*, 79 (1), 125 – 149.

［143］Jackson, A. R. (2005). Trade generation, reputation, and sell – side analysts. *Journal of Finance*, 60 (2), 673 – 717.

［144］Jegadeesh, N., & Kim, W. (2010). Do analysts herd? an analysis ofrecommendations and market reactions. *Review of Financial Studies*, 23 (2), 901 – 937.

［145］Jensen M. C., Meckling W. H. (1976). Theory of the firm: Managerial behavior, agency costs and ownership structure［J］. *Journal of Financial Economics*, 3 (4): 305 – 360.

［146］Hsieh, J., Ng, L. K., & Wang, Q. (2005). How informative are analyst recommendations and insider trades?. *Ssrn Electronic Journal*.

［147］Jörg Prokop and Benno Kammann. (2017). The effect of the European Markets in Financial Instruments Directive on affiliated analysts' earnings forecast optimism. *Journal of Economics and Business*.

［148］Juergens, J. L., & Lindsey, L. (2009). Getting out early: an analysis of market making activity at the recommending analyst's firm. *Journal of Finance*, 64 (5), 2327 – 2359.

［149］Kadan, O., Madureira, L., Wang, R., & Zach, T. (2009). Conflicts of interest and stock recommendations: The effects of the global settlement and related regulations. *Review of Financial Studies*, 22 (10), 4189 – 4217.

［150］Keskek, S., Myers, L. A., Omer, T. C., & †, M. K. S. (2017). The effects of disclosure and analyst regulations on the relevance of analyst characteristics for explaining analyst forecast accuracy. *Journal of Business Finance & Accounting*, 44 (5 – 6), 780 – 811.

［151］Knyazeva D. (2007). Corporate Governance, Analyst Following, and Firm Behavior. *SSRN Working Paper*.

［152］Krische, S. D., & Lee, C. M. C. (2001). The information content of analyst stock recommendations. *Ssrn Electronic Journal*.

［153］Lang, M. H., & Lundholm, R. J. (1996). Corporate disclosure policy and analyst behavior. *Accounting Review*, 71 (4), 467 – 492.

［154］Lang, M. H., Lins, K. V., & Miller, D. P. (2004). Concentrated control, analyst following, and valuation: Do analysts matter most when investors are protected least?. *Journal of Accounting Research*, 42 (3), 589 – 623.

［155］Lee, E. , Strong, N. , & Zhu, Z. （2014） . Did regulation fair disclosure, sox, and other analyst regulations reduce security mispricing? . *Journal of Accounting Research*, 52 （3）, 733 – 774.

［156］Leone, A. J. , & Wu, J. S. （2002） . What does it take to become a superstar? evidence from institutional investor rankings of financial analysts. *Social Science Electronic Publishing*.

［157］Li, T. （2017） . Analysts' over – optimistic bias – from the asymmetric market reaction to the recommendations. *Social Science Electronic Publishing*.

［158］Lim, T. （2001） . Rationality and Analysts' Forecast Bias. *Journal of Finance*, 56 （1）, 369 – 385.

［159］Lin, H. W. , & Mcnichols, M. F. （1998） . Underwriting relationships, analysts' earnings forecasts and investment recommendations. *Journal of Accounting & Economics*, 25 （1）, 101 – 127.

［160］Liu, M. H. （2011） . Analysts' incentives to produce industry – level versus firm – specific information. *Journal of Financial & Quantitative Analysis*, 46 （3）, 757 – 784.

［161］Ljungqvist, A. , Marston, F. C. , Yan, H. , Starks, L. T. , & Wei, K. D. （2005） . Conflicts of Interest in Sell – side Research and the Moderating Role of Institutional Investors. （Vol. 85, pp. págs. 420 – 456） . C. E. P. R. Discussion Papers.

［162］Loh R. K. , Stulz R. M. （2010） . When are analyst recommendation changes influential? . *The review of financial studies*, 24 （2）: 593 – 627.

［163］Malkiel B. . A Random Walk down Wall Street. W. W. Norton, 7th edition, 2000.

［164］Mohanram, P. S. , & Sunder, S. V. （2006） . How has regulation fd affected the operations of financial analysts? . *Contemporary Accounting Research*, 23 （2）, 491 – 525.

［165］Morck R. , Yeung B. , Yu W. （2000） . The information content of stock markets: why do emerging markets have synchronous stock price movements?. *Journal of financial economics*, 58 （1）: 215 – 260.

［166］Moyer, R. C. , Chatfield, R. E. , & Sisneros, P. M. （1989） . Security analyst monitoring activity: Agency costs and information demands. *Journal of Financial & Quantitative Analysis*, 24 （4）, 503 – 512.

［167］Neal, R. , & Wheatley, S. M. （1998） . Adverse selection and bid – ask spreads: Evidence from closed. *Journal of Financial Markets*, 1 （97）, 121 – 149.

［168］O'Brien，P. C.，& Bhushan，R.（1990）. Analyst following and insti-tutional ownership. *Journal of Accounting Research*，28，55 – 76.

［169］O'Brien，P. C.，& Tian，Y.（2007）. Financial analysts' role in the 1996 – 2000 internet bubble. *Social Science Electronic Publishing*.

［170］Tetlock，P. C.（2011）. All the news that's fit to reprint: Do investors react to stale information?. *Review of Financial Studies*，24（5），1481 – 1512.

［171］Piotroski，J. D.（2004）. The influence of analysts，institutional inves-tors，and insiders on the incorporation of market，industry，and firm – specific infor-mation into stock prices. *Accounting Review*，79（4），1119 – 1151.

［172］Piotroski，J.，& Roulstone，D.（1992）. Informed traders and the incorporation of industry and firm – specific information into stock prices. *Pantnagar Journal of Research*，104 – 107.

［173］Pope，P. F.（2003）. Discussion of disclosure practices，enforcement of accounting standards，and analysts'forecast accuracy: an international study. *Journal of Accounting Research*，41（2），273 – 283.

［174］Richardson，S.，Teoh，S. H.，& Wysocki，P. D.（2004）. The walk-down to beatable analyst forecasts: The role of equity issuance and insider trading incentives. *Contemporary Accounting Research*，21（4），885 – 924.

［175］Roychowdhury，S.（2003）. Earnings management through real activi-ties manipulation. *Journal of Accounting & Economics*，42（3），335 – 370.

［176］Seyhun H. Nejat.（1998）. Investment Intelligence from Insider Trading，*Cambridge*.

［177］Shen，C. H.，& Chih，H. L.（2009）. Conflicts of interest in the stock recommendations of investment banks and their determinants. *Journal of Finan-cial & Quantitative Analysis*，44（5），1149 – 1171.

［178］Sidhu，B.，Smith，T.，Whaley，R. E.，& Willis，R. H.（2008）. Regulation fair disclosure and the cost of adverse selection. *Journal of Accounting Research*，46（3），697 – 728.

［179］Sirri，E.（2013）. Investment banks，scope，and unavoidable conflicts of interest. *Economic Review*（Q 4），23 – 35.

［180］Sommar，J.（2002）. Red – Faced SEC Targets Two – Faced Analysts. *New York Post*，May 24.

［181］Srinidhi，B.，Leung，S.，& Jaggi，B.（2009）. Differential effects of regulation fd on short – and long – term analyst forecasts. *Journal of Accounting & Public*

Policy, 28 (5), 401 –418.

[182] Stickel, S. E. (1992). Reputation and performance among security analysts. *Journal of Finance*, 47 (5), 1811 – 1836.

[183] Trueman, B. (1994). Analyst forecasts and herding behavior. Review of *Financial Studies*, 7 (1), 97 – 124.

[184] Turner, Lynn. E. (2001). The State of Financial Reporting Today: An Unfinished Chapter III. *Speech at the Third Annual SEC Disclosure & Accounting Conference*.

[185] Wei, S. X., & Zhang, C. (2007). Why did individual stocks become more volatile?. *Journal of Business*, 79 (1), 259 – 292.

[186] Whaley R E. (2000). The investor fear gauge. *Journal of Portfolio Management*, 26 (3): 12 – 17.

[187] Womack, K. L. (1996). Do brokerage analysts' recommendations have investment value?. *Journal of Finance*, 51 (1), 137 – 167.

[188] Wurgler, J. (2004). Financial markets and the allocation of capital. *Journal of Financial Economics*, 58 (1), 187 – 214.

[189] Yu F. (2008). Analyst Coverage and Earnings Management. *Journal of Financial Economics*, 88 (2): 245 – 271.

[190] Zweig, M. E. (1973). An investor expectations stock price predictive model using closed - end fund premiums. *Journal of Finance*, 28 (1), 67 – 78.